卓越幼师培养系列·新型活页式教材

幼儿园主题教育活动设计与实施

余　玲　阳艳波　主　编
赵玲霞　郭　佳　副主编

电子工业出版社·

Publishing House of Electronics Industry

北京·BEIJING

内容简介

本书以幼儿教师教育教学能力为依据，立足"幼儿园主题教育活动设计与实施"课程标准，并基于模块化主题教学编写而成。本书主要包括生活感知、自然环境、幼儿成长、节日、科学技术、爱国情怀、社会实践、多元艺术文化等八个模块化主题教育活动，每个模块又设计了若干个任务，通过具体任务的学习与训练，使学生掌握教育教学活动设计、组织与实施、评价所具备的知识和能力。本书实践性、操作性强，案例典型，同时配套丰富的数字化学习资源。

本书既可以作为学前教育专业的教材，也可以作为幼儿园工作人员及相关人员的参考用书。

图书在版编目（CIP）数据

幼儿园主题教育活动设计与实施 / 余玲，阳艳波主编.
-- 北京：电子工业出版社，2023.4

ISBN 978-7-121-45453-0

Ⅰ.①幼… Ⅱ.①余… ②阳… Ⅲ.①活动课程—教学设计—学前教育 Ⅳ.①G613.7

中国国家版本馆CIP数据核字（2023）第070724号

责任编辑：朱怀永　　　　特约编辑：付　晶
印　　刷：天津画中画印刷有限公司
装　　订：天津画中画印刷有限公司
出版发行：电子工业出版社
　　　　　北京市海淀区万寿路173信箱　邮编　100036
开　　本：787×1092　1/16　印张：28　字数：452.5千字
版　　次：2023年4月第1版
印　　次：2023年4月第1次印刷
定　　价：88.00元

凡所购买电子工业出版社图书有缺损问题，请向购买书店调换。若书店售缺，请与本社发行部联系，联系及邮购电话：（010）88254888，88258888。

质量投诉请发邮件至 zlts@phei.com.cn，盗版侵权举报请发邮件至 dbqq@phei.com.cn。

本书咨询联系方式：（010）88254608，zhy@phei.com.cn。

卓越幼师培养系列教材编委会

P 总序
Preface

当前，学前教育专业的改革任重道远。如何培养新时代"实践智慧型"幼儿教师是我们共同面临的课题，解题的关键在于从教师、教材、教学的改革入手，实现"理实结合"，提高教育的针对性、职业性、实用性。坚持"以学生为中心，以成果为导向"的教改理念，改造传统的以学科内容逻辑结构为核心的课程体系，贯彻以解决幼儿园实际问题为核心，以跨学科思维和培养学生分析问题、解决问题能力为组织课程的主要线索及建构课程的原则，应是学前教育专业教材建设的着力点。

本系列教材力求打破学前教育专业传统教材普遍存在的学科体系浓厚的特征，在遵循职业教育教学规律与专业人才成长规律的基础上，结合先进职业教育理念，探索以学生为中心来设计教材。为凸显实用性与实践性，本系列教材以幼儿教师具体的职业岗位为依据、以岗位核心能力为标准、以幼儿园典型工作任务为载体组织内容，按照"岗位工作领域—工作流程—岗位技能要求—知识点与技能点"的思路开发，通过任务、情境等将知识与技能相结合，并配有丰富的数字化课程资源与拓展性活动作为辅助。此外，本系列教材凸显全面融入师德养成、岗课赛证融通、课程思政元素，以模块化结构、任务驱动形式体现卓越幼师人才培养等特色。

本系列教材也是当前学前教育专业新型活页式教材的典型代表之一。"师范百年"的发展已经将教师教育属性和学前教育属性充分渗透在学前教育专业的培养之中，但作为职业教育的一种，其职业教育属性的特征亟待探索和实践。建设职业教育新形态教材是职业教育类型教育特征的内在要求，本系列教材充分挖掘职业教育新型活页式教材的内涵和特征，无论是编写团队，还是体例、结构、内容，都体现出紧紧围绕学前教育专业的人才培养目标、以教材内容为中心、与教师和教法改革同向同行、组建多元协同创新的建设团队的特点。

　　"幼儿园主题教育活动设计与实施"是学前教育专业的核心课程之一，掌握各种教育活动和各种主题活动的设计与实施，这是一名幼儿教师的基本功。本书基于技能展示、任务驱动、案例教学等教学方法而编写，力求把单纯接受式学习转向发现学习、体验学习、互动学习，从而实现从"教"向"学"的转变，从"知识接受"过程向"问题解决"过程的转变。在学习和实践过程中学生可结合《3~6岁儿童学习与发展指南》和《幼儿园教育指导纲要（试行）》的要求，有目的、有计划地开展幼儿教育活动，依据幼儿的身心发展规律，做到会设计、会组织、会实施、会评价。

　　在内容构建时，本书打破了传统学科式教学的五大领域的教育活动设计结构，按照当前学前教育专业主题式教学的特点将全书划分为八个模块，即生活感知主题教育活动、自然环境主题教育活动、幼儿成长主题教育活动、节日主题教育活动、科学技术主题教育活动、爱国情怀主题教育活动、社会实践主题教育活动、艺术与多元文化主题教育活动。针对幼儿教师日常工作所必备的各项专业知识和工作技能，每个模块以典型案例导入，采用情境和任务导向教学方法设计教学内容，涵盖了各类幼儿主题教育活动的设计方法与原则、组织流程与策略及实施的注意事项等内容。

　　本书依据学前教育专业岗位能力需求及专业技能要求进行设计和编写。全书立足于培养学前教育专业学生的学前教育理念和教学综合运用能力，强调"以学生为中心"，融合"教材即学材"的理念，编写时注重选取面向专业要求、以适应岗位需求、符合行业要求的内容，以适应学前教育专业学生的学习能力和自主学习的需要。本书具有以下三大特点：

（1）理论适度够用，注重能力培养。本书结合先进的学前教育理论，将岗位能力教育始终贯穿在教学内容和教学设计中，将学前教育专业的能力目标和工作任务转化为学习情境，采用情境和任务导向教学方法设计教学内容。相关理论不追求系统性叙述，而是以提升学生知识与技能并存，并强调以运用能力为核心。

（2）编写模式创新，注重易教利学。本书采用活页式编写体例，结合学生乐于学习和使用新媒体技术的特点，在编写时适当调配理论知识与案例的比例，增加数字化学习资源，设置多个学习版块，使教材易教利学，可读性及可操作性增强。

（3）以需求为导向，注重课程的针对性。根据幼儿教师岗位需求，紧密结合幼儿教师资格考试大纲和标准，提炼考点与教学重难点，做到模块有重点，任务有考点，真题解析与真题模拟有针对性、实效性。

本书为高等职业教育学前教育专业系列教材之一，由咸阳职业技术学院、长沙幼儿师范高等专科学校、广东南华工商职业学院、卓越云师（北京）教育技术有限公司组建编写团队共同合作开发。本书的编写主要由9位老师负责，余玲负责统筹编写计划和编写分工。具体编写分工如下：余玲编写模块一，阳艳波编写模块二，赵玲霞编写模块三，周子涵编写模块四，郭佳编写模块五，王祝惠子编写模块六，刘夏鸽、李汶轩编写模块七，乔素芳编写模块八。在此特别感谢各参与单位的鼎力支持和各位老师的通力合作！

由于编者的水平有限，书中难免存在不妥之处，望广大读者予以批评和指正，以便进一步修改和完善。

编　者

C目录
ontents

模块一 生活感知主题教育活动

一、岗位能力模型

生活感知主题教育活动岗位能力模型见表1-1。

表1-1　生活感知主题教育活动岗位能力模型

模块	岗位能力描述	《幼儿园教师专业标准（试行）》	《幼儿园教育指导纲要（试行）》
生活感知主题教育活动	幼儿感性经验的积累来源于实际生活需要，在一日生活中贯穿着生活感知教育活动；在主题游戏中学会生活的技能，从幼儿生活中获取主题来源；在吃穿用住行中培养自我保护意识；在生活中不断建立自信，探知生活中有趣的事物，欣赏和感受美，培养独立健全的人格	2. 幼儿教育——教育活动设计 2.2.1能根据幼儿主题教育目标及幼儿的年龄特点，设计规范的多领域综合教育活动方案，并顺利组织与实施。 2.2.2能根据活动中幼儿的需要，选择相应的互动方式，调动幼儿参与活动的积极性。 2.2.3能在教育活动中观察幼儿，根据幼儿的表现和需要，适时调整活动，给予适宜的指导。 2.2.4能根据教育活动主题，正确选择或独立制作玩教具	第三部分　组织与实施 五、教育活动内容的选择应遵照本《纲要》第二部分的有关条款进行，同时体现以下原则： （一）既适合幼儿的现有水平，又有一定的挑战性。 （二）既符合幼儿的现实需要，又有利于其长远发展。 （三）既贴近幼儿的生活来选择幼儿感兴趣的事物和问题，又有助于拓展幼儿的经验和视野

二、知识点与技能点

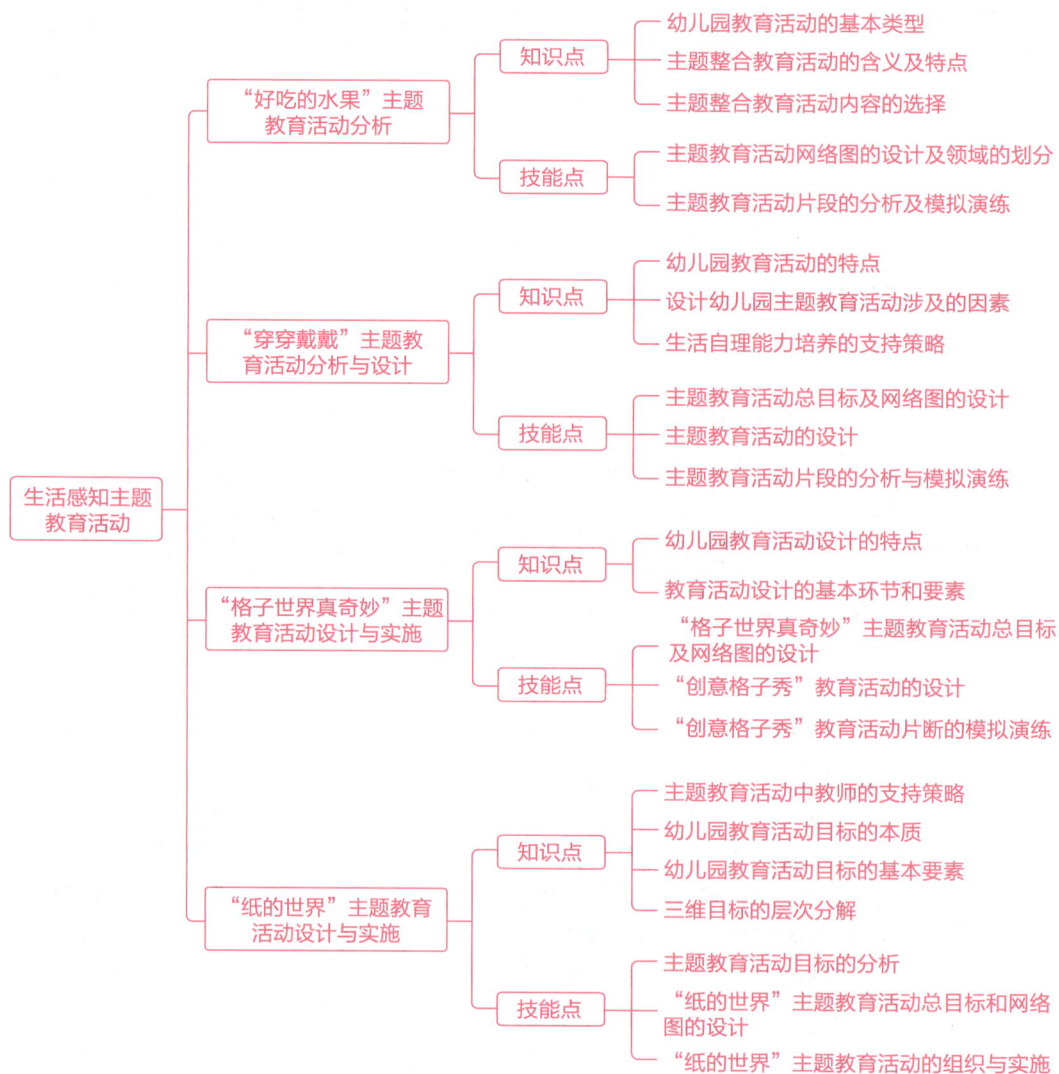

生活感知主题教育活动

"好吃的水果"主题教育活动分析

- 知识点
  - 幼儿园教育活动的基本类型
  - 主题整合教育活动的含义及特点
  - 主题整合教育活动内容的选择
- 技能点
  - 主题教育活动网络图的设计及领域的划分
  - 主题教育活动片段的分析及模拟演练

"穿穿戴戴"主题教育活动分析与设计

- 知识点
  - 幼儿园教育活动的特点
  - 设计幼儿园主题教育活动涉及的因素
  - 生活自理能力培养的支持策略
- 技能点
  - 主题教育活动总目标及网络图的设计
  - 主题教育活动的设计
  - 主题教育活动片段的分析与模拟演练

"格子世界真奇妙"主题教育活动设计与实施

- 知识点
  - 幼儿园教育活动设计的特点
  - 教育活动设计的基本环节和要素
- 技能点
  - "格子世界真奇妙"主题教育活动总目标及网络图的设计
  - "创意格子秀"教育活动的设计
  - "创意格子秀"教育活动片断的模拟演练

"纸的世界"主题教育活动设计与实施

- 知识点
  - 主题教育活动中教师的支持策略
  - 幼儿园教育活动目标的本质
  - 幼儿园教育活动目标的基本要素
  - 三维目标的层次分解
- 技能点
  - 主题教育活动目标的分析
  - "纸的世界"主题教育活动总目标和网络图的设计
  - "纸的世界"主题教育活动的组织与实施

素质目标

1. 了解幼儿教师专业发展需求，树立正确的职业理念。

2. 结合一日生活教育，引导学生对自己进行反思和自省，从而达到育人先育己的目的。

三、工作任务

任务一 PPT　　小班"好吃的水果"
活动设计案例

任务一 "好吃的水果"主题教育活动分析

1.任务描述

东东是一个对水果感兴趣的小朋友,但李老师发现不只是东东,班级里的其他小朋友对水果也很感兴趣,于是李老师从幼儿的兴趣点出发,设计了跨领域主题教育活动。李老师先设计了为期一个月的主题教育活动计划表,然后和其他老师一起讨论和确定了具体教育活动内容,以及教育活动的目标领域。

老师们以此展开了一系列的教研活动。李老师设计了一个活动主题,将"好吃的水果"作为此次活动主题的关键词,由水果展开了一系列教育活动——"多吃水果身体棒""水果宝宝去旅行"等,根据具体内容将教育活动划分到具体领域,从而在认知、技能、情感方面实现教育目的。同时,为了主题教育活动更有延展性和系统性,李老师计划将活动内容延伸到区域活动和家园共育,包括科学区"苹果为什么会变黑"、阅读区"各种各样的水果"等活动,创设家园联系栏"如何正确地吃水果""当季水果一览表"等。

（1）案例中李老师是如何开展主题整合教育活动的?（完成工作表单1）

（2）小组讨论幼儿园教育活动的基本类型。（完成工作表单2）

（3）小组讨论主题整合教育活动的含义及其特点。（完成工作表单3）

（4）根据案例内容,小组讨论和分析主题整合教育活动的内容选择。（完成工作表单4）

（5）结合学习内容,小组讨论完善"好吃的水果"主题教育活动网络图,分析其活动内容划分的领域。（完成工作表单5）

（6）扫码观看视频（1-1）,结合学习内容,分析教育活动片段,并进行模拟演练。（完成工作表单6）

2.工作表单

工作表单1~工作表单6分别见表1–2~ 表1–7。

表 1–2　工作表单 1

工作表单1	案例分析	姓　名		学　号	
		评分人		评　分	
案例中李老师是如何开展主题整合教育活动的？					
主题：＿＿＿＿＿＿ 教育活动：＿＿＿＿＿＿、＿＿＿＿＿＿。 区域活动： 家园共育：					

表 1-3　工作表单 2

工作表单2	幼儿园教育活动的基本类型	姓　名		学　号	
		评分人		评　分	

1.教育活动的不同结构

案例中的教育活动属于哪种结构：
_____

2.教育活动的不同特征

案例中的教育活动具有哪种特征：
_____

3.教育活动的内容领域

案例中的教育活动属于哪个领域：
_____

4.教育活动的性质

案例中的教育活动具有哪种性质：
_____

5.教育活动的组织形式

案例中的教育活动属于哪种组织形式：
_____

表1-4　工作表单3

工作表单3	主题整合教育活动的含义及其特点	姓　名		学　号	
		评分人		评　分	

1.主题整合教育活动的含义

主题整合教育活动：简称为主题教育活动，是多种教育因素和幼儿发展领域的全面_____，它有机地将_____学科领域的教育内容，在不同程度上、以不同的方式_____于一个（或若干个）教育活动中，体现了教育活动的_____、_____。主题整合的教育活动已经逐渐成了幼儿园教育活动的主要类型。

幼儿园主题整合教育活动与区域活动的区别在于：它是围绕一个_____主题展开，通过多个有趣_____的活动组成，渗透多个_____目标，以及让幼儿获得_____的新经验的一系列活动的过程

2.主题整合教育活动的特点

（1）整合性

案例中体现在：_____

幼儿园的综合主题教育活动活动不是单一指向一个内容、一个时段、一个领域或一个环节，而是体现_____、多内容、多形式的整合的活动。一方面是指活动_____的整合，如主题活动与区域活动的整合、主题活动与生活活动的整合、主题活动与户外游戏的整合等。在主题教育活动进行中，班级的墙饰环境和区域活动材料经常是随着主题教育活动的推进而不断变化的。另一方面是指不同_____教育内容的整合。

（2）连续性

案例中体现在：_____

因为主题教育活动要围绕一个中心主题开展多个不同的教育活动，所以往往需要一周以上的时间，而大班的一些大型主题教育活动因其内容的丰富性甚至会延长为一个月，在由一个个独立的教育活动组成的整个主题教育活动之中呈现出有机的内在联系，具有_____和_____。

（3）灵活性

案例中体现在：_____

主题教育活动从_____到_____的过程都是灵活的。活动的来源既可能是幼儿近期感兴趣的话题，也可能是幼儿日常活动中的一个问题、一种行为。预设好的活动内容也有可能根据幼儿的兴趣需要进行扩充或减少。因此，对于实施主题教育活动的教师要求相对较高，需要教师细致地观察幼儿，深入地了解幼儿，熟知各领域的发展目标，这样在实施的过程中才能融会贯通地灵活运用。

（4）综合性

案例中体现在：_____

一般的主题教育活动往往有不同的_____，有的侧重认知学习、有的侧重情感体验、有的侧重技能练习，但都不会彼此割裂，更多的时候是综合的。在一个主题下，指向不同领域目标的活动都是以围绕中心主题展开的，相互_____，充分体现主题教育活动的综合性

表 1–5　工作表单 4

工作表单4	主题整合教育活动的内容选择	姓　名		学　号	
		评分人		评　分	

1.结合案例，请分析主题整合教育活动内容的来源。

（1）源自各_____领域

幼儿园教育活动一般是围绕《幼儿园教育指导纲要（试行）》中的各个领域，即_____、_____、社会、_____、艺术实施教育的，各领域中的_____往往成为教师设计主题教育活动的基本来源。需要注意的是，虽然内容选自某个领域，但在实施过程中是不限于该领域的，往往各领域在有所侧重的基础上综合进行。

（2）源自幼儿_____的事件

幼儿一日生活中的事件很多，有些是相对_____的，像升班、毕业等活动。除此之外，还可结合一些随机事件或幼儿在生活中遇到的_____等生成主题教育活动。如_____。

（3）源自近期_____的话题

幼儿表现出感兴趣的话题也是教师应把握的教育机会之一，但幼儿感兴趣的话题很杂，可能是一个新的动画片，也可能是一个新的玩具，或者是谁养的一个小动物等。教师首先是要善于观察幼儿，倾听幼儿，其次是要学会分析兴趣本身与_____的联系，从而决定是否生成主题教育活动。

（4）源自幼儿经历的_____变化

北方的四季变化是非常显著的，教师带领幼儿开展户外活动或散步时可引导幼儿有意识地观察园所内外植物的_____变化和_____变化，如_____；除了对大环境的观察，还有一些对小环境或某一类植物的观察引发的主题教育活动，如_____；除了自然变化，人文变化也能生成主题教育活动，如_____。

（5）源自重大_____和_____

节日活动教育一直是主题教育活动中相对传统的内容，特别是一些具有_____的传统节日更易于被教师挖掘其内在的教育价值，如"_____""_____"等。另外，一些_____也会成为主题教育活动的设计资源，如"植树节""_____"等。

（6）源自_____大背景

特别需要注意的是要选择幼儿能够_____的内容、正面的内容来_____主题教育活动，这些内容有着比较强烈的_____，如"_____""_____"等。

2.结合案例，李老师选择主题整合教育活动的内容源自什么？

案例中内容源自：_____。

表1-6　工作表单5

工作表单5	主题教育活动教育网络图及领域的划分	姓　名		学　号	
		评分人		评　分	

1.小组讨论主题活动网络图。

在绘制主题教育活动网络图时，以主题为中心，将各次级主题及其内容用直线呈或散开的形式绘于纸上。一般情况下，主题教育活动网络图分为_____个层级，一级即中心主题，二级即子主题，三级即子主题下的具体活动；也有主题教育活动网络图分为_____级，一级即子主题，二级即子主题下的具体活动。这样一目了然、非常清晰。

2.结合学习内容，小组讨论完善"好吃的水果"主题教育活动网络图中关于活动内容划分的领域。

表1-7　工作表单6

工作表单6	教育活动片段分析及模拟演练	姓　名		学　号	
		评分人		评　分	

扫一扫二维码，观看教学视频分析教育活动片段

水果宝宝去旅行（1-1）	分析： 1.活动名称： 2.活动适龄班级： 3.活动大主题： 4.活动目标：

模拟演练

小组成员：

角色定位（角色特点、心理素质）

教师：

幼儿：

选择教育活动片段：

3.反思评价

（1）通过本任务内容的学习，你认为主题整合教育活动和学科领域教育活动的关系是什么？

_____

_____

_____

（2）请你对自己在本次任务中的学习情况进行评价。

课堂活动参与度　☆　☆　☆　☆　☆

小组活动贡献度　☆　☆　☆　☆　☆

学习内容接受度　☆　☆　☆　☆　☆

4.学习支持

1）教学设计的内涵

教学设计是运用现代教育理论与教育心理学、传播学、信息技术、系统分析理论、教学媒体论等相关的理论与技术，来分析教学中的问题和需要，从而设计和试行解决方法、评价试行结果，并在评价的基础上改进设计的一个系统过程。教学设计不是力求发现客观存在的尚不为人知的教学规律，而是运用已知的教学规律去创造性地解决教学中的问题。教学设计的具体产物是经过验证的教学系统实施方案，包括教学目标和为实现教学目标所需的整套资源，即教材、学习指导、活动操作材料等，以及对所有教与学的活动和教学过程中所需的辅助工作做出了有具体说明的教学实施计划。

目前，围绕教学设计这一领域的研究成果已初步建立起了一个独立的知识体系，即教学设计学。教学设计学是研究教学系统设计的一门应用科学，其任务是揭示教学设计工作中的规律，并运用这些规律来指导教学实践。这意味着教学设计学有两个主要作用：一是发展教学设计的基本原理，揭示教学设计过程中所依赖的基本规律及设计过程本身应该遵循的规律；二是系统提出关于教学设计的实际建议，包括工作步骤和具体做法，以便教师使用。幼儿教师教学设计的重点是进行教育活动设计。

2）幼儿教师进行教育活动设计的意义

（1）有利于幼儿园教育教学工作的科学化

当下，幼儿园一系列教育活动设计的内容和程序都建立在科学的系统方法的基础上，从而使教育活动的设计摆脱了过去依靠的经验主义而进入科学的轨道，易于幼儿教师学习，也使他们乐于接受，并在教学中进行实践。幼儿园教育教学工作的普遍科学化，可以有效提高教育的效率和效果，这也正是教学设计的宗旨。因此，学习和运用教学设计的原理是推动幼儿园保教工作科学化的有效途径。

（2）有利于幼儿园保教工作效率的提高和效果的增强

幼儿园教育活动设计的主要目的是设计出低耗而高效的教育过程。在教育活动设计中，需要对幼儿的需要、学习与参与活动的内容和幼儿经验水平进行客观分析。在分析的基础上，减少许多不必要的内容和活动，然后清晰地阐明教学目标，科学地制定教学策略，经济地选用教学媒体，合理地拟定教育进度，正确地确定教学速度，准确地测定和分析教学结果，使教育活动在人员、时间、设备使用等方面取得最佳效益。可以肯定地说，没有教育活动设计，就不可能有教育活动的最优化。

（3）有利于教学理论与教学实践的结合

为了使教育活动高效、有序，人们一直致力于探讨教学的机制，对教育过程、影响教学的因素及其相互关系进行了研究，并形成了一套独立的知识体系——教学理论。但长期以来，教学研究偏重于理论上的描述和完善，脱离了教学实际，从而使教学理论成为纸上谈兵，对改进教学工作帮助并不大。在这种情况下，被称为"桥梁"的教学设计起到了沟通教学理论与教学实践的作用。实际上，幼儿园教育活动设计不是一种直觉的冲动，而是一种理论与实践的统一。它既有一定的理论色彩，同时又明确指向教学实践。因此，一方面，通过教育活动设计，可以把已有的教学理论和研究成果运用于实际教学活动中，指导教学工作的进行；另一方面，也可以把教师的教学经验升华为教育科学，充实和完善教学理论，这样就可以把教学理论与教学实践紧密地结合起来。

（4）有利于幼儿教师的成长和发展

幼儿园教育活动不仅是一种信息传播的过程，更是一种艺术表现的过程。没有高超的教学技巧，把握不了教育的艺术性，就不可能提高教育质量。因此，教学技巧对教师是十分重要的。幼儿园教育活动设计则为教师的成长和发展提供了一条有效途径，使教师通过教育活动设计不但可以迅速掌握教学的基本原理和方法，而且可以在实践中得到提高，最终成为一名专家型教师。

知识拓展

　　幼儿园教育活动类型多种多样，可以按照幼儿园教育活动的结构、活动的特征、活动的内容领域、活动的性质和活动的组织形式等进行划分。幼儿园教育活动与中小学教育活动的区别主要体现在：课程具有整合性，活动以促进幼儿自主建构为中心目标，教育活动过程具有动态性，教育环境具有支撑性，教育活动内容体现了生活性和趣味性。

✦ 任务二　"穿穿戴戴"主题教育活动分析与设计

任务二PPT

1.任务描述

在幼儿园区域活动时，小班的丽丽和琪琪在玩"扮演妈妈"游戏。丽丽给娃娃戴围脖时，遇到了困难，她把围脖递给了老师（示意老师帮助她）。老师拿起围脖，对丽丽旁边的琪琪说："丽丽想把围脖戴到娃娃的脖子上，可是我不知道该怎么把这个围脖戴上去，你知道怎么办吗？"琪琪接过围脖说："把娃娃的头竖起来，然后把围脖放下去。"（琪琪边说边做动作）老师转向丽丽说："你听到琪琪说的方法了吗？她说可以把头竖起来，然后从头上套进去，你要不要试试这个方法呢？"丽丽点点头，她接过老师手中的围脖，用刚才琪琪说的方法给娃娃戴围脖，可是娃娃总是倒下去。这时，老师说："我来帮你扶着娃娃。"就这样丽丽顺利地帮娃娃戴上了围脖。

老师经过一段时间的观察，发现班级中有不少小朋友喜欢为娃娃穿衣服、戴围脖之类的游戏，但是他们的动手能力和生活自理能力又比较弱，于是老师就设计了"穿穿戴戴"主题教育活动。老师在集体教学、区域活动、户外游戏时都整合了相关的主题内容，同时还将本月的主题环境创设做了改变，在墙面上粘贴了正确穿衣的步骤图、鞋子排排队的摆放示意图。老师通过设计与实施"穿穿戴戴"主题教育活动将小朋友的生活自理能力的锻炼贯穿到幼儿园一日生活中。

（1）阅读案例，分析案例中老师的支持策略有哪些？（完成工作表单1）

（2）根据案例，分析幼儿园教育活动的特点。（完成工作表单2）

（3）小组讨论设计幼儿园主题教育活动应考虑的因素。（完成工作表单3）

（4）"穿穿戴戴"主题教育活动设计。（完成工作表单4和工作表单5）

（5）扫码观看视频（1-2），并结合学习内容，小组讨论和模拟演练视频教育活动片段。（完成工作表单6）

2.工作表单

工作表单1~工作表单6分别见表1–8~表1–13。

表 1–8　工作表单 1

工作表单1	生活自理能力培养的支持策略	姓　名		学　号	
		评分人		评　分	

分析案例中老师的支持策略有哪些？

　　1.示范如何寻求帮助

　　案例体现：

　　2.引导同伴学习

　　案例体现：

　　3.支持幼儿积累成功经验

　　案例体现：

表1-9　工作表单2

工作表单2	幼儿园教育活动的特点	姓　名		学　号	
		评分人		评　分	

分析案例中的教育活动具有哪些特点？如符合请在 ☐ 内画"√"。

☐ 1.教育活动具有整合性

幼儿园教育活动，是充分协调多种_____，利用多种教育手段，采取多种活动形式，体现多个_____内容，发挥多种影响因素，将学习活动或游戏活动、教师预设的教育活动或_____的教育活动、集体的或个别的活动等，整合统一之后构成的教育活动系统。因此，整合性是其最明显的特点之一。

☐ 2.教育活动以促进幼儿自主建构为核心目标

幼儿的_____应当成为幼儿园教育的一个核心目标。幼儿是一个发展的、能动的主体，任何外在教育环境都必须通过幼儿主体的努力，才能实现教育环境功能的转化，最终落实到促进幼儿的发展上。教师应尽力影响幼儿自主性的各个方面，包括幼儿对_____的意识、自信和成熟感，以及幼儿把自己看作积极的知识建构者的意识。

☐ 3.教育活动过程具有动态性

教育活动过程是教师和幼儿共同活动的过程，也是促进幼儿身心发展的过程。在教育活动过程中，教师和幼儿以教育内容和教育方式为中介相互作用。教师、幼儿、教育_____、教育_____是构成教育活动的基本要素，它们相互联系、相互作用及相互制约，组成了一个完整的教育活动系统。

☐ 4.教育环境具有支持性

·创设符合幼儿发展水平的_____。

·创设有利于幼儿_____的环境。

·创设有利于幼儿形成_____的环境。

☐ 5.教育活动体现了生活性和趣味性

·_____：幼儿园教育活动的实施是贯穿和渗透于幼儿一日生活之中的，并存在于幼儿生活的环境里面，所以_____的各个环节都是贯彻和实施教育活动的有效的、重要的途径。

·趣味性：幼儿园教育活动的对象是_____，而新奇的、有趣味的事物是吸引幼儿探究和加入活动的最直接的因素，因此，幼儿园教育活动的生动有趣和丰富多彩就成为其与其他教育活动不同的显著特点。它的趣味性则表现在活动_____、活动形式及活动_____、使用材料等各个方面。

表 1-10　工作表单 3

工作表单 3	设计幼儿园主题教育活动涉及的因素	姓　名		学　号	
		评分人		评　分	

案例中的主题教育活动涉及了哪些因素？

1.依据幼儿的需要和兴趣设计主题教育活动

选择什么样的内容作为活动主题，很重要的一点就是关注并跟随幼儿的＿＿＿＿＿＿。好的活动主题一定是既能满足幼儿的兴趣，又能符合教师所追求的＿＿＿＿＿＿。

案例是否体现：＿＿＿＿＿＿＿＿＿＿＿＿＿＿＿＿＿＿＿＿＿＿＿＿＿

2.结合幼儿经验设计主题教育活动

主题教育活动不是以概念为基础，而是围绕幼儿的＿＿＿＿＿＿。主题教育活动围绕幼儿在生活中能够经历和接触到的事物来设计，对幼儿来讲更加具体、真实，也更有利于幼儿在主题教育活动中建构新的＿＿＿＿＿＿。

案例是否体现：＿＿＿＿＿＿＿＿＿＿＿＿＿＿＿＿＿＿＿＿＿＿＿＿＿

3.贴近幼儿生活设计主题教育活动

《幼儿园教育指导纲要（试行）》明确提出，幼儿的学习活动往往与＿＿＿＿＿＿和日常＿＿＿＿＿＿密不可分。游戏和生活中不断出现的真实问题情境使幼儿不断调整和运用已有的经验，并在不断面临挑战和解决问题的过程中获得新的经验。因此，教育通过生活才能发出力量而成为真正的教育，教师在设计主题时也要善于观察和分析幼儿在日常生活中遇到的问题，从幼儿的＿＿＿＿＿＿和＿＿＿＿＿＿中挖掘有价值的内容以生成主题教育活动。

案例是否体现：＿＿＿＿＿＿＿＿＿＿＿＿＿＿＿＿＿＿＿＿＿＿＿＿＿

4.主题教育活动不可能覆盖所有学习内容

主题教育活动仅仅是诸多课程形式的一种，不可能每个主题都覆盖所有的领域和学习内容，教师在设计主题时，应结合所围绕＿＿＿＿＿＿的需要灵活地设计内容，有侧重点地培养幼儿。

表 1-11　工作表单 4

工作表单4	"穿穿戴戴"主题教育活动设计	姓　名		学　号	
		评分人		评　分	

1.主题说明

　　吃、喝、穿、戴与幼儿最为密切，幼儿入园后的很长一段时间内都会出现穿、戴方面的基本生活自理问题，如鞋子不分左右、穿衣不会伸胳膊、扣不上扣子、不会提裤子等，有的幼儿会因此感受到沮丧从而退缩，还有的幼儿因此拒绝上幼儿园。

　　"穿穿戴戴"主题教育活动贴近幼儿的实际生活需要，引导幼儿在听故事、玩游戏及在谈话中轻松地学习相应的生活技能，使幼儿在穿穿戴戴的体验中初步建立保护自己的意识，并在培养生活自理能力的过程中建立自信心。

2.主题总目标

（1）幼儿认识_____的物品，并探索其中的奥秘。

（2）配合游戏歌谣，幼儿练习_____、脱、叠、放衣物。

（3）游戏活动中，练习钻、投掷、协同走等大运动。

（4）_____帮助幼儿了解衣物的品种及功能的多样性。

（5）鼓励幼儿整理鞋袜，尝试进行简单的计数。

（6）培养_____。

表1–12 工作表单5

工作表单5	主题下具体教育活动内容的设计	姓 名		学 号	
		评分人		评 分	

科学领域 — 鞋宝宝对对亲　　　　穿大鞋

社会领域 — 合适的鞋　　　　衣帽秀

美丽的鞋垫 —　**穿穿戴戴**　— 鞋底的秘密

穿穿戴戴游戏歌　　　　爱美的小精灵

服装店　　　　和脏说再见

小班"穿穿戴戴"主题教育活动计划表

活动名称	活动目标	活动领域	活动准备
活动一：鞋宝宝对对亲	1.通过歌谣游戏，使幼儿对辨别左右脚鞋子感兴趣。2.在游戏中学会区分鞋子的左右。3.活动中感受游戏的乐趣	科学领域（数学活动）	物质准备：鞋宝宝图片（一对正的表情"高兴"；一对反的表情"生气"），笑脸和哭脸卡片、鞋子图片
活动二：美丽的鞋垫	1.初步明白鞋垫的作用。2.在活动中，能用多种方法来装饰鞋垫。3.欣赏各种鞋垫的图案，感受手工艺术的美	艺术领域（美术活动）	经验准备：搜集各样的鞋垫，使幼儿对鞋垫花色感兴趣。物质准备：纸球、棉签、水彩颜料、油画棒、胶棒等
活动三：			

表 1-13　工作表单 6

工作表单6	教育活动片段分析及模拟演练	姓　名		学　号	
		评分人		评　分	

扫一扫二维码，观看教学视频并分析教育活动片段

	分析： 1.活动名称： 2.活动适龄班级： 3.活动大主题： 4.活动目标：
小班"穿穿戴戴"活动 设计案例	

模拟演练

小组成员：

角色定位（角色特点、心理素质）
教师：

幼儿：

选择教育活动片段：

3.反思评价

（1）在幼儿园教育活动中，你认为哪些主题类型更符合中班幼儿的兴趣？请说明你的理由。

（2）请你对自己在本次任务中的学习情况进行评价。

课堂活动参与度　☆　☆　☆　☆　☆

小组活动贡献度　☆　☆　☆　☆　☆

学习内容接受度　☆　☆　☆　☆　☆

4.学习支持

（1）培养幼儿生活自理能力的方法

第一，通过示范，教授幼儿生活自理的方法。初入幼儿园的幼儿自理能力较差，但模仿能力强，教师可以通过正面示范，让幼儿了解生活自理的正确方法，以及用简短明了的提示，让幼儿掌握基本动作的要领，并让幼儿进行不断模仿、练习。

第二，通过游戏活动，让幼儿练习生活自理技能。把一些劳动技能与游戏相结合，使幼儿在潜移默化中接受劳动技能的培养与训练是较为合适的。如"系扣子"训练，老师可以利用布贴游戏的形式进行，如果幼儿感兴趣自然很快就能学会。

第三，运用生动有趣的语言，激发幼儿学习生活自理技能的兴趣。幼儿的思维具有具体、形象的特点，对于一些描述具体生活现象的语言较易接受，因此生动有趣的语言，更能激发幼儿学习一些枯燥的劳动技能的兴趣。

第四，通过鼓励与引导，培养幼儿主动参与的意识。小班幼儿情感脆弱，主动能力差，畏惧感强，因此对于他们的一点点进步，成人都不该忽视，应鼓励他们微小的独立性的愿望。如果幼儿达到了某项要求，可在相应奖励一颗红五角星，谁得到的红五角星多，就证明谁的小手最能干。幼儿的上进心较强，有表扬的评比，他们都会更努力地去做。

第五，家长配合，督促幼儿生活自理技能的锻炼。家长要积极地配合幼儿园的工作，教师可以采用家长会、联系册、专栏、日常交流、观摩等方式方法，加强家园共育。教师积极和家长进行沟通达到家园教育方法一致、目标统一的效果。

第六，想要培养幼儿的自理能力，应使家长了解幼儿的自我服务程度，以便更好地与幼儿园配合，从而使幼儿更快更好地提高生活自理能力。

（2）幼儿"生活自理能力"教育活动设计

中班教育活动"穿裤子"教案

【设计思路】

该活动包含两方面要求：一是会分辨裤子的里外前后；二是掌握穿裤子的正确方法和顺序。幼儿已经学习过穿秋天的单裤，也有一些分辨裤子前后的经验。但是，寒冷的冬天又增添了不少新款的较厚的冬季裤子，因此，可能会在分辨裤子前后方面发生困难。另外，幼儿在穿两条以上裤子时，还需顾及里面裤腿的平脚，这对一部分幼儿来说也尚有难度。因此，在组织活动的过程中，一要注意引导幼儿运用过去的经验来分辨冬季裤子的前后；二要提醒幼儿在自下而上地拉裤腰的过程中，不要用力过猛，以免秋裤裤腿卷缩；三要用一则顺口溜来提示穿裤子的步骤与方法，营造愉快的练习氛围。

【活动目标】

·能分辨冬季裤子的前后。

·学会有序地、整齐地穿裤子。

·体验自主穿裤子的乐趣。

·继续发展身体和四肢动作的协调性。

·愿意大胆尝试，与同伴分享自己的心得。

【活动重难点】

重点：分清不同款式裤子的前后，用正确的方法穿裤子。

难点：男孩裤前拉链的使用（易将里面内裤卡在拉链上），以及能整齐地穿上裤子。

【活动准备】

· 幼儿当天所穿的冬季外裤。

· 活动区放置若干童装裤子，供幼儿练习。

【活动过程】

用开"小火车"的方式，引导幼儿依次描述自己裤子前面的样式、图案及相关特征。

说明：这样有助于幼儿获得更多的分辨裤子前后的方法，如看贴花、口袋拉链、扣子等。

幼儿讲述完，教师应稍稍加以归纳。

由1~2名幼儿示范穿裤子的步骤与方法，教师做适当的讲解。

【要点】

· 裤子的前面要向上（或向前方），双手抓住裤腰，坐在椅子上逐一将腿伸入裤腿。穿上后站起将裤缝处拉正，并将内衣塞入裤腰内。如有秋裤，应塞入袜筒，以免向上卷缩。

· 幼儿边随着教师念顺口溜（或自己念），边练习穿裤子。拉着裤腰儿，穿进裤腿儿，伸出腿丫儿，自己穿裤儿，真是乖孩儿。

· 说明1：幼儿穿裤子时，教师可重点指导使用门襟拉链有困难的男孩。

· 说明2：教师也可利用顺口溜的最后两句，对穿好裤子的幼儿进行评价和鼓励。

【活动延伸】

幼儿在生活区为娃娃穿各种裤子。（或在家里自己尝试穿不同款式的裤子）

【活动建议】

此活动可根据幼儿穿裤子的能力分小组进行，可在幼儿午睡起床时进行。

【活动反思】

在活动中，幼儿的生活能力得到了锻炼，进一步学会了穿裤子。

小贴示

《叠衣服》儿歌
关关门，关关门，抱抱臂，抱抱臂，
弯弯腰，弯弯腰，我的衣服叠好了。

任务三　"格子世界真奇妙"主题教育活动设计与实施

任务三 PPT

小班"格子世界真奇妙"活动设计案例

1.任务描述

中三班的李老师在幼儿教育方面非常赞同"生活皆教育"这一理念，她在这个理念的指导下特意组织了小朋友们观察生活中的"格子"，并设计了"格子世界真奇妙"活动主题，还进行了具体活动设计。

首先，李老师请幼儿观察《格子世界真奇妙》第7页中蒙德里安的格子画，引导幼儿观察画中的线条和色块。接着，李老师对幼儿进行提问："说一说画上都有什么？这些画与平时看到的画有什么不同？你看到这些线条、色块有什么感觉？使你想到了什么？"李老师鼓励幼儿大胆地说出自己的感受与想象。

其次，李老师向幼儿提出了一系列的问题："在生活中你们见过用格子图案装饰的物品吗？是什么？格子是什么样的？"她还展示了格子图案装饰的帽子、衣服、鞋子、皮包、抱枕、床单等实物，引导幼儿了解格子图案在生活中的应用，激发他们创作的兴趣。

再次，幼儿尝试运用格子进行装饰活动。李老师提出班级要举行"创意格子秀"展示活动，请幼儿尝试用挂历纸、卡纸剪出或做出各种不同造型的纸质服装、帽子、蝴蝶结、领带、提包、腰带、鞋子等，然后用各种线条、颜色装饰成不同的格子图案。

最后，播放走秀音乐，请幼儿进行展示活动，教师为幼儿拍照留念。

集体教学活动结束后，李老师还将活动内容延伸到环创、区域、家园共育等活动中，进行了为期一个月的格子主题教育活动。

（1）案例中的主题教育活动课程的性质是什么？案例中的教育活动设计符合教学设计的哪些特点？（完成工作表单1和工作表单2）

（2）小组讨论案例并分析教育活动设计的基本环节和要素。（完成工作表单3）

（3）分别完善"格子世界真奇妙"主题教育活动总目标设计及"创意格子秀"教育活动设计。（完成工作表单4和工作表单5）

（4）结合工作表单5的教育活动设计，以小组为单位进行"创意格子秀"教育活动片段模拟演练。（完成工作表单6）

2.工作表单

工作表单1~工作表单6分别见表1–14~表1–19。

表 1–14　工作表单 1

工作表单1	分析案例	姓　名		学　号	
		评分人		评　分	
1.案例中的"主题教育活动"课程的性质是什么？ 教育活动的性质：＿＿＿＿＿＿＿＿＿＿＿＿＿＿＿＿＿＿＿＿＿＿＿＿＿＿＿＿＿。 					
2.案例中李老师是如何设计教育活动内容的？ （1）引导： （2）过程： （3）结束： 					

表 1-15　工作表单 2

工作表单2	幼儿园教育活动设计的特点	姓　名		学　号	
		评分人		评　分	

小组讨论案例中的教育活动设计符合教学设计的哪些特点？

　　1.教学设计的＿＿＿＿＿＿＿＿＿＿

　　教学设计过程是一个科学的逻辑过程，体现了教学设计工作的系统性。在进行教学设计时，需要在分析和论证相关教学问题的基础上设定＿＿＿＿＿＿＿＿＿，然后密切围绕既定目标设计教学的各个环节，从而保证目标、策略、＿＿＿＿＿＿＿＿三者的一致性。教学设计从教学系统的整体功能出发，综合考虑＿＿＿＿＿＿＿＿、＿＿＿＿＿＿＿＿、教材、媒体、评价等各个方面在教学中的地位与作用，使之相辅相成、互相促进、产生整体效应。

　　案例中是否有体现：＿＿＿＿＿＿＿＿＿＿＿＿＿＿＿＿＿＿＿＿＿＿＿＿＿＿＿＿

　　2.教学设计的＿＿＿＿＿＿＿＿＿＿

　　在进行教学设计时，应根据不同的情况和要求，重点解决不同环节的问题，因地制宜地进行教学设计。

　　案例中是否有体现：＿＿＿＿＿＿＿＿＿＿＿＿＿＿＿＿＿＿＿＿＿＿＿＿＿＿＿

　　3.教学设计的＿＿＿＿＿＿＿＿＿

　　由于教学设计是针对解决教学中的具体问题而发展起来的理论与技术，因此，教学设计过程中＿＿＿＿＿＿的工作都是相当具体的。在分析学习任务时，教师必须仔细剖析教学目标中所包含的核心概念、基本元素及其中所涉及的下位概念或规则等，使之构成一个教学目标系统，并在此基础上提出具体的教学步骤和方法。

　　案例中是否有体现：＿＿＿＿＿＿＿＿＿＿＿＿＿＿＿＿

表1-16　工作表单3

工作表单3	教育活动设计的基本环节和要素	姓　名		学　号	
		评分人		评　分	

小组讨论案例并分析教学活动设计的基本环节和要素

1.活动主题：_____

选择什么主题可以促进幼儿发展？

主题的内涵和外延是什么？

主题如何构建？由谁来参与构建？

选择的主题能够发展幼儿哪些方面的能力？

主题与幼儿的生活相关性如何？

2.活动目标：_____

目标是否符合幼儿的年龄特征？

目标是否体现了三个维度？

目标所涉及的发展领域是否合理？

目标是否符合《3~6岁儿童学习与发展指南》的要求？

目标的表达是否清晰、合理？

目标是否有层次性，是否既有封闭式目标，又有开放式目标？

3.活动内容：_____

活动内容是否符合幼儿的心理特点？

活动内容是否是幼儿生活实践的体现？

如何呈现活动内容？

活动内容是否有层次性和包容性？

4.活动方法：_____

活动方法是否灵活多样？

能否体现幼儿的主体参与性？

教师的指导是否能够体现出促进幼儿自主建构的目标？

如何使集体教育活动、生活活动、游戏活动有机地融为一体？

5.资源设计：_____

哪些资源能够辅助教学？

开发资源的途径有哪些？

如何激发幼儿、家长参与开发资源的热情？

资源如何整理并合理呈现？

6.活动评价：_____

是否要对活动进行评价？

评价哪些方面？

如何进行合理评价？

如何整理评价材料？

表 1-17　工作表单 4

工作表单4	"格子世界真奇妙"主题教育活动总目标设计	姓　名		学　号	
		评分人		评　分	

"格子世界真奇妙"主题教育活动总目标

1.发现格子在生活中的存在，感知格子的_____和用途。

2.欣赏、感受格子装饰的物品产生的美感，对格子有探究的兴趣。

3.依据格子的特点大胆地创造、表现，用多种方式表达自己的感受。

4.在活动中感受_____。

```
                        格子世界真奇妙
        ┌──────────────────┼──────────────────┐
    好用的格子          好看的格子          好玩的格子
        │                  │                  │
     格子在哪里         花格子大象艾玛         跳格子
     语言领域                                  │
     棋盘山的格子        创意格子秀           蝴蝶采花
     科学领域                                  │
     田字格游戏        餐桌上的汤匙——水粉画    数字格子
     科学领域                                  │
     格子寻宝                              十六宫格游戏
                                          艺术领域（音乐活动）
```

表1-18 工作表单5

工作表单5	"格子世界真奇妙"主题教育活动设计	姓 名		学 号	
		评分人		评 分	

"格子世界真奇妙"主题教育活动"创意格子秀"教育活动

授课时间	20~25分钟	授课班级	（大、中、小）
授课内容	创意格子秀	授课教师	小美老师

活动准备	经验准备： 物质准备：
活动目标	认知目标：认识格子的特点，欣赏由线条和色块组成的作品 技能目标：利用线条和颜色组成不同形式的格图案进行装饰 情感目标：大胆地进行创造和表现，感受创造的乐趣
活动重难点	活动重点： 活动难点：
活动过程	一、活动开始 1.请幼儿观察《格子世界真奇妙》书中蒙德里安的格子画，引导幼儿观察画中的_____和_____。 2.老师提问："说一说画上都有什么？这些画与平时看到的画有什么不同？看到这些线条、色块有什么感觉？_____？" 3.鼓励幼儿大胆地说出自己的感受与想象。 二、活动过程 1.老师引导："_____？" 2.展示格子图案装饰的帽子、衣服、鞋子、皮包、抱枕、床单等实物，引导幼儿了解格子图案在_____，激发幼儿创作的兴趣。 3.幼儿尝试运用格子进行装饰活动：提出班级要召开"创意格子秀"展示活动，请幼儿尝试用挂历纸、卡纸剪出或做出各种不同造型的纸质服装、帽子、鞋子等。幼儿运用各种线条、颜色进行装饰，教师则进行巡回指导。 三、活动结束 播放动感音乐，请幼儿穿着自己设计的作品进行展示，教师拍照留念。
活动延伸	园内活动方面： 家园共育方面：
活动反思	

表 1-19　工作表单 6

工作表单6	"创意格子秀"教育活动模拟演练	姓　名		学　号	
		评分人		评　分	

1.以小组为单位简要分析"创意格子秀"教育活动设计并进行教育活动片段模拟演练

分析：

1.活动名称：

2.活动适龄班级：

3.活动大主题：

活动目标：

模拟演练

小组成员：

角色定位（角色特点、心理素质）

教师：

幼儿：

模拟演练的重点内容：

3.反思评价

（1）你觉得幼儿园的教育活动为什么需要精心设计？

_____

_____

_____

（2）请你对自己在本次任务中的学习情况进行评价。

课堂活动参与度　　☆　☆　☆　☆　☆

小组活动贡献度　　☆　☆　☆　☆　☆

学习内容接受度　　☆　☆　☆　☆　☆

4.学习支持

幼儿园教育活动设计的相关要点包括以下几点。

（1）教育活动设计过程既要关注系统化，也要关注具体细节

"系统"一词体现了为实现某一特定教学目标，从而界定、开发和评估一套教学策略的有一定顺序的、符合逻辑的方法。在进行教育活动设计时合理地规划相关要素之间的内在联系可以帮助实现系统化的目标。因此，处理每个要素都需要斟酌，每个要素都必须和具体问题相联系。例如，一个具体的教学目标就是一种包含特定动词的陈述，指导着教学策略的开发，并指明了如何对结果做出评价。关注细节则是教育活动设计工作成功的关键。只有在采用系统方法的同时关注细节，才能设计出有效的教育活动。

（2）教育活动设计过程中应当关注幼儿本身，而不只是关注内容

教育活动设计应当关注幼儿，并思考如何改进活动的实效性，而不是只关注容纳多少内容。在进行学习者分析时，设计者应注重幼儿群体的特征。在进行教育活动设计时，应根据幼儿群体中的个体特征选择教学策略和教学方法。在整个设计过程中，设计者的注意力应集中在如何帮助幼儿解决问题上，而非教学内容本身，即教育活动

设计者强调的是幼儿自主建构，而非教授。

（3）教育活动设计首先服务于教师自身及其团队

教育活动设计最初受益的是教师及其开发团队，通过完成教育活动目标、教育活动实施过程及结果评价的设计工作，教师及其团队在此过程中不断修正和完善教育活动实施过程，进而保证教学过程的科学性和有效性。

（4）没有最好的教育活动设计

进行教育活动设计可以避免依靠直觉进行教育活动和不断的错误尝试。然而，正如幼儿是独特的学习个体一样，教师也是独特的个体。每个设计者都会用自己的方法构建教育活动，从而使用教育活动设计中的各个要素。所以判断教育活动设计是否成功，就是看在有限时间内是否达到了令人满意的学习效果。

拓展延伸

教学实施过程游戏化

游戏是幼儿期的基本活动，也是幼儿最喜欢的自愿参与的活动。实践证明，游戏是向幼儿实施全面发展教育的重要方式，也是教育教学的有效组织形式。

★ 任务四　"纸的世界"主题教育活动设计与实施

任务四PPT

1.任务描述

琪琪今天的计划是做一个扇子发夹。琪琪先用一张彩纸折成扇子形状，然后把一根绿色毛根对折后作发夹。琪琪想把"扇子"和"发夹"粘在一起，她先用了胶水粘，但没成功。琪琪找老师帮忙："老师，这个粘不上，你能帮我吗？"

老师："我看见你用胶水想把扇子和发夹粘起来，但没有成功，我们去活动室的美工区转一转，看看有什么材料可以帮到你。"琪琪在美工区找到了一支吸管，用吸管把扇子和发夹捆在一起，但捆住后又散开了，琪琪对老师说："不行，捆不住。"

老师："我看见你用吸管把扇子和发夹捆在一起，但吸管太硬了，捆住后，又散开了。你想让我怎么帮你呢？"琪琪："把扇子和发夹捆在一起。"老师："要怎么才能捆住不散开呢？"琪琪思考了一会，拿起用于制作发夹的绿色毛根，在老师的协助下，缠绕后捆紧扇子，然后再用黄色毛根加长了绿色毛根的两端，最后终于把扇子发夹做好了。琪琪兴奋而又得意地对老师说："老师，你看，我的扇子发夹做好了哦！"

（1）结合案例，分析教师采用的支持策略。（完成工作表单1）

（2）小组讨论，幼儿园教育活动目标的本质。（完成工作表单2）

（3）小组讨论，结合教育心理学行为主义学习理论，设计案例中的教育活动目标。（完成工作表单3）

（4）小组讨论教育活动中三维目标的层次分解。（完成工作表单4）

（5）小组讨论，设计"纸的世界"主题教育活动总目标及网络图。（完成工作表单5和工作表单6）

2.工作表单

工作表单1~工作表单6分别见表1–20~表1–25。

表1–20　工作表单1

工作表单1	分析案例中教师采用的支持策略	姓　名		学　号	
		评分人		评　分	
阅读案例，分析老师采用了哪些策略?					

1. 做一个"装傻老师"：不急于帮助幼儿解决问题，_____

_____。

2. "转一转，试一试"策略：_____

_____。

3. "你希望老师怎么帮助你呢？"：_____

_____。

4. 选择合适的时机：_____

_____。

表 1-21　工作表单 2

工作表单2	幼儿园教育活动目标的本质	姓　名		学　号	
		评分人		评　分	

1.结合案例思考幼儿园教育活动目标的本质

（1）让幼儿认识纸

——质疑：＿＿＿＿＿＿＿＿＿＿＿＿＿＿＿＿＿＿＿＿？

（2）学习纸手工的制作

——质疑：教学活动目标表达的应该是学习的结果还是过程？

（3）培养幼儿独立思考问题

——质疑：＿＿＿＿＿＿＿＿＿＿＿＿＿＿＿＿＿？如果实现则如何测评？

2.幼儿园教育活动目标的本质

（1）目标是学习的＿＿＿＿＿＿＿＿，而不是过程

教育活动目标规定要经过教师的教学和幼儿的学习等一系列过程以后，最终希望幼儿达到什么＿＿＿＿＿＿＿＿＿＿，或能够做些什么，以及如何实现这一结果。在教与学的过程中，幼儿最终获得的知识和能力，以及形成的个性化行为才是目标。因此，过程不能成为教育的目标，因为目标的本质特性就是终结性，而过程的本质是一种＿＿＿＿＿＿＿＿。"学习……"这种表达强调的是学习的过程而不是学习的结果。

（2）行为主体应是＿＿＿＿＿＿＿＿，而不是教师

教育活动目标是指在学习活动后，幼儿能够完成的＿＿＿＿＿＿＿＿行为，而不是教师要完成的行为。因此，教育活动目标表达的主体应该是幼儿而不是教师。

（3）目标要＿＿＿＿＿＿＿＿、具体、可操作性强

从幼儿园教育的目标＿＿＿＿＿＿＿＿来看，从低到高，各层次目标越来越抽象、概括化和笼统。最具体、最底层的主题教育活动目标的特点就是＿＿＿＿＿＿＿＿、＿＿＿＿＿＿＿＿、可操作性强，能具体指导、调控教师的教学过程。

（4）教育活动目标应具有＿＿＿＿＿＿＿＿性和＿＿＿＿＿＿＿＿性

教育活动目标的一大功能是＿＿＿＿＿＿＿＿和＿＿＿＿＿＿＿＿幼儿的学习效果，因此，教师所表述的教育活动目标应当能够体现出＿＿＿＿＿＿＿＿的和＿＿＿＿＿＿＿＿的功能；教师在表达教育活动目标时，选用的行为动词也应该是能够具体描述行为，如说出、阐述、表达、展示等。

表 1-22　工作表单 3

工作表单3	幼儿园教育活动目标的基本要素	姓　名		学　号	
		评分人		评　分	

结合教育心理学行为主义学习理论，设计案例中的教育活动目标。

教育活动目标三要素：

1.【行为】说明通过教学后幼儿能做什么（或说什么）。

例如：能够表达自己的意见。（表达意见）

案例：＿＿＿＿＿＿＿＿＿＿＿＿＿＿＿＿＿＿＿＿＿＿＿＿＿

2.【条件】规定幼儿行为产生的条件。

例如：在集体面前表达自己的意见。（集体面前）

案例：＿＿＿＿＿＿＿＿＿＿＿＿＿＿＿＿＿＿＿＿＿＿＿＿＿

3.【标准】核心行为表现可接受的程度，或合格行为的标准。

例如：能够在集体面前声音洪亮地表达自己的意见。（声音洪亮）

案例：＿＿＿＿＿＿＿＿＿＿＿＿＿＿＿＿＿＿＿＿＿＿＿＿＿

目标最好简洁明了，一般只需要写出行为和标准即可，但要重点说明幼儿行为或能力的变化，行为动词的选择和表达很重要。

表1-23　工作表单4

工作表单4	三维教育目标的层次分解	姓　名		学　号	
		评分人		评　分	
＿＿＿＿目标	＿＿＿＿＿＿＿＿：指再认或回忆知识、识别、辨认事实或证据，举出例子，描述对象的基本特征等。可以用到的动词有说出、背诵、辨认等				
	理解：指把握内在逻辑联系，与已有的知识建立联系，进行解释、推断、区分、扩展，并提供证据，收集、整理信息等。可以用到的动词有＿＿＿＿＿＿、说明、阐明、分类、概括、判断、区别、整理等				
	应用：指在新的情境中使用抽象的概念、原则，进行总结、推广，建立不同情境下的合理联系等。可以用到的动词有＿＿＿＿＿＿、辩护、设计、解决、撰写、拟定、检验、总结、推广、证明、评价等				
动作＿＿＿＿目标	＿＿＿＿＿＿＿＿：指在原型示范和具体指导下完成操作，对所提供的对象进行模拟、修改等。可以用到的动词有＿＿＿＿＿、再现、模仿、例证等。				
	独立操作：指独立完成操作，进行调整与改进，尝试与已有的技能建立联系等。可以用到的动词有完成、制订、解决、测量、实验等				
	＿＿＿＿＿＿＿＿：指在新的情境下运用已有的技能，理解同一技能在不同情境中的适用性等。可以用到的动词有联系、转换、灵活运用等				
＿＿＿＿＿态度价值观目标	经历（感受）：包括从事相关活动、建立感性认识等。可以用到的动词有经历、＿＿＿＿＿＿、参加、尝试、寻找、讨论、交流、体验等				
	反应＿＿＿＿＿＿：包括在经历的基础上表达感受、态度，进行价值判断，做出相应的反应等。可以用到的动词有＿＿＿＿＿＿、拒绝、认可、愿意、欣赏、感兴趣、关注、重视、采用、支持、尊重、爱护、珍惜等				
	＿＿＿＿＿＿＿＿（内化）：包括具有稳定态度、一致行为和个性化的价值观念等。可以用到的动词有形成、＿＿＿＿＿＿＿＿、具有、热爱、＿＿＿＿＿＿、建立、坚持、保持、确立、追求等				

表 1-24　工作表单 5

工作表单5	教育活动内容的设计	姓　名		学　号	
		评分人		评　分	

结合案例设计主题教育活动内容。

1.主题教育活动总目标。

（1）＿＿＿＿＿＿＿周围环境中的各种纸张，通过＿＿＿＿＿＿＿、讲述、游戏、制作、＿＿＿＿＿＿＿等活动，＿＿＿＿＿＿＿纸的来源、种类、用途及纸的各种创意。——【＿＿＿＿＿＿目标】。

（2）能大胆想象，创造＿＿＿＿＿＿，以愉快的情绪积极参与游戏的过程中，愿意与同伴合作。——【＿＿＿＿＿＿目标】。

（3）通过活动＿＿＿＿＿＿节约用纸的好习惯。——【＿＿＿＿＿＿目标】。

2.根据主题教育活动总目标设计"纸的世界"主题教育活动网络图。

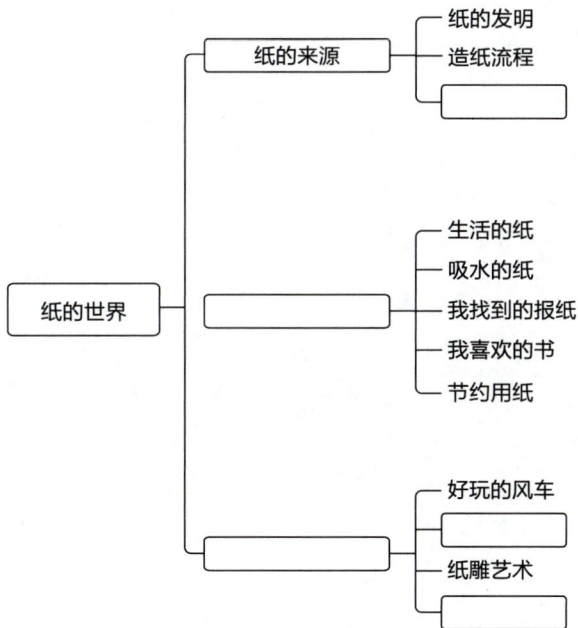

表 1-25　工作表单 6

工作表单6	教育活动目标设计	姓　名		学　号	
		评分人		评　分	

1.教育活动一

具体活动名称：_____。

活动目标：

（1）【_____目标】：

（2）【_____目标】：

（3）【_____目标】：

2.教育活动二

具体活动名称：_____。

活动目标：

（1）【_____目标】：

（2）【_____目标】：

（3）【_____目标】：

3.反思评价

（1）通过本节任务内容的学习，你觉得教育活动目标的表述应该注意哪些事项？

_____

_____

_____

（2）请你对自己在本次任务中的学习情况进行评价。

课堂活动参与度　　☆　☆　☆　☆　☆

小组活动贡献度　　☆　☆　☆　☆　☆

学习内容接受度　　☆　☆　☆　☆　☆

4.学习支持

（1）教育活动设计的内容

①活动名称：包括年龄班、领域、名称。

②活动目标：包括认知目标、动作技能目标、情感目标。

③活动重难点。

重点：教学活动中最关键、最基本、最重要的中心内容。

难点：幼儿难以理解或领会的抽象或复杂的内容。

④活动准备：包括经验准备、情感准备、物质准备和情境准备。（幼儿教师资格考试中只需要写出经验准备和物质准备）

⑤活动过程。

活动导入：主要是导入教育活动的内容，吸引幼儿的注意力。

活动展开：教育活动的主体部分，完成教育活动目标的部分。

结束部分：归纳、总结部分。

⑥活动延伸：根据幼儿的兴趣和教育活动的内容，适当地进行活动延伸，以补充

和提高活动效果。

⑦活动评价：教师可以针对自己的设计思路进行评价和反思。（在幼儿教师资格考试中一般不用书写）

（2）三维教育目标的行为动词举例

①认知目标。

知识：对信息的回忆。如：列举、说出……的名称、复述、排列、背诵。

领会：用自己的语言解释信息。如：分类、叙述、解释、选择、归纳、区别。

应用：将知识应用到新的情境。如：运用、计算、示范、说明、解释。

分析：将知识分解，找出各部分之间的联系。如：分析、比较、对照、图示。

综合：将各部分知识重新组合，组成新的整体。如：创编、提出、归纳、总结。

评价：根据一定标准进行判断。如：比较、评定、判断、说出……的价值。

②动作技能目标。

知觉能力：根据环境刺激做出调节。如：旋转、接住、移动、保持平衡。

体能：基本素质的提高。如：有耐力、反应敏捷。

技能动作：进行复杂的动作。如：演奏、使用、操作。

有意的沟通：传递情感的动作。如：用动作表达感情、改变脸部表情、认真倾听。

③情感目标。

接受或注意：愿意注意某事件或活动。如：听讲、知道、注意、接受、赞同、选择。

反应：乐意以某种方式加入，以示做出反应。如：陈述、回答、列举、遵守、完成、听从、欢呼、表现、帮助、选择。

评价：对现象或行为做出价值判断，表示接受。如：接受、承认、参加、完成。

组织：将不同的价值标准组成一个体系，并确定它们之间的相互关系。如：判断、使联系、比较、下定义、讨论、确定。

价值或价值体系个性化：具有个性化的价值体系，以指导自己的行为。如：相信、

轻松一下

感官训练可以培养敏锐的观察者，以适应现在的文明时代，更能实际地应用于日常生活中。

拒绝、改变、判断、解决。

拓展链接

幼儿园教育活动目标表述的要求

幼儿园教育活动目标是指通过本次教育活动所期望幼儿获得的某些发展，所以，应根据幼儿的年龄特点、原有水平和能力、教育活动的内容和性质来确定具体的活动目标。在教育实践中，编写、表述教育活动目标应把握以下基本要求。

1.具有可操作性，避免过于笼统、概括和抽象

从幼儿园教育目标体系来看，从低到高，各层次目标是越来越抽象、概括、笼统，但作为最具体、最底层的幼儿园教育活动目标，其特点就是具体、明确，具有可操作性，能具体指导、调控教师的教学过程。

2.要清晰、准确、可检测，不能用活动的过程或方法取代

一个完整的教育活动目标表述还包括行为、条件、标准等，其中核心要素是行为的表述。有些教师在编写教育活动目标时，会用活动的过程或方法手段去代替行为的结果，混淆了它们之间的区别。

3.从统一的角度表述目标

教育活动包含了教师的教和幼儿的学两方面的互动，那么，在表述教育活动目标时，我们既可以从教师的教这一角度出发确定活动目标，以表示教师期望通过教育活动帮助幼儿获得的学习结果；也可以从幼儿的学为出发点，指出幼儿在学习以后应该知道的和能够做到的表现。一般来说，我们常用"教育""帮助""激发""要求"等词语表述教师的教，用"学会""喜欢""说出""创编"等词语表述幼儿的学，但是，无论从哪个角度表述教育活动目标，都应注意出发点要一致，即有统一的表述角度。

4.一个目标要通过多种教育活动实现，一个教育活动要指向多种目标

教育活动目标与相应的活动内容并不是一一对应的关系，换句话说，并不是一项活动只能达到某一个目标，一个活动目标仅仅只能通过某一个活动来完成。幼儿园教育活动具有综合性和整体性等特点，所以，在确定教育活动目标时，教师应善于统整各个教育活动，围绕一个目标，协调各种活动为之服务。同时，还应最大限度地发挥某一活动的教育功效，使得一项活动能实现多方面的教育任务。

四、课证融通

本模块对应幼儿教师资格证考试"保教知识与能力"模块的考试目标、内容与要求、真题见表1-26。

表1-26　幼儿园教师资格证"保教知识与能力"模块考试目标、内容与要求、真题

内容体系
一、考试目标 学前教育理论知识与应用能力。 二、考试内容模块与要求。 1.学前儿童发展 掌握幼儿身体发育、动作发展的基本规律和特点，并能够在教育活动中应用。 掌握幼儿认知发展的基本规律和特点，并能够在教育活动中应用。 2.教育活动的组织与实施 能根据活动中幼儿的需要，选择相应的互动方式，调动幼儿参与活动的积极性。
三、真题 1.对幼儿实施德、智、体、美等方面全面的教育，促进幼儿身心和谐发展，这是（　　）。（单选题）【强化提高】 A.我国的教育目的　　　　B.我国幼儿园的性质 C.幼儿园教育内容　　　　D.我国幼儿园教育目标
考试目标：幼儿教育活动内容的设计依据 真题2.幼儿教师选择教育教学内容最主要的依据是（　　）。（单选题） A.幼儿发展 B.社会需求 C.学科知识 D.教师特长
真题3.在幼儿教育活动中，最能为幼儿提供交谈机会的组织形式是（　　）。（单选题） A.小组活动 B.班集体活动 C.全园活动 D.个别活动

4.“知道眼睛的重要性，了解保护眼睛的方法”，是（　　）目标。（单选题）

A.技能目标

B.情感目标

C.认知目标

D．行为目标

5.以下哪种活动不是按幼儿园教育活动特征来划分的？（　　）（单选题）

A.生活活动

B.游戏活动

C.集体活动

D.学习活动

6.教育活动是教师组织的、根据特定的目标开展的、以（　　）为主要组织形式的活动。（单选题）

A.小组活动

B.集体活动

C.全园活动

D.个别活动

考试目标：幼儿主题教育活动总目标的设计

7.请为中班主题活动“幼儿园里的树木”制定总目标。（案例题）

主题活动总目标：

（1）能够主动提出有关树的问题，并能与同伴积极讨论。

（2）感知大树的生长变化，＿＿＿＿＿＿＿＿＿＿＿＿＿。

（3）能积极与同伴一起探究问题，在探究中获得经验，能够＿＿＿＿＿＿＿。

（4）以树为主题进行美工创造，关注其色彩、形态等＿＿＿＿＿＿＿＿。

（5）愿意和树木做朋友，＿＿＿＿＿＿＿＿＿＿＿＿。

（6）感受幼儿园的美，激发爱护树木、热爱幼儿园的感情，培养＿＿＿＿＿＿＿。

提示：

主题活动总目标表述方式可以参照“学科领域的单一活动设计”的活动目标。它没有固定的表述形式，也没有固定的数量规定，考生可以灵活选取4~5条进行书写，但要注意以下四点：

①总目标必须涵盖子活动的目标，不能出现“二者差异过大”的情况。

②需要包括认知目标、动作技能目标、情感目标。

③单一活动目标更多强调的是“单一领域”，但总目标强调“五大领域综合”。

④总目标比子活动目标更加概括，子活动目标是总目标的细化。

五、阅读思享

推荐理由：

幼儿园教育是基础教育的重要组成部分，是幼儿启蒙教育的开端。教师的创造性教学能激发幼儿进行有效学习，因此教师要怀着对儿童生命价值的尊重之心，挖掘贴近幼儿生活的、幼儿感兴趣的问题，激发幼儿的学习兴趣，拓展他们的生活经验和视野，用最合适的方式教育他们。

推荐阅读：

1.儿童之家教育咨询中心.儿童之家——主题活动课程.北京：中国档案出版社，2008。

2.赵明.幼儿园特色主题活动设计与实施.北京：中国轻工业出版社，2017。

模块二 自然环境主题教育活动

一、岗位能力模型

自然环境主题教育活动岗位能力模型见表2-1。

表 2-1　自然环境主题教育活动岗位能力模型

模块	岗位能力描述	《幼儿园教师专业标准（试行）》	《幼儿园教育指导纲要（试行）》
自然环境主题教育活动	在自然环境中，幼儿运用多种感官感受周围事物的特征，比较事物的异同；亲近自然，感受自然现象与生物体的变化，探索种植和动物饲养的乐趣，了解人与自然的关系。 教师不但要学会并善于利用大自然的资源开展幼儿教育活动，还要具备教育活动设计、组织与实施的能力，并且能在活动中不断进行反思和评价，以提高自己的教学能力	幼儿保育和教育的态度与行为： 10.注重保教结合，培育幼儿良好的意志品质，帮助幼儿养成良好的行为习惯。 11.注重保护幼儿的好奇心，培养幼儿的想象力，发掘幼儿的兴趣爱好。 13.重视丰富幼儿多方面的直接经验，将探索、交往等实践活动作为幼儿最重要的学习方式	教育内容要求： 目标：爱护动植物，关心周围环境，亲近大自然，珍惜自然资源，有初步的环保意识。 内容：引导幼儿对身边常见事物和现象的特点、变化规律产生兴趣和探究的欲望

二、知识点与技能点

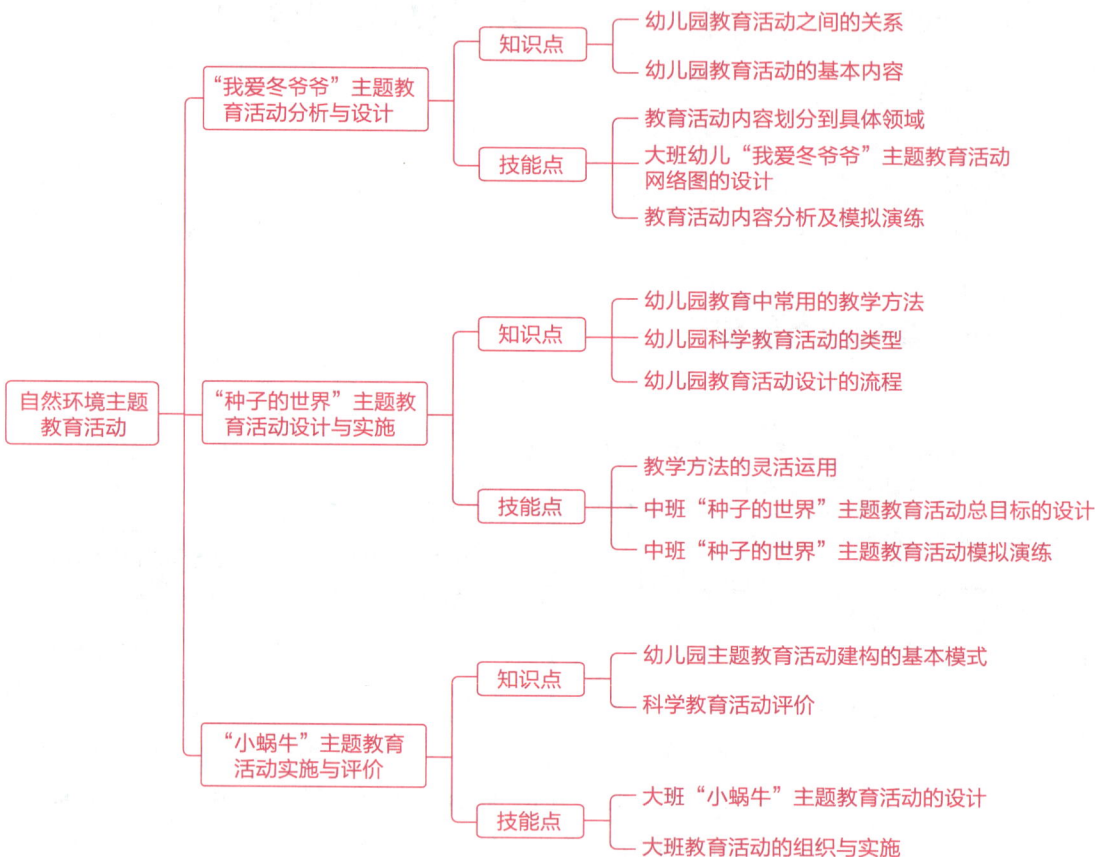

```
                                                ┌─ 知识点 ─┬─ 幼儿园教育活动之间的关系
                                                │          └─ 幼儿园教育活动的基本内容
                        "我爱冬爷爷"主题教 ──────┤
                        育活动分析与设计          │          ┌─ 教育活动内容划分到具体领域
                                                └─ 技能点 ─┼─ 大班幼儿"我爱冬爷爷"主题教育活动
                                                           │   网络图的设计
                                                           └─ 教育活动内容分析及模拟演练

                                                ┌─ 知识点 ─┬─ 幼儿园教育中常用的教学方法
                                                │          ├─ 幼儿园科学教育活动的类型
                                                │          └─ 幼儿园教育活动设计的流程
  自然环境主题 ─── "种子的世界"主题教 ──────────┤
  教育活动         育活动设计与实施               │          ┌─ 教学方法的灵活运用
                                                └─ 技能点 ─┼─ 中班"种子的世界"主题教育活动总目标的设计
                                                           └─ 中班"种子的世界"主题教育活动模拟演练

                                                ┌─ 知识点 ─┬─ 幼儿园主题教育活动建构的基本模式
                                                │          └─ 科学教育活动评价
                        "小蜗牛"主题教育 ───────┤
                        活动实施与评价            │          ┌─ 大班"小蜗牛"主题教育活动的设计
                                                └─ 技能点 ─┴─ 大班教育活动的组织与实施
```

素质目标

1.了解幼儿园科学教育活动的内容，培养幼儿动手动脑，以及运用多种感官探究问题的科学探究意识和能力。

2.树立初步的人与自然和谐发展的科学理念，培养幼儿热爱科学、勇于探索的创新精神。

三、工作任务

任务一 PPT

★ 任务一 "我爱冬爷爷"主题教育活动分析与设计

1.任务描述

正在室内活动的媛媛发现外面下雪了，媛媛好兴奋啊！她激动地说："下雪啦！下雪啦！"其他小朋友也都伸长了脖子往外看雪花，大家的注意力都被外面的雪景吸引了。小英老师决定趁机带孩子们进行一次户外实践教学活动。在出去之前，小英老师提出了"雪花是从哪里来的？为什么雪花是白色的呢？为什么我们一说话就会冒出白白的'烟'？"几个问题，让小朋友们带着问题去探索。小英老师组织大家穿上厚外套，戴上帽子和手套，还围上了围巾，一起去户外探索冬天的奥秘。接着，小英老师设计了本月的主题教育活动"我爱冬爷爷"，并且制定了活动总目标：让幼儿感受四季中冬季的特征及变化，了解与冬季相关的动物、植物、节日等，通过游戏让幼儿感受大自然的神奇，以此萌发热爱大自然的情感体验。

小英老师根据该主题教育活动总目标设计了具体的教学活动：语言活动"雪花姑娘找朋友"、美术活动"我喜欢的手套"等；还结合传统节日——春节，开展社会活动"过春节啦"。小英老师不知道还可以将哪些活动加入这个主题里面，开始陷入沉思。

（1）根据案例资料，请你分析小英老师设计"我爱冬爷爷"主题教育活动的原因是什么？案例中的小英老师分别设计了哪些具体活动？（完成工作表单1）

（2）小组讨论幼儿园教育活动之间的关系。（完成工作表单2）

（3）结合案例分析案例中幼儿园教育活动的基本内容。（完成工作表单3）

（4）小组讨论并完成"我爱冬爷爷"主题教育活动设计。（完成工作表单4和工作表单5）

（5）小组讨论角色分配，扫二维码（2-1）观看教育活动视频，对教育活动内容进行分析并开展完整的模拟演练。（完成工作表单6）

2.工作表单

工作表单1~工作表单6分别见表2-2~表2-7。

表2-2　工作表单1

工作表单1	分析案例	姓　名		学　号	
		评分人		评　分	
1.根据案例资料，请你分析小英老师设计"我爱冬爷爷"主题教育活动的原因是什么？ （1）幼儿： （2）季节：					
2.案例中的小英老师分别设计了哪些具体活动？ （1）主题内容： （2）具体活动：					
3.除了案例中已设计的活动，还可以设计哪些活动？					

表 2-3　工作表单 2

工作表单2	幼儿园教育活动之间的关系	姓　名		学　号	
		评分人		评　分	

案例中小英老师设计的教育活动内容为什么要结合五大领域呢？五大领域之间又是什么关系呢？

·人类具有_____和_____两大属性。

·健康领域满足了幼儿_____发展的需要，社会领域满足了幼儿社会性发展的需要，而这两方面的发展离不开重要的发展工具和发展手段。

·_____领域和_____领域帮助幼儿认识自然和社会，成为人类两大属性发展的必要手段。

·艺术是人类各方面发展的_____。这里的"艺术"不仅包括音乐、舞蹈、美术等，还具有更加广泛的"审美""和谐"之意。

·五大领域之间有着密切的联系和_____，幼儿园通过五大领域的教育活动能够有效促进幼儿的全面发展。

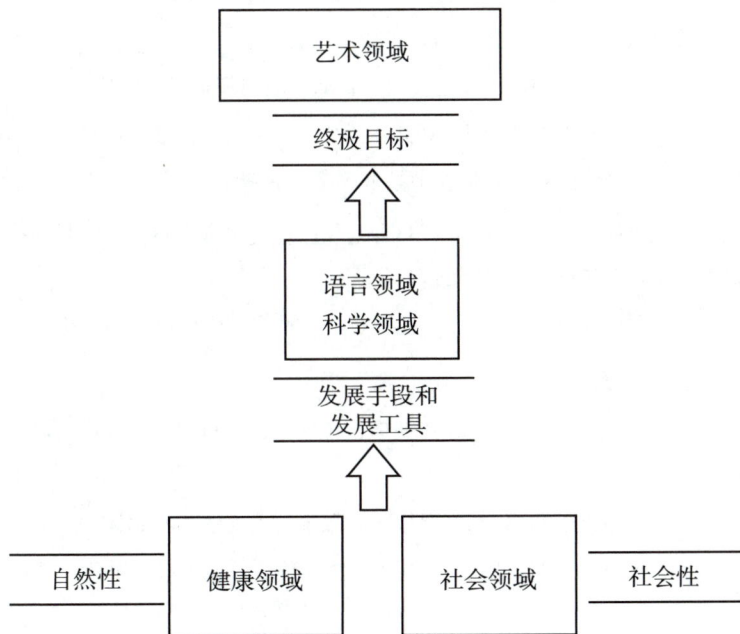

表2-4　工作表单3

工作表单3	幼儿园教育活动的基本内容	姓　名		学　号	
		评分人		评　分	

　　案例中小英老师设计的教育活动包含哪些教育活动内容呢？请在有相关内容 ☐ 里画"√"，还能拓展其他的教育活动吗？

　　☐ 1.健康领域的教育内容

　　·_____的发展，包括走、跑、跳、爬、攀登等，发展动作的协调性、灵活性。

　　·_____习惯的培养，包括养成良好的饮食、睡眠、盥洗、排泄等个人生活卫生习惯和爱护公共卫生的习惯。

　　·_____能力和_____能力的培养，包括安全、保健等方面的教育和锻炼自我服务技能。

　　·拥有良好的_____和参加体育活动的_____，包括体验生活的美好，形成良好的师幼、同伴关系，有安全感、信赖感，喜欢参加户外体育锻炼，提高对环境的适应能力等

　　☐ 2.社会领域的教育内容

　　·爱老师、爱朋友，包括学会必要的_____技能，学会和同学和睦相处，体验和同伴共处的乐趣。

　　·爱_____，包括遵守幼儿园的学习、生活、游戏等规则。

　　·爱幼儿园、爱家庭、爱家乡、爱祖国，包括认识幼儿园_____，了解家乡的特产、名胜古迹等，认识国旗、国徽、国歌，知道台湾、香港、澳门都是祖国的领土等。

　　·爱_____，包括接触和认识与幼儿生活关系密切的不同职业的成人，培养幼儿尊重不同职业人们的劳动，认识少数民族，知道我国是个多民族的国家。

　　·良好_____的培养，包括形成良好的_____，培养自尊心、自信心，培养勇敢、讲文明、有礼貌等良好品格和自主、自理的能力

　　☐ 3.语言领域的教育内容

　　·学习说_____，包括能听懂普通话，正确发音，自觉用普通话交流，少数民族地区还应学习本民族语言。

　　·培养_____交往能力，包括学会倾听，敢于与人交谈、在集体中回答问题，讲话的语气、语调、面部表情、体态语适当，有良好的语言表达习惯，逐步掌握讲述、谈话、讨论、辩论等多种语言交流形式

·学习＿＿＿＿＿＿，包括学习故事、儿歌、散文等儿童文学作品，参与表演活动，学习续编、改编、创编、仿编故事与儿歌等。

·＿＿＿＿＿＿，包括学习正确的看书姿势和翻阅图书的技能，能讲述图书的主要内容，认识常见的标记，培养学前阅读技能，爱护图书。

·日常生活中渗透语言教育，包括按成人的要求完成任务，运用＿＿＿＿＿＿与人交谈，清楚地表达自己的愿望、要求，回答问题，处理问题，主动学习语言，恰当运用新学到的词句

4.科学领域的教育内容

·认识＿＿＿＿＿＿，包括认识四季特征，认识风、云、雨、结冰、空气流动等自然现象，以及季节气候的变化与人类、动植物生长的关系；认识动物的特征、繁殖方式、生活习性及与环境的关系；认识植物的特征、结构、生长条件和规律及与环境的依存关系。

·认识常见的物品和材料及身体＿＿＿＿＿＿，包括常见的物品和材料的特性、功能，认识常见的交通工具，认识身体器官的功能等。

·认识常见的＿＿＿＿＿＿，包括声、光、电、磁、力、弹性、颜色的变化等科学现象及其在人们生活中的作用。

·形成初步的＿＿＿＿＿＿，包括数、量、形、时间、空间关系，发现生活中的数学，理解基本的数学概念，发展思维能力。

·探索发现，包括提供＿＿＿＿＿＿、操作、试验的机会，支持、鼓励幼儿动手动脑大胆探索，激发幼儿对事物的好奇心和兴趣

5.艺术领域的教育内容

艺术领域的教育内容包括＿＿＿＿＿＿和＿＿＿＿＿＿各种视觉、听觉等艺术形式，表达与创作两个方面。

·感受、发现和欣赏＿＿＿＿＿＿、人文环境中美的事物，探索其特征。

·通过欣赏自己和同伴的＿＿＿＿＿＿、著名画家的美术作品、民间工艺品、地方民俗、建筑物等，丰富幼儿对各种视觉、听觉等艺术形式的感受和体验。

·进行歌唱、绘画、泥工、纸工、舞蹈、表演等艺术活动，并大胆地＿＿＿＿＿＿和创作

表2-5　工作表单4

工作表单4	大班幼儿"我爱冬爷爷"主题教育活动设计	姓　名		学　号	
		评分人		评　分	

大班幼儿"我爱冬爷爷"主题教育活动计划表

活动总目标：

1.了解自然环境的变化，感受冬季的特点。【　　　】目标

2.通过了解冬季的基本特征，鼓励幼儿大胆地表达自己对冬天的感受。【　　　】目标

3.知道冬季中有哪些节日，感受节日的氛围。【　　　】目标

4.了解冬季动植物的特性。【　　　】目标

5.通过游戏，使幼儿感受大自然的美好，丰富热爱自然的情感体验。【　　　】目标

6._____。【　　　】目标

主题教育活动网络图

表 2-6　工作表单 5

工作表单5	"我爱冬爷爷"主题教育具体活动设计	姓　名		学　号	
		评分人		评　分	
活动名称	活动目标	活动领域		相关材料	
活动一：我为雪花穿新衣	1.通过活动，喜欢上了雪花，并让幼儿了解雪花的基本结构。 2.能够选择不同的材质装饰雪花	艺术领域		锡箔纸、剪刀、布料、塑料、棉花……	
活动二：雪花姑娘找朋友	1.通过儿歌了解冬天的秘密。 2.对动物冬眠感兴趣，了解常见动物冬眠的常识	语言领域		课件、音频、图片	
活动三：雪地游戏		健康领域			
活动四：我喜欢的手套	知道手套是一对一对的，学会分清左右。	科学领域			
活动五：过春节啦		社会领域			

表 2-7　工作表单 6

工作表单6	教育活动内容分析及模拟演练	姓　名		学　号	
		评分人		评　分	

扫一扫二维码，观看教育活动视频并进行分析

美丽的手套（2-1）	分析： 1.活动名称： 2.活动适龄班级： 3.活动大主题： 4.活动目标：

模拟演练

小组成员：

角色定位（角色特点、心理素质）
教师：

幼儿：

完整的演练：

3.反思评价

（1）通过本任务的学习，你觉得对于"季节"主题还可以设计哪些子主题及具体的教育活动呢？

（2）请你对自己在本次任务中的学习情况进行评价。

课堂活动参与度　☆　☆　☆　☆　☆

小组活动贡献度　☆　☆　☆　☆　☆

学习内容接受度　☆　☆　☆　☆　☆

4.学习支持

1）观察类科学教育活动的概念

观察是指通过感觉器官来感知事物或现象，将各种感觉器官捕捉到的信息经过思维的加工形成概念，从而获取对客观事物或现象的认识的一种方法。观察必须依靠感觉器官的感觉，但并不是所有感觉都能上升为观察。树上的苹果并不只打过牛顿的头，烧开的水产生的大量蒸汽顶开了水壶这一场景也不只被瓦特看见。但是其他人都没有从这些现象中探索出事物的规律。可见，只有感觉还不是观察。观察是一种特殊的知觉，是有目的、有计划、有思维的知觉。

观察力是智力的重要组成部分，被称为智慧的窗口。众多研究与经验表明，观察力是幼儿阶段需要发展的最重要和最基本的能力。

观察类科学教育活动就是以观察为主要认知手段，让幼儿探索客观事物、现象的特征，发展幼儿的科学认知、培养科学情感、形成科学态度、训练科学方法的一种科学启蒙教育活动。

2）观察类教育活动设计的思路要点

（1）一般性观察认识活动设计

第一步，出示观察对象。引起幼儿观察的兴趣，明确观察目的，用生动的语言以游戏、猜谜语、提问题等方式导入观察活动。

第二步，幼儿自由观察。引导幼儿用各种感觉器官感知观察对象的各种属性，进行看一看、听一听、闻一闻、摸一摸、捏一捏、掂一掂、尝一尝等。

第三步，表达交流。引导幼儿在观察的基础上进行表达和交流。

案例呈现

科学活动：梨的秘密（中班）

活动目标：

（1）感知梨的基本特点，激发深入观察梨的兴趣。

（2）能运用简单的工具探索梨的秘密。

活动准备：

（1）活动前做好桌面、梨、工具的卫生消毒工作，督促幼儿洗净双手。

（2）准备梨、透明容器、刨皮器、研钵、西餐刀、抹布等物品。

第四步，教师引导观察。教师通过指向性的问题引导幼儿认识事物的显著特征。

第五步，表达交流。引导幼儿表述事物的典型特征或者总结同类事物的共同特征。

第六步，活动结束或者延伸。

（2）比较性观察认识活动设计

第一步，出示观察对象。引起幼儿对观察对象的兴趣，以及明确观察的目的。

第二步，引导幼儿观察事物的不同点。引导幼儿用各种感觉器官分别感知和观察观察对象的外部特征及内部特征。

第三步，表达交流。引导幼儿在观察的基础上进行表达和交流。

第四步，引导幼儿观察事物的相同点。教师通过指向性的问题引导幼儿认识两种或者两种以上事物的共同特征。事物的不同点容易被观察到，而事物的相同点要经过比较概括才能找到。所以，比较性观察一般是从事物的不同点开始进行观察比较，然后再比较事物的相同点。

第五步，表达交流。引导幼儿表述事物的共同特征。

第六步，活动结束或者延伸。

科学活动：西红柿和黄瓜（中班）

活动目标：

①幼儿能够运用多种感觉器官感知西红柿、黄瓜的特征，大胆讲述在观察中的发现。

②幼儿能够知道多吃瓜果对身体有好处。

③让幼儿体验并享受科学观察活动所带来的乐趣。

活动准备：

①物质准备。西红柿、黄瓜、叉子若干、餐盘若干、刀、PPT、适量凉拌黄瓜与糖拌西红柿。

②知识准备。在日常生活中引导幼儿运用多种感觉器官感知身边的花草树木等物体的特征，培养幼儿的观察能力。

（3）长期系统观察认识活动设计

长期系统观察认识活动设计是围绕一个主题，在较长时间内组织内容相关的一系列观察认识活动。系列观察认识活动可以让幼儿比较全面地了解事物的特征及其变化，掌握科学探究的方法，并从中学习重要的科学态度——坚持。通过长期系统观察认识活动使幼儿明白任何发现都不是浅尝辄止，而是长期关注、钻研的结果。

花的一生（大班）

幼儿园里有许多植物，虽然它们每年春天都会开花，但是它们的花到底长什么样子，哪种植物先开花，哪种植物后开花，谁也没有进行仔细的观察、统计。于是，我们想从长芽苞开始让幼儿观察我园开花的植物，了解花的一生。

（1）各不相同的芽儿。冬去春来，植物还没有变化的时候，我和幼儿一起认识了幼儿园里开花的植物，而且每个幼儿都认领了一株植物作为自己的观察对象。

（2）开花的时间有先后。

（3）花落之后会怎样？

（4）幼儿的科学活动从身边开始。

（5）利用观察与提问，将幼儿的探索引向深处。

（6）通过讨论达成共识，注重科学学习态度的培养。

任务二 "种子的世界"主题教育活动设计与实施

任务二PPT　　大班"种子的世界"活动课件

1.任务描述

在户外活动时，洋洋发现地上有几粒种子，他马上捡起来，叫来了旁边的小伙伴们，他们你一言我一语地讨论起来："你说这是什么种子？""小树的种子吧？""不对，不对，这是小花的种子。"听到他们的大胆猜测，小美老师走了过去说："那我们用什么办法才能知道这是什么种子呢？"萌萌马上说："我们把它们种在土里，等它们长大了，不就知道了嘛。"孩子们都很赞成这个主意，于是他们把种子带到了种植园，还一起把种子种到土里。他们每天都会去种植园看一看，为种子浇浇水，希望种子能够快快长大，从而对种子产生了浓厚的兴趣。

于是小美老师根据幼儿的兴趣设计了以"种子的世界"为主题的教育活动，让幼儿围绕主题深入探索。小美老师临时为大家展开了主题为蒲公英的一生的教育活动，用口头交流的方式和大家互动。萌萌问："老师，蒲公英的种子为什么是白色的？"小美老师由于准备不充分，并没有理睬萌萌，继续着教育活动。

（1）阅读案例，分析小美老师运用的教学方法及小美老师的做法。（完成工作表单1）

（2）结合案例，小组讨论幼儿教育中还可以采用哪些教学方法？（完成工作表单2）

（3）结合案例，小组讨论幼儿园有哪些科学教育活动的类型？（完成工作表单3）

（4）小组讨论，幼儿园教育活动设计的流程及教育活动的过程。（完成工作表单4和工作表单5）

（5）小组讨论，围绕"种子的世界"主题教育活动的总目标，设计具体活动内容。（完成工作表单6和工作表单7）

（6）小组讨论分配角色，对设计的教育活动内容进行完整的模拟演练。（完成工作表单8）

2.工作表单

工作表单1~工作表单8分别见表2-8~表2-15。

表2-8　工作表单1

工作表单1	分析案例中的教学方法	姓　名		学　号	
		评分人		评　分	

1.案例中小美老师运用了哪种教学方法？

（1）案例中小美老师运用的方法：_____法。

（2）案例中小美老师运用该方法时存在的问题是：_____。

①口头语言：

②体态语言：

2.讲授法的内容。

（1）讲授中的_____

①问题教学口头语言评析：语言滞塞、_____、语速过快、言语不清、缺乏针对性、语言_____。

②优质教学口头语言评析：针对实情，恰当运用语气词；_____、有节奏感；逻辑层次分明；形象生动，富有感染力。

③口头语言讲解的教学策略：

A.语言_____，剔除含糊词语。

B.同一件事物或事件前后表达要_____。

C.语言_____、直观化，给幼儿创造出心理表象。

D.出声思考。

E.不要使用让幼儿产生"居高临下"感的语言。

（2）讲授中的体态语言

教学体态语言体系：_____语言、面部语言、手势语言、_____语言。

表2-9　工作表单2

工作表单2	幼儿教育中的其他教学方法	姓　名		学　号	
		评分人		评　分	

结合案例，小组讨论幼儿园教育还可以采用哪些教学方法？

（1）示范法

①给幼儿呈现教师示范的＿＿＿＿＿＿＿＿。

②教师清晰地说出每个＿＿＿＿＿＿＿。

③教师说出步骤中的＿＿＿＿＿＿，避免出现"专家化"的倾向。

④引导幼儿对示范动作进行＿＿＿＿＿＿处理。

⑤教师示范。

A.边说边示范，语速要＿＿＿＿＿＿＿＿。

B.重视＿＿＿＿＿＿＿示范。

C.注重＿＿＿＿＿＿＿。

D.尊重幼儿＿＿＿＿＿＿。

（2）提问法

①提问过程的构成：＿＿＿＿＿＿—陈述—介入—＿＿＿＿＿＿。

②提问类型：高级问题和＿＿＿＿＿＿问题。

③提问的＿＿＿＿＿＿。

④问题的分配。

A.＿＿＿＿＿＿的提问。

B.叫答策略。

⑤教师的解答行为。

A.足够的＿＿＿＿＿＿＿＿。

B.恰当的解答＿＿＿＿＿＿＿。

C.有效的＿＿＿＿＿＿＿＿。

表 2-10　工作表单 3

工作表单3	幼儿园科学教育活动的类型	姓　名		学　号	
		评分人		评　分	

1.结合案例，小组讨论幼儿园有哪些科学教育活动的类型?

　（1）观察认识型

　（2）实验操作型

　（3）科学讨论型

　（4）技术操作性

2.案例中的科学教育活动的类型是＿＿＿＿＿＿＿＿＿＿＿＿。

表 2-11　工作表单 4

工作表单4	幼儿园教育活动设计的流程	姓　名		学　号	
		评分人		评　分	

1.活动＿＿＿＿＿＿＿＿

包括年龄、领域、名称。案例中教育活动体现：＿＿＿＿＿＿＿＿＿＿＿

2.活动目标

＿＿＿＿＿＿＿＿目标、＿＿＿＿＿＿＿＿目标、＿＿＿＿＿＿＿＿目标。

3.活动＿＿＿＿＿＿＿＿

·重点：教育活动中最关键、最基本、最重要的内容。

案例中教育活动体现：＿＿＿＿＿＿＿＿

·难点：幼儿难以理解或领会的抽象且复杂的内容。

4.活动准备

＿＿＿＿＿＿＿＿＿和＿＿＿＿＿＿＿＿＿。

5.活动过程

·活动导入：主要导入教育活动的内容，吸引幼儿的注意力。

·中间环节：

·结束环节：

6.活动＿＿＿＿＿＿＿＿

根据幼儿的兴趣和教育活动的内容，恰当地进行活动延伸，以提高活动的效果。

7.活动＿＿＿＿＿＿＿＿

教师可以针对自己的设计思路进行评价与反思。（考试中一般不要求书写）

表 2-12　工作表单 5

工作表单 5	教育活动过程设计	姓　名		学　号	
		评分人		评　分	

1.导入环节

（1）导入的_____。

（2）导入的教学策略：向幼儿明确呈现目标、提供先行组织者、激发幼儿学习动机。

2.中间环节

（1）调动多_____参与学习。

（2）合理利用时间，保持教育活动_____。

①增加投入时间。

②保持动量。

③保持教学流程性。

（3）合理处理教育活动中幼儿的_____行为。

①问题行为的类型。

②教师监控管理策略。

_____、非语言策略、表扬与不良行为相反的行为、表扬其他幼儿、言语提示、反复提示、应用逻辑后果。

3.结束环节

（1）回顾本次教学的_____。

①归纳_____法。

②_____法。

（2）促进幼儿能力迁移。

（3）引导幼儿_____和提升。

（4）展示幼儿_____。

表 2-13　工作表单 6

工作表单6	中班"种子的世界"主题教育活动总目标的设计	姓　名		学　号	
		评分人		评　分	

中班"种子的世界"主题教育活动的总目标

1.在种植过程中，＿＿＿＿＿＿＿＿＿＿＿＿＿＿＿＿。

2.会用不同方式大胆表达自己的想法和感受。

3.能够大胆提问并尝试用自己的方法解决活动中的问题。

```
各种各样的种子 ⇒ 种子长大了 ⇒ 种子的旅行 ⇒ 有趣的坚果

种子长大了 ↑ 发芽离不开（科学）
种子长大了 ↗ 抓抓数数（数学）
种子的旅行 ↑ 种子的旅行（社会）
种子的旅行 ↗ 自然角：种在哪里好
种子长大了 ↙ 幼芽钻洞
种子长大了 ↘ 果实成熟了
种子的旅行 ↓ 蒲公英的一生
有趣的坚果 ↓ 科学区：核桃快开门
```

表 2-14　工作表单 7

工作表单7	具体教育活动设计	姓　名		学　号	
		评分人		评　分	
中班"种子的世界"主题下具体教育活动					
授课时间		授课班级	（大、中、小）		
授课内容		授课教师			
活动准备	经验准备：				
	物质准备：				
活动目标	认知目标：				
	技能目标：				
	情感目标：				
活动重难点	活动重点：				
	活动难点：				
活动过程	一、活动开始　　二、活动过程　　三、活动结束				
活动延伸					
活动反思	1.活动从幼儿生活经验出发，选择了幼儿容易接受的内容，激发了幼儿主动探索的积极性，活动内容有持续性，需要拓展到不同区域继续进行观察探索。 2.活动中教师引导较多，有些地方干扰了幼儿实现活动目标。				

表2-15　工作表单8

工作表单8	教育活动模拟演练	姓　名		学　号	
		评分人		评　分	
根据教育活动设计内容，进行模拟演练					
小组成员：					
角色定位（角色特点、心理素质） 教师： 幼儿：					
完整的演练：					

3.反思评价

（1）请你对"种子的世界"主题教育活动进行评价。

（2）请你对自己在本次任务中的学习情况进行评价。

课堂活动参与度　☆　☆　☆　☆　☆

小组活动贡献度　☆　☆　☆　☆　☆

学习内容接受度　☆　☆　☆　☆　☆

4.学习支持

1）幼儿园常用的数学教学方法

（1）启发探索法

启发探索法的目的是依靠幼儿已掌握的数学知识和经验，启发其去探索并获得新的知识。这是幼儿在教师的指导下学习数学的一个重要方法，它能最大限度地激发幼儿的学习热情，充分调动幼儿学习的主动性。启发探索法在运用过程中必须注意以下几点：

· 启发探索法要贯穿整个数学教学过程，以达到在教师指导下幼儿进行积极思考和探索；

· 启发探索法应与操作法结合进行；

· 教师的提问要能起到引导幼儿思考、指明探索方向的作用；

· 在教师的启发下，鼓励幼儿独立思考问题，充分调动幼儿的学习积极性；

· 在学习过程中当幼儿遇到困难时，教师要及时予以开导、鼓励，并给予帮助。

（2）游戏法

游戏法的目的是通过游戏引发幼儿学习数学的兴趣。游戏是幼儿学习数学的一种十分重要的途径和方法，也是幼儿获得数学知识和思维发展的有效手段。主要的游戏方法有：

· 有情节的游戏，如看电影按票号坐座位；

· 运用感官进行的游戏，如听鼓声说数；

· 口头游戏，如数数歌；

· 竞赛游戏，如倒数比赛等。

（3）归纳演绎法

归纳法是借助已掌握的知识，概括出简单的本质特征和规律，以获得新的数学知识的方法。演绎法是运用带有规律性的知识进行推理以获得新的数学知识的方法。幼儿通过这两种方法可以获得初步的推理能力，并能运用其学习新的数学知识。如幼儿在认识了三角形之后，知道凡是有三个角三个边的图形都是三角形;在学过1~5的排列规律后可以推理出6~10的排列形式。

（4）比较法

比较法的目的是通过两组或两组以上事物的比较，找出相同和不同之处。按照比较的形式，比较法可分为对应比较（如重叠等）和非对应比较（如单双排的不对应等）两种类型。比较法运用过程中必须注意：

· 比较过程中要引导幼儿进行认真观察；

· 教师要以启发性地提问（问题要围绕重点要求进行），指导幼儿进行比较；

· 观察的过程中要引导幼儿积极思考，努力发现重点，并学会总结和归纳。

（5）操作法

幼儿的思维是具体形象的，他们通过借助于事物在头脑中的形象来思考。单纯地向幼儿传授或讲解，既不能获得较好的教学效果，又不利于发展幼儿的思维能力发展。那么如何优化数学教学活动，促进幼儿更有效地主动学习、增强幼儿的自信心呢？实践中，我们发现操作法是幼儿学习数学的基本方法之一。由于幼儿时期的各种心理过程带有明显的具体形象性和不随意性的特点，所以一些新颖的、有情节的、变化的、让幼儿动手的活动，能够引起他们的注意和兴趣。幼儿通过操作具体的材料（这种材料多数是幼儿身边常见的自然物品、玩具等，每个幼儿都有足够的材料），独立进行学习活动，这种活动能够充分地调动幼儿学习的主动性和学习兴趣。操作法在运用过程中必须注意：

· 为幼儿操作活动创造必要的条件；

· 在幼儿动手操作之前要对幼儿讲清楚操作的目的和具体操作方法；

· 给幼儿有充分的时间进行操作、观察、思考和探索；

· 操作过程中要观察幼儿的操作情况并以提问的方式引导幼儿进行思索；

· 进行结果讨论，帮助幼儿在感性认识的基础上整理归纳，明确概念，向内部思维活动转化。

（6）讲解演示法

讲解演示法的目的是通过教师展现直观教具并结合口头讲解把抽象的数、量、形等知识呈现出来。讲解演示法运用过程中要以下几点注意：

· 演示的教具要直观，易于幼儿理解和接受；

· 教师讲解语言要简练，生动形象，通俗易懂。

（7）暗示教学法

暗示教学法是运用心理学、生理学、精神病治疗学的有关知识和规律，精心设计教学环境，以及通过暗示、联想与想象、智力活动、体力活动、练习、音乐等方式的综合运用，巧妙地利用无意识的心理活动，激发幼儿的心理潜力，使幼儿在轻松愉快的环境中进行学习的方法。

运用暗示教学法要注意以下几点：

· 暗示必须要有明确的目的，且要根据教学目标和内容选择恰当的暗示手段。

· 创设好暗示的环境，使幼儿在愉快、轻松的氛围中展开无须强记的无意识活动。

· 暗示的内容必须具体，使幼儿的无意识心理活动能产生预期的效果。

· 把握好暗示的时机，使幼儿的无意识心理活动有利于向有意识心理活动转化。

· 重视教学中教师行为、观念、态度、教学方法和教学环境对幼儿可能发生的潜移默化的暗示作用，发挥其积极影响，消除不利影响。

（8）发现法

发现法是指教师在引导幼儿学习概念和原理时，只为他们呈现一些事实和问题，让幼儿自己去积极思考、独立探究、自行发现并掌握相应的原理和结论的一种方法。

（9）方案教学

方案教学起源于意大利北方的小镇瑞吉欧。它主要是依照幼儿的兴趣来发展一系列的活动或方案。老师的工作是通过和幼儿对话及观察幼儿和幼儿之间的对话来发现其兴趣，并进一步引导幼儿进行资料研究、资料查询和相关材料的收集。方案教学强调幼儿自主性的学习，重视幼儿内在的学习动机，并以幼儿为本位的理念来进行活动。它也是一个"教"与"学"互动的过程，教师与幼儿都在彼此互相学习。

（10）活动区教学

活动区教学一般将活动室区分成不同的活动区域，如语言区、益智区、科学区、建构区、角色区、沙水区等。活动区教学提倡让幼儿从游戏中学习，并经由玩耍的过程让幼儿学习到各种概念。

2）幼儿问题行为的类型

（1）发展性问题

发展性问题是指在神经系统发育过程中的功能障碍所引起的问题，如排泄功能障碍（遗尿）、睡眠障碍（梦魇、夜惊）。

（2）情绪方面的问题

情绪方面的问题包括：情绪抑郁、波动；过分焦虑引起神经质敏感、多疑、不安；过分依赖父母、教师；对学校、师幼关系产生恐惧情绪。

（3）性格方面的问题

性格方面的问题包括：爱发脾气、情绪反复无常、攻击性强、过分胆怯、退缩、孤独等。

（4）学习与智力方面的问题

学习与智力方面的问题包括：学习兴趣不持久、易转移，智力发展不完善，思考问题不全面。

（5）活动过度方面的问题

活动过度方面的问题包括：异常好动、做小动作、注意力分散、易冲动等。

（6）神经性方面的问题

神经性方面的问题：出现毫无意义、反复重复的强迫性的行为；神经性失声、心理性不适。

（7）社会及品德方面的问题

社会及品德方面的问题：骂人、打人、说谎、偷窃、破坏、同伴关系恶劣、过度反抗、任性、离家出走。

（8）习惯性方面的问题

习惯性方面的问题：吸吮手指、咬指甲、挑食、多食、乱食、寻求关注、自慰。

3）幼儿问题行为发展特点

小班幼儿就已表现出一定的问题行为，但程度不高，中班幼儿只在不注意被动维度上得分明显高于小班幼儿，而大班幼儿在问题行为的四个维度上的得分都远远高于小班和中班，说明幼儿期的问题行为程度随年龄的增长而增长，且发展的高峰期在大班。大班幼儿的问题行为显著增加可能是因为随着大班幼儿能力的增强、活动范围的扩大及自我意识的逐渐发展，他们有越来越多的探索行为和交际行为，但由于各种心理机能尚处于发育中，发展尚不成熟，所以可能会导致更多的违纪和攻击性行为的发生。

研究还发现，在问题行为的四个维度上，男孩得分都显著高于女孩。尤其在多动指数上，男孩与女孩之间构成了极其显著性差异。男孩表现出更多的是注意问题。学龄前儿童注意缺陷多动障碍的研究也发现，男孩产生注意缺陷多动障碍的比例更高。调查数据显示，男孩品行问题显著高于女孩。造成这种差异的原因可能有多种，而在生活中，父母对待男女孩的教育方式及其期望上的不同可能是造成这种差异的主要原因。也就是说，男孩在从事活动量大、活动范围广的活动时更容易得到父母的鼓励和支持，女孩则被期望从事相对安静的活动。但也有学者认为，女孩问题行为的内化症状较多（即以注意障碍为主），不易被成人所发现，而男孩却更多地表现为外化症状（如多动），易引起他人的关注。

4）幼儿问题行为的策略建议

（1）引导幼儿采用积极的问题应对方式以减少问题行为的发生

很多时候，幼儿之所以做出不良行为是因为他们不知道如何正确地解决眼前的问题。例如，某个幼儿想加入他人的角色游戏，但角色已经被大家都选完了，如果他采用强行的方式进入，结果就使同伴们非常不满意。在这种情况下，教师可以引导他多思考、多观察，或者直接给他示范正确的方式，如自荐的方式——我可不可以扮演你们家里的小猫，那么其他幼儿就容易接受了。还有的幼儿面对恐惧时可能会采用多动、违规等行为以缓解自己的恐惧感，但幼儿自己却意识不到这一点。有研究发现，幼儿面临困扰时越多采用问题解决、寻求支持等积极的应对方式，就越能有效缓解心理紧张，提高社会适应能力。

（2）对男孩问题行为的表现给予更多的理解与包涵

无论在什么年龄段，男孩问题行为的发生率都要高于女孩，尤其在外显问题行为上。性别上的这种差异除了与成人的教育方式及期望不同有关，其实与男女孩在生理上的差异也有一定关联。有研究发现，性激素水平会导致幼儿攻击性行为的性别差异，相对女孩，拥有更高性激素水平的男孩更容易做出攻击性行为。此外，男孩神经系统的发育也要略晚于女孩，男孩对自己行为的控制能力比女孩要差。对此，教师对男孩要多一些理解，少一些打击；多一分支持，少一分管制。如日常生活中，男孩间你碰我一下，我打他一下，只要不是幅度很大，即使幼儿告状，教师也尽量不要介入，可能过一会儿，两个人又和好如初了。在教育活动中，男孩总是有更高的活动水平和更多的注意力分散，教师也不要总是去纠正、不断地去提醒，而是尽量通过提高活动的趣味性和多变性来疏导幼儿，让其过剩的精力通过恰当的方式宣泄出来。

（3）正确运用行为强化的方式鼓励幼儿积极行为的发生

当幼儿在班级表现出多动、破坏性行为时，教师要正确分析幼儿做出这一行为的原因，如果幼儿只是为了引起他人的关注而故意为之的话，那么建议教师不要当众指出或给予批评，而是采用消退的办法，即当时不予理会，过后再进行正确引导。幼儿通过几次这样做之后，发现自己的行为并不能引起别人的关注，就会慢慢觉得无趣了而不再做出类似的行为；如果幼儿是因为控制不住自己而表现出这一行为的话，建议教师通过注意转移的方式将幼儿导向有趣的活动中，减少问题行为发生的机会。或者采取取消其游戏机会的办法，让他逐渐学会控制自己以减少类似惩罚。教师还可以通过积极强化的方式鼓励良好行为的发生，即当这些幼儿一旦做出积极的良好行为时，教师要及时给予表扬或奖励，一方面，有利于该幼儿今后进一步做出这样的积极行为；另一方面，也对其他幼儿起到一种榜样示范的作用。

✎ 案例分析

> 　　早来的幼儿和值日生一起在给自然角里的各种植物浇水，突然发现一个花盆裂开了一道大约两厘米宽的缝，幼儿觉得很奇怪。"花盆为什么裂开了？""花盆里面有什么？"教师通过提出问题，引导幼儿进行探究。幼儿把花盆撬开进行观察，最后发现是花盆里逐渐长大的小土豆把花盆撑破了。"土豆那么小，哪有那么大的劲？"有些幼儿产生了疑问。教师又利用饭后散步的时间带幼儿到操场上观察大树的根。幼儿终于领悟到：根真有劲。
>
> 　　【案例分析】幼儿对周围世界的好奇和疑问无时无刻不在发生，因此对幼儿进行科学教育更多的应是随机教育，应在幼儿的一日生活中随时随地进行。教师也要善于捕捉这些变化，作为教育幼儿的有效途径。该案例中教师发现了幼儿对于花盆裂缝的好奇和疑问，引导幼儿对裂缝进行探究、观察、发现，最后幼儿认识到"根真有劲"的魅力。这就是日常生活中随机进行的科学活动，从而使幼儿领悟科学的实际意义。

任务三　"小蜗牛"主题教育活动
　　　　　实施与评价

任务二 PPT　　小班"小蜗牛"
活动课件

1.任务描述

　　户外活动时，甜甜捡到了一个空空的蜗牛壳，她举着蜗牛壳问："丁老师，小蜗牛去哪儿了？怎么就剩下空房子啦？"丁老师反问道："就是啊，小蜗牛去哪儿了呢？"一群小朋友都围过来展开了讨论。泽泽说小蜗牛跑到沙地里去了，小帅说小蜗牛离开家去买胡萝卜了吧，文文说小蜗牛被毛毛虫吃掉了……孩子们天马行空地想象着，一个小小的蜗牛壳竟然引发了班级孩子们的热烈讨论。丁老师发现小朋友们对小蜗牛的疑问越来越多，于是她就将"小蜗牛"带进了孩子们的生活，还让"小蜗牛"走进了课堂。

　　（1）假如你是丁老师，你发现案例中有哪些可以挖掘的教育活动？分别举例说明。（完成工作表单1）

　　（2）小组讨论，分析幼儿园整合教育活动建构的基本模式。（完成工作表单2、4、5）

　　（3）结合案例内容，尝试绘制不同整合教育活动模式下的主题教育活动网络图。（完成工作表单3、4、6）

　　（4）以"小蜗牛"为主题设计具体教育活动内容，并进行模拟演练。（完成工作表单7）

　　（5）观看其他小组的模拟演练，对其他小组科学教育活动进行评价。（完成工作表单8）

2.工作表单

工作表单1~工作表单8分别见表2-16~表2-23。

表 2-16　工作表单 1

工作表单1	分析案例	姓　名		学　号	
		评分人		评　分	

假如你是丁老师，你发现案例中有哪些可以挖掘的教育活动？分别举例说明。

1.区域活动：饲养区——"小蜗牛和毛毛虫在一起的日子"；

2.区域活动：_____区域—— _____；

3.语言领域："小蜗牛的旅行"；

4.科学领域：蜗牛壳分类；

5._____领域：_____；

6._____领域：_____。

表 2-17　工作表单 2

| 工作表单2 | 幼儿园整合教育活动建构的基本模式 | 姓　名 | | 学　号 | |
| | | 评分人 | | 评　分 | |

模式一：_____教育活动模式——以幼儿各领域学习与发展目标为导向的整合

这种类型的整合教育活动是将两个或两个以上的领域进行整合，甚至包括全部领域的整合。

领域整合教育活动模式——以各领域学习发展目标为导向的整合

表2-18　工作表单3

工作表单3	绘制"小蜗牛"主题教育活动网络图	姓　名		学　号	
		评分人		评　分	

主题教育活动的总目标：

①了解"蜗牛空壳"的原因，并＿＿＿＿＿＿蜗牛的外形特征与蜗牛种类的＿＿＿＿＿＿＿。

②在＿＿＿＿＿＿、饲养蜗牛的过程中了解蜗牛喜欢吃的食物、喜欢的生活环境。

③了解、感知、观察、认识与蜗牛贝壳相似的螺旋形的＿＿＿＿＿＿＿。

④＿＿＿＿＿＿世界上最大、最小的蜗牛。

⑤能够＿＿＿＿＿＿"蜗牛线"等装饰性线条的图案。

⑥通过对蜗牛及生活中物品的观察与讨论等活动，发展＿＿＿＿＿＿能力，以及对事物好奇、好问、乐于探索的积极态度。

⑦通过亲子绘画、亲子制作等活动，发展幼儿的想象力和创造力，促进＿＿＿＿＿＿的感情沟通与交流。

表2-19　工作表单4

工作表单4	幼儿园整合教育活动建构的基本模式	姓　名		学　号	
		评分人		评　分	

模式一：＿＿＿＿＿＿整合课程模式——以主题内容（或概念）的关联性为导向的整合

是指在一段时间内围绕一个＿＿＿＿＿＿内容，即作为主题，来组织教育教学活动。主题来源的方式是＿＿＿＿的，既可以来自幼儿生活，也可以是教师预设的，同时还可以是教师与幼儿在互动过程中生成的。

主题的整合：以主题内容（或概念）的关联性为导向的整合

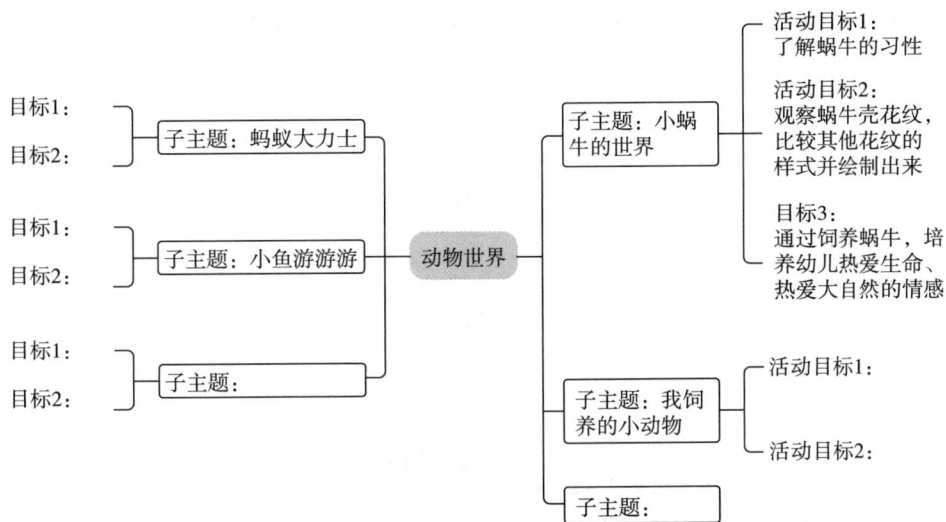

活动名称	活动目标	材料准备
活动一：认识小蜗牛	1.了解蜗牛的外形特征 2.能够用完整的语句表达蜗牛的生活习性 3.激发喜爱动物的情感	蜗牛 课件 水、盒子
活动二：	1. 2. 3.	
活动三：	1. 2. 3.	

表 2-20　工作表单 5

工作表单5	幼儿园整合教育活动建构的基本模式	姓　名		学　号	
		评分人		评　分	

模式二：_____整合教育活动模式——以幼儿的兴趣和经验为导向的整合_____模式主要是指_____与_____，在生活中围绕一个大家感兴趣的课题共同谈论，在师幼合作研究中发现问题、理解意义、建构知识的一种整合课程的模式。它强调幼儿的_____与_____，主张以完整的学习促进幼儿的整体发展。项目整合课程与主题式整合课程的区别是，主题式整合课程大多是事先设计好的，而项目整合课程则更强调在师幼互动中，根据幼儿的反应对主题及时做出调整、修订，强调课程的弹性设计，它也是一种生成课程。

动物 → 小蜗牛 → 家庭：收集小蜗牛 → 户外：发现小蜗牛 → 集体教学：探究小蜗牛的习性和特征 → 为小蜗牛找家 → ……

表 2-21　工作表单 6

工作表单6	设计大班"小蜗牛"主题教育活动网络图	姓　名		学　号	
		评分人		评　分	

你选择的整合教育活动模式是：_____

要求：设计至少5种内容或子主题，同时有相应的目标内容及对应领域。

小蜗牛

表 2-22 工作表单 7

工作表单7	以"小蜗牛"为主题的教育活动设计	姓 名		学 号	
		评分人		评 分	

_____领域主题教育活动设计

授课时间		授课班级	（大、中、小）
课程内容		授课教师	

活动准备	经验准备： 物质准备：
活动目标 （分别标记 三维目标）	1. 2. 3.
活动重难点	教学重点： 教学难点：
活动过程	一、活动导入 二、活动过程 三、活动结束
活动延伸	
活动反思	

表 2-23　工作表单 8

工作表单8	科学教育活动评价	姓　名		学　号	
		评分人		评　分	
1.幼儿科学教育活动评价新观念——多元评价					
（1）从_____到过程跟进。					
（2）从_____到平等对话。					
（3）从常模标准到_____评价。					
（4）从_____评价到实作评价。					
2.幼儿科学教育活动评价的内容					
（1）课程评价：					
（2）幼儿发展评价：					
（3）环境评价：物质、心理环境。					
3.结合所学内容，对其他小组教育活动进行评价					

3.反思评价

（1）对于动物类主题整合课程内容，可以从动物的哪些角度作为设计教育活动的切入点？

（2）请你对自己在本次任务中的学习情况进行评价。

课堂活动参与度　☆　☆　☆　☆　☆

小组活动贡献度　☆　☆　☆　☆　☆

学习内容接受度　☆　☆　☆　☆　☆

4.学习支持

1）幼儿园教育活动中图片的设计与使用

（1）有效图片的选择和设计——突出教学关键特征

教学中使用什么样的图片？是用逼真的照片，还是突出关键特征的线条画？现代科学技术发达，获取逼真的图片已不是难事。很多教师也都非常喜欢使用一些实物照片，认为这样更真实、效果更好，但这种直觉的认识并不为研究所支持。

德怀尔（F.M.Dwyer）在1967年做了一项研究，让四组大学生分别学习人的心脏解剖结构。四组学生都听了有关心脏解剖结构的录音讲解，但使用的辅助手段不一样：第一组一边听录音，一边看屏幕上录音中提到的心脏各部位的名词；第二组一边听录音，一边看屏幕上有关心脏各部位的轮廓图；第三组一边听录音，一边看屏幕上有关心脏各部位的带有阴影的较详细的图样；第四组一边听录音，一边看心脏的照片。实验结果发现，轮廓图突出了心脏的关键特征，消除了无关特征，所以它实现了最佳的学习效果。而实物的照片增加了无关特征，掩盖了有关特征，故导致学生的学习效果最差。

这项研究说明，使用图片进行说明时，图片要能突出事物的关键特征，这样才能取得比较好的效果。好与不好的标准要看图片突出关键特征的能力强弱，有时照片不如轮廓图更能突出事物的关键特征，有时轮廓图不如照片更能突出事物的关键特征。教学材料中到底该采用什么图片，要根据这一标准来选择，不能简单地认为逼真的照片的效果一定比轮廓图的效果好。

以上研究的结论在学前阶段的教育活动中也同样适用。幼儿教师需要找准教育活动的关键经验，设计的图片、玩教具也一定要为教学服务，帮助教师实现教育活动的目标，同时要记住非关键经验越是突出，教学的效果将会越差。

（2）不同类型图片的使用

梅耶根据图片的用途，区分出了四种教学材料中使用的图片。

①装饰性图片。

装饰性图片旨在取悦读者，如在一段描述自行车打气筒工作原理的文字中插入一张幼儿骑自行车的照片。教师可以用这类图片激发幼儿的学习动机，但对幼儿学习、理解新事物并不会有实质性的意义。

②表征性图片。

表征性图片描述的是单一的成分，如教学材料中插入一张打气筒的照片。这种图片可用来指代人、工具、景物或事件等。

③组织性图片。

组织性图片描述的是各成分间的关系，如用线条画的形式将打气筒的各个组成部分画出并标明。

④解释性图片。

解释性图片是解释某个系统是如何工作的，如用一系列的画面演示打气筒手柄上提、下压时，打气筒的不同变化状态。

这四种图片哪种对幼儿的学习最有用？研究表明，装饰性的和表征性的图片不能为幼儿建立系统各部分之间的关系提供帮助，难以促进幼儿学习；组织性的和解释性的图片有助于幼儿理解系统各部分之间的关系，因而更能促进幼儿的学习。用心理学的术语讲，前两种图片不能帮助幼儿建立新知识内部的联系，而后两种图片则具备这种功能。建立知识内部的联系及新旧知识的联系，被现代心理学认为是幼儿学习的核心。

（3）图片的使用要避免产生认知负担

教师应当尽量避免呈现给幼儿的图片有认知负担，对于初学者来说，认知负担越小，学习越容易。

避免产生认知负担常用的方法有：删去非重要部分，如画面复杂的背景、过度的无关信息等；有选择地强调基本部分，如放大、着色、运动、画像、对比等。

2）使用教学示范法需要注意的事项

（1）利用视、听手段的指导效果好

在某种情况下，利用视、听手段进行指导，也能有效地促进技能的学习。利用视、听手段，可以提高幼儿兴趣，扩大经验范围，提高学习和指导效率，帮助幼儿获得共同的经验。

（2）防止信息负担过重

许多研究表明，在动作技能学习的初期阶段要使示范有效，展示示范动作时速度必须要慢。这是因为初学者在刚刚接触一个新的动作时，往往是顾了手，但顾不了脚，他们的大脑也会很容易因新的信息量过多而超载，当超载发生时，学习便终止了。

总之，动作技能学习通常是从教师讲解开始的。讲解多用口语，有时也可借助文字、图解、模型等进行。对幼儿来说，讲解应尽量做到简单、易懂。幼儿学习动作技能更多的是依赖于教师示范。示范是以动作方式表演的，非常直观。示范性的动作则是由教师控制的。动作也应明确，并把技能中的每个动作及其衔接动作清楚地展示出来，使幼儿能清楚地看到。

（3）要考虑教师示范时的站位

动作技能示范方式包括三种：一是相向示范，在教室情境中，教师与幼儿面对面示范，这种方法的缺点是容易产生左右反向的认知混淆；二是围观示范，教师居中，幼儿围成圆圈，这种方式常因幼儿从不同角度观察而产生混淆错误；三是顺向示范，幼儿在教师背后，教师是"领头羊"，采用这种示范方式较好，因为这种方式可以免除左右及不同角度带来的不良影响。

3）幼儿种植型、饲养型科学教育活动内容

亲近大自然是幼儿的天性，而动、植物是大自然中最具有生命气息和最易于吸引幼儿的事物。在幼儿园中，带领幼儿进行种植、饲养等活动是非常有趣和有意义的。

在饲养和种植活动中，幼儿与动、植物共同成长。在活动过程中，幼儿会和动、植物建立起朋友般的情感，并且他们可从中获得很多有关动、植物生长的知识和经验，而且可以满足幼儿动手操作的需要。为此，教师要努力为幼儿提供更多的机会，让幼儿接触和探究动、植物，了解植物的种类，观察不同生长环境和条件对植物的影响。引导幼儿观察及探究一些动、植物的生长、行动、进食等特征，提高幼儿对动、植物的爱护之情，使这种情感随着年龄增长不断加深，并伴随一生。

（1）户外种植活动

种植活动属于生态教育的一部分。户外种植活动可以使幼儿主动探知植物生长的秘密，并能通过自己动手进行种植，体验大自然无穷的奥秘。在蔬菜种植的过程中，幼儿能懂得成长的不易，同时锻炼幼儿的动手能力，培养他们的探索精神。幼儿在种植过程中可以感受着大地孕育万物的神奇和播撒种子的喜悦，有效培养幼儿对种植活动的兴趣，启迪幼儿智慧，促进幼儿全面发展。

（2）动物区饲养活动

幼儿园饲养活动能让幼儿真切感受到动物的生长变化，感受到动物生命的存在，感受到自己的行为与动物生长之间的关系。饲养活动是实施生命教育的重要途径之一，也是幼儿园教育活动的重要内容。提供小动物供幼儿观察，让幼儿真切感受到饲养的乐趣，也真切地让幼儿从中获取丰富的知识和经验。

（3）亲子饲养活动

饲养活动的核心是最大限度地满足幼儿对自己兴趣和想法的追求，并及时捕捉幼儿的兴趣进而采取有效措施，只有这样幼儿才有可能得到有效的、适宜的发展。教师和家长收集有关动物的资料，并分类摆放，引导幼儿深入探索。鼓励幼儿饲养小动物，如金鱼、乌龟等。设计记录墙，在成人的指导下做简单记录。在整个活动中，教师可以利用照片墙的形式展出，也可以利用多媒体设备，让幼儿和大家一起分享自己的劳动成果，激发幼儿的兴趣，从而培养良好的活动习惯。

4）科学教育活动的评价方式

（1）集体评价

集体评价是指教师把幼儿集中在一起进行讲评，这是幼儿科学教育活动中常用的一种评价方式。在集体教学活动中，教学评价也是一种重要的指导方式，具有多方面的功能，既可以对幼儿的学习结果做出总结，又可以对幼儿的探索行为进行强化。

在幼儿进行稍复杂或探索式的活动后，教师可进行集体评价，这样既可以面向全体幼儿，也为后面的活动环节做好铺垫。

教师的评价有多种方式，既有语言的评价，也有非语言的评价（如眼神、动作、语气等）。教师应充分利用这些评价方式，多开展积极的评价，即肯定和强化幼儿在活动中的好的行为，对幼儿积极参与科学活动、专心探索、积极思考、勇于表达及其创造性的行为给予充分的鼓励，让幼儿体验发现和成功的快乐，而不是简单地以幼儿答对了没有、是否遵守纪律等作为评价的标准。

（2）相互评价

让幼儿以小组为单位进行评价活动，既有利于幼儿对活动的正确认知，也增加了幼儿间合作交流的机会，还可以帮助幼儿在相互评价的过程中发现问题，获得更多的操作经验。例如，大班科学活动"小刺猬"，要求幼儿运用土豆和牙签制作一只"小刺猬"，然后教师组织幼儿说说自己制作的"刺猬"，也说说别的小朋友制作的"刺猬"。评价对他们来说也充满了游戏性：他制作的"刺猬"长的刺最多！他制作的"刺猬"的刺长得最结实！她制作的"刺猬"眼睛大大的；他制作的"刺猬"没有尾巴，她制作的"刺猬"只有一只眼睛等。

这种评价方式也体现了专家提出的"同伴影响法"，即教师创造机会，鼓励幼儿在评价时相互讨论、相互介绍、相互启发、彼此交流，不断了解、学习同伴在活动中如何用自己的方法来解决困难与问题。相互评价打破了传统评价中教师言谈的呆板模式和严肃气氛，给幼儿保留了更多的活动和交流的自由。在观察类、实验操作类科学活动，科技小制作活动中常采用这种评价方式。

（3）个别评价

个别评价是指教师针对个别能力较弱的幼儿进行单独评价，体现了教学中关注幼儿的个体差异，让每个幼儿都得到不同程度发展的宗旨。例如，在"制作拖把"的活动中，有的幼儿没有检测和比较材料的"吸水性"，就以塑料作为拖把头。教师发现后，以好奇疑问的口吻提醒幼儿："塑料也能吸水呀？"这实际上就是教师对幼儿操作行为的否定性评价。

（4）家长评价

家长是幼儿园的宝贵资源，幼儿教育的特殊性使得幼儿园很多活动都离不开家长的参与。在科学教育活动中，教师也可以充分利用这一资源，尤其是相对于班级幼儿人数特别多的幼儿园，科学活动的评价常常在课堂中来不及完成，这时教师可以利用家长资源，让家长对幼儿的操作进行初步评价，使幼儿对自己的操作活动有一个初步的认知，这样教师再评价时就可以节省很多时间。

（5）即时评价

即时评价是指在教学活动过程中，教师根据幼儿操作的完成情况进行即时的评价。此时不需要集中幼儿，可由教师走到幼儿所在的位置对幼儿的操作活动进行评价。当幼儿进行简单的操作活动或第二次纠错活动后，教师可进行即时评价。教师在进行即时评价时要注意评价策略。肯定幼儿在探究学习和问题解决中付出的努力，可以帮助幼儿形成对科学探究的积极态度，从而提高其探究的兴趣，并促使他们继续努力，发现更多的信息。认知研究表明，当幼儿是由于个体努力而非智力因素受到成人表扬时，他们会更加关注工作的过程，会一直坚持完成任务。相反，当幼儿由于智力因素而受到表扬时，他们的探究动机和表现就会减弱。同时，他们的表现也不如那些由于努力而受到表扬的幼儿那样出色。面对一些有挑战性的、也许无法成功完成的任务，因智力因素受到表扬的幼儿就会避免参与，而当探究真的失败时，他们就很可能直接放弃活动。

当教师非常重视和强调幼儿的正确行为表现而非幼儿付出的努力时，他们很容易运用一些机械而又含糊的表扬来控制幼儿的行为，将幼儿固定在"任务"中。过多空洞的表扬会干扰幼儿对活动的自发兴趣，削弱幼儿的学习动机。有时为了得到教师的表扬，幼儿常常把注意力都直接指向正确的行为表现而不是正在学习的事情上，从而失去了对活动本身的兴趣。美国教育家阿尔菲·科恩（Alfie Kohn）认为，过度表扬会刺激幼儿只是去追求表扬。他建议教师对幼儿取得的成绩只给予简单的、非评价性的反馈意见。

（6）作品分析评价

在幼儿参与科学小制作活动的评价中，可以通过分析制作的作品间接了解他们的学习情况，从而做出评价。例如，在观察认识类科学活动中，观察记录是由幼儿以形象化的绘画、图表来表达他们对自然物、科学现象的观察结果。它既是幼儿观察活动的一部分，也是一种表达想法的方式。通过对观察结果的记录、描述和交流，幼儿可以反省和评价自己得到的信息。幼儿的观察记录能反映出他们的观察水平及其对观察对象认识的正误，是重要的评价资料。教师通过对幼儿观察记录的分析，可以对幼儿的观察效果做出评价。作品分析法的主体一般是教师，但幼儿的作品展示还可以向局外人开放，以便使更多的人参与到对幼儿作品的评价之中。

（7）幼儿自我评价

幼儿自我评价是指在操作活动结束后，幼儿在教师的引导下对自己的操作结果进行简单的评价。自我评价有利于帮助幼儿进行自我认知，充分发挥幼儿的主体性，提高幼儿参与活动的积极性。

幼儿作为教育活动的参与者之一，完全可能也应该参与到对教育活动的评价中。教师鼓励幼儿对自身和同伴的学习进行反思和评价，可以促使幼儿的学习更自主，同时促进幼儿与同伴之间的相互学习和交流。例如，在"自制喷水壶"活动中，幼儿观看了同伴的制作过程及作品后，教师引导他们比较自己的作品和别人的作品有什么不同，这实质上就是一种自我评价。幼儿的自我评价能促进幼儿进行反思性学习，同时也能激励幼儿的学习动机。在这一教学过程中，教师扮演着引导者、支持者的角色，而幼儿扮演着学习者和评价者的双重角色，也就是说，幼儿可以通过自我评价来掌握学习内容。

幼儿自我评价更多地体现了评价主体的多元化。在自我评价活动中，幼儿既

轻松一下

一个人的幼儿时期，其实就是一个不断习得能力的过程，这个过程将带给幼儿无限的欢乐和乐趣。

可以展示自己的作品，也可以欣赏自己的作品。

　　总之，教师必须坚持评价的科学性、有效性和可行性，要充分认识到评价在幼儿科学教育中的作用，不是为了评价而评价，而是树立起"发展性评价"的观念，使之真正成为促进幼儿发展的方法。对幼儿进行科学教育评价的方式还有很多，而评价的最终目的是要促进幼儿的进一步发展。因此，在评价中，教师要多关注、表扬幼儿在操作过程中的努力与点滴进步，从而激发幼儿的自信心，更好地发挥幼儿的主体性。

四、课证融通

本模块对应幼儿教师资格证考试"保教知识与能力"模块的考试目标、内容与要求、真题见表1-24。

表1-24　幼儿教师资格证考试"保教知识与能力"的考试目标、内容与要求、真题

内容体系
一、考试目标 主题内容下教学观概念的理解。 二、考试内容与要求 能根据教育目标和幼儿的兴趣需要和年龄特点选择教育内容、确定活动目标、设计教育活动方案。
三、真题 【材料分析题】（2019年上半年教资考试真题） 材料： 　　夏日的雨后，大（1）班幼儿来到户外准备做操，发现地上爬了几只蜗牛，都纷纷蹲下来看。音乐声响起，幼儿小心翼翼地站在操场上做操，互相提醒都别踩着蜗牛了。做完操后，有的幼儿提议要救救蜗牛，还有的幼儿提出要捉几只蜗牛到班里养着。"蜗牛有嘴吗？""有脚没有？""喜欢吃什么？""它能走曲线吗？""是公的，还是母的？"幼儿提出了很多问题，李老师也表现出十分感兴趣的样子和幼儿一起讨论。李老师说："宝贝们真棒！提出了这么多有趣的问题！不过，老师也不知道答案，但是老师很愿意和大家一起去学习。我们想想，怎么可以获得答案呢？""看书！""问爸爸妈妈！"……小朋友纷纷回答。李老师高兴地说："好，那我们分头行动。"于是，李老师用瓶子装着蜗牛并带到了班里，养蜗牛的行动就开始了。 　　之后的一段时间里，李老师找来关于蜗牛的科普视频和孩子们一起观看，同孩子们一道观察、记录蜗牛的生活，并一起围绕蜗牛"吃什么""怎么睡觉"等问题一起进行查阅资料、分享资料……以"蜗牛"为题的一系列活动陆续在班里开展起来。 　　问题：请结合材料，从教师观的角度评析李老师的教育行为。

五、阅读思享

推荐理由：

该书是教育部"高等师范教育面向21世纪教学内容和课程体系改革计划"的研究成果，是面向21世纪的课程教材。该书从理论与技术的角度阐释了教学设计。全书共分为十章，前两章介绍了教学设计的有关概念及其理论基础，之后各章分别从设置教学目标、分析学习任务、各种知识类型的教学过程、教学技术、教学媒体和教学环境，以及教学结果的测量与评价，对课堂教学全过程的教学设计的方法、步骤及有关的心理学依据，做出了全面介绍。本书可作为高等师范学校公共课和教师培训与继续教育的适用性教材。

推荐阅读：

皮连生.教学设计——心理学的理论与技术.北京：高等教育出版社，2000。

模块三 幼儿成长主题教育活动

一、岗位能力模型

幼儿成长主题教育活动岗位能力模型见表3-1。

表 3-1　幼儿成长主题教育活动岗位能力模型

模块	岗位能力描述	《幼儿园教师专业标准（试行）》	《幼儿园教育指导纲要（试行）》
幼儿成长主题教育活动	3~6岁是幼儿各种能力发展的关键期，大动作和精细动作迅速发展，生活自理能力全面提高，自我意识快速发展，情绪控制力大幅提升，此阶段教师采用的教育方式方法会全面影响幼儿的发展。 教师采用适宜的教育方式方法能够激发幼儿学习的兴趣和动机。教师把促进幼儿成长与发展的内容融入幼儿一日生活中，全面促进幼儿成长是十分重要的	（二）对幼儿的态度与行为： 6.关爱幼儿，重视幼儿身心健康，将保护幼儿生命安全放在首位。 7.尊重幼儿人格，维护幼儿合法权益，平等对待每一位幼儿。不讽刺、挖苦、歧视幼儿，不体罚或变相体罚幼儿。 8.信任幼儿，尊重幼儿个体差异，主动了解和满足有益于幼儿身心发展的不同需求。 9.重视生活对幼儿健康成长的重要价值，积极创造条件，让幼儿拥有快乐的幼儿园生活	教育内容要求： 1.幼儿身体健康，在集体生活中情绪安定、心情愉快。 2.幼儿具有良好的生活、卫生习惯，有基本的生活自理能力。 3.幼儿掌握必要的安全保健常识，学会保护自己。 4.幼儿喜欢参加体育活动，动作协调、灵活

二、知识点与技能点

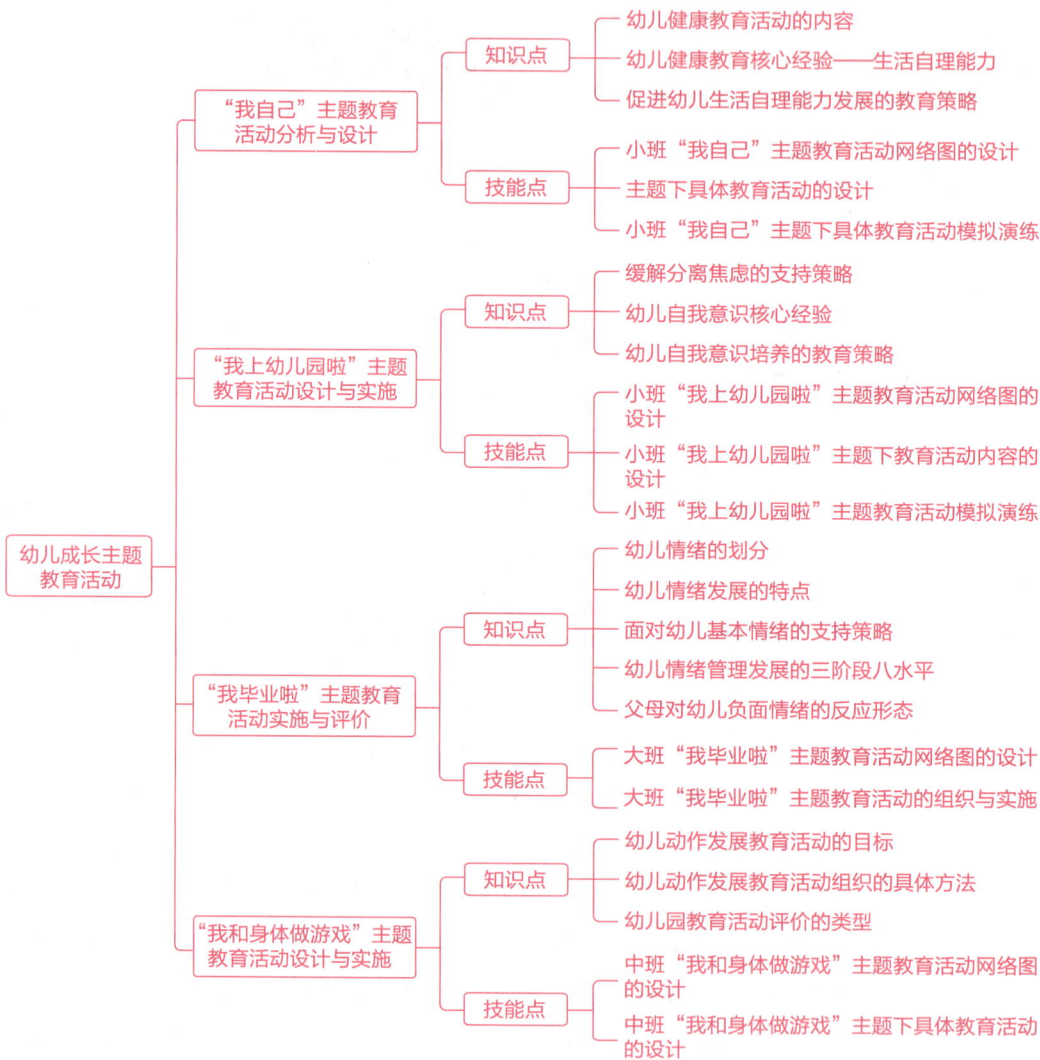

幼儿成长主题教育活动

- "我自己"主题教育活动分析与设计
  - 知识点
    - 幼儿健康教育活动的内容
    - 幼儿健康教育核心经验——生活自理能力
    - 促进幼儿生活自理能力发展的教育策略
  - 技能点
    - 小班"我自己"主题教育活动网络图的设计
    - 主题下具体教育活动的设计
    - 小班"我自己"主题下具体教育活动模拟演练

- "我上幼儿园啦"主题教育活动设计与实施
  - 知识点
    - 缓解分离焦虑的支持策略
    - 幼儿自我意识核心经验
    - 幼儿自我意识培养的教育策略
  - 技能点
    - 小班"我上幼儿园啦"主题教育活动网络图的设计
    - 小班"我上幼儿园啦"主题下教育活动内容的设计
    - 小班"我上幼儿园啦"主题教育活动模拟演练

- "我毕业啦"主题教育活动实施与评价
  - 知识点
    - 幼儿情绪的划分
    - 幼儿情绪发展的特点
    - 面对幼儿基本情绪的支持策略
    - 幼儿情绪管理发展的三阶段八水平
    - 父母对幼儿负面情绪的反应形态
  - 技能点
    - 大班"我毕业啦"主题教育活动网络图的设计
    - 大班"我毕业啦"主题教育活动的组织与实施

- "我和身体做游戏"主题教育活动设计与实施
  - 知识点
    - 幼儿动作发展教育活动的目标
    - 幼儿动作发展教育活动组织的具体方法
    - 幼儿园教育活动评价的类型
  - 技能点
    - 中班"我和身体做游戏"主题教育活动网络图的设计
    - 中班"我和身体做游戏"主题下具体教育活动的设计

素质目标

1.通过对幼儿园教育任务的正确理解，培养学生的任务意识（于自己、于家庭、于集体、于社会），树立正确的教师观。

2.通过对幼儿教育目标的理解，引导学生树立正确的人生发展目标。

三、工作任务

任务一 PPT

绘本分享《我喜欢
我自己》

任务一　"我自己"主题教育活动分析与设计

1.任务描述

户外活动时间，小班老师发现刚才还在玩耍的小花突然站着不动了（两腿夹得很紧），看上去还有点紧张，低着头摆弄着手指。老师推测应该是尿裤子了。老师走过去，平静地看了看小花，轻轻拉起小花的手，朝睡眠室走去。

到睡眠室后，老师关好门，对小花说："小花，我摸到你的裤子是湿的。"小花伸着舌头点点头。老师："我知道你不是故意的，现在你一定很不舒服，老师悄悄帮你换上干净的裤子。"老师帮她换好裤子，又抱着她说："换上干净的裤子就舒服了。下次尿裤子了可以告诉我，我会陪着你，帮助你的。"小花："你不能告诉别人。"老师："不会的，放心吧。"小花听完后，笑着蹦蹦跳跳地出去玩了。

（1）分析案例，小组讨论针对案例中幼儿出现的情况提出解决策略。（完成工作表单1）

（2）小组讨论幼儿健康发展核心经验——生活自理能力的特点。（完成工作表单2）

（3）小组讨论促进幼儿生活自理能力发展的教育策略。（完成工作表单3）

（4）小组讨论根据主题教育活动总目标，设计小班以"我自己"为主题的教育活动网络图。（完成工作表单4）

（5）小组讨论并完成小班"我自己"主题教育具体活动的设计。（完成工作表单5和工作表单6）

（6）小组讨论并尝试制作PPT课件，完成小班"我自己"主题教育具体活动的模拟演练。（完成工作表单7）

2.工作表单

工作表单1~工作表单7分别见表3-2~表3-8。

表 3-2　工作表单 1

工作表单1	案例分析	姓　名		学　号	
		评分人		评　分	

1.案例中老师在发现幼儿尿裤子的情况后，她是如何做的？

（1）观察：

（2）照顾情绪：

2.策略总结。

案例中，老师运用的策略包括下面四种。

（1）＿＿＿＿＿＿＿＿＿＿幼儿，保护其＿＿＿＿＿＿＿＿＿＿。

老师观察到幼儿不想让其他人知道自己尿裤子的事情，所以没有先问问题，而是悄悄带幼儿去睡眠室。

（2）＿＿＿＿＿＿＿＿＿。

"我摸到你的裤子是湿的。"客观陈述事实，没有表现出过度的关切，也没有刻意忽略或责备幼儿。

（3）＿＿＿＿＿＿＿＿情绪。

"我知道你不是故意的，现在你一定很不舒服。"帮助幼儿说出她的感受，＿＿＿＿＿＿＿＿她的情绪（有时候老师会说"没关系"，对那些认为尿裤子是非常严重的事的幼儿来说，"没关系"并不能让他们的情绪充分地得到认同）。

（4）提供＿＿＿＿＿＿＿＿。

＿＿＿＿＿＿＿＿＿＿＿＿＿＿＿＿＿＿＿＿＿＿＿＿＿＿＿＿＿＿＿＿＿＿＿＿＿。

表 3-3　工作表单 2

工作表单2	幼儿健康发展核心经验——生活自理能力	姓　名		学　号	
		评分人		评　分	

1.幼儿生活自理能力的发展

_____主要是指日常生活的自理能力，包括_____的形成和日常生活自理能力的全面提高，即掌握生活自理能力的技能，提高_____；感受自己的成长，树立自我意识；养成自己做事的好习惯，积累自理_____。

2.幼儿生活自理能力的发展特点

（1）随着年龄的增长，幼儿逐步获得了_____技能和技巧，并且在完成的速度和质量方面日益提高。

高瞻课程专家以自理能力高低、自理意识强弱及是否从自理发展到照顾他人三个维度，将幼儿生活自理能力发展分为初级、中级和高级三个水平。

初级	中级	高级
在所有的或大多数的个人生活自理能力及技能上都需要帮助（如等待成人帮助穿衣）。 尚未或者很少显示出对_____展现能力的兴趣	能够_____完成一些生活自理能力的任务或内容，在需要帮助时寻求帮助（如自己穿上衣，但是在穿鞋时寻求帮助）。 观察或_____其他幼儿的生活自理行为	能够完成大多数的生活自理内容（如自己穿外套、鞋子，不需要或很少需要帮助）；耐心学习以掌握新的生活自理技能。 _____其他同伴进行生活自理能力学习

（2）幼儿对生活自理具有积极主动的_____，但在行动时常常表现出力不从心。

随着自主意识的萌发，基于好奇和好动等因素，幼儿对于生活自理的态度大多都是积极主动的，但是因做不好而放弃的现象也时有发生，原因主要在于不懂得正确的自理方法或者精细动作能力有限。

（3）幼儿具有初步的_____意识，但在完成任务时，常常表现出坚持性不够，容易忘记小任务或只能记住任务的一部分。

（4）幼儿生活自理能力遵循_____他人—自理—为他人（集体）服务的发展路径。

表 3-4　工作表单 3

工作表单3	促进幼儿生活自理能力发展的教育策略	姓　名		学　号	
		评分人		评　分	

1.分析案例中小花的尿裤子事件，结合幼儿生活自理能力发展的教育策略，说一说如何帮助小花。

2.促进幼儿生活＿＿＿＿＿＿＿＿＿发展的教育策略

（1）教育内容以自理行为为＿＿＿＿＿＿＿，兼顾认知、情感方面，同时体现年龄特点。

①内容兼顾认知、态度和行为，尤其提出＿＿＿＿＿＿＿部分。

②教育内容要体现＿＿＿＿＿＿和＿＿＿＿＿＿。

在评估完幼儿现有发展水平、确定教育目标后，按照生活自理能力的难易程度，结合幼儿身心发展的顺序和兴趣特点，确定教育内容的先后顺序，提出适合幼儿年龄特征的可操作和适宜挑战的教育任务。同时，考虑到生活自理能力发展的个体差异性，教育任务应该兼顾分层和可选择性。

（2）教育支持体现＿＿＿＿＿＿＿＿。

教育者应该根据幼儿生活自理能力发展的特点，运用测试、观察、家长问卷、访谈等多种方式，评估幼儿生活自理能力水平状况和基本因素状况，挖掘关键问题，并结合其年龄特点、发展需要和学习方式，确定适宜的教育内容。

（3）培养幼儿的生活自理意识，激发生活自理＿＿＿＿＿＿＿。

①"让我来"——＿＿＿＿＿＿＿＿＿＿＿＿＿＿＿＿。

②"我能行"——帮助幼儿体验生活自理过程中的＿＿＿＿＿＿和＿＿＿＿＿＿，让幼儿看到自己的进步，包括克服困难后的喜悦和自信。

（4）运用多种方式帮助幼儿提高＿＿＿＿＿＿＿＿＿＿。

①＿＿＿＿＿＿和＿＿＿＿＿＿相结合是建立幼儿生活自理动作表现的有效方法。

②多样化、充分的＿＿＿＿＿＿有助于促进生活自理动作的不断完善和熟练。

③动作分解训练法适宜于学习复杂的动作技能或在动作学习的＿＿＿＿＿＿。

④环境中的＿＿＿＿＿＿等视觉提示是有效的帮助。

⑤＿＿＿＿＿＿有利于幼儿提高生活自理能力。

（5）加强＿＿＿＿＿＿练习。

（6）提供具有＿＿＿＿＿＿的环境。

营造一个整洁有序的环境是培养幼儿整理物品能力非常重要的因素之一。幼儿之所以会关注物品的摆放位置，是因为学前期正是幼儿空间知觉迅速发展的时期，幼儿开始逐渐对物体的大小、形状及上下、前后、左右、远近形成准确的空间概念，并能通过自身的运动来确定物体的空间位置。由于物品归位、整理时涉及空间、秩序等因素，因此要做到每样物品的摆放不但要整齐，还要有固定的位置。这些做法都是让环境告诉幼儿该怎么做。

（7）家园一致的生活自理机会——＿＿＿＿＿＿养成。

表 3-5　工作表单 4

工作表单4	设计小班 "我自己"主题教育活动网络图	姓　名		学　号	
		评分人		评　分	

1.针对案例中小花的尿裤子事件，并结合幼儿健康教育发展目标及内容要求，设计小班"我自己"主题教育活动发展总目标。

（1）认识五官，＿＿＿＿＿＿＿＿＿＿＿＿＿＿＿＿＿＿＿＿＿＿＿

（2）能感知自我，＿＿＿＿＿＿＿＿＿＿＿＿＿＿＿＿＿＿＿＿＿＿

（3）愿意和同伴共同游戏，体验与大家一起玩耍的乐趣。

（4）通过多样的活动，锻炼幼儿生活自理能力，培养良好的生活习惯。

2.结合案例，完成小班"我自己"主题教育活动网络图。

健康领域　　《脸上有什么》　　　　　　　　《小手爬》

艺术领域　　《不要妈妈抱》　　　　　　　　《吹泡泡》

我自己

《闻一闻是什么味道》　　　　　　　《我会自己走》

《机灵的耳朵》　　　　　　　　《欢迎小客人》

表 3–6　工作表单 5

工作表单5	小班"我自己"主题下具体教育活动设计	姓　名		学　号	
		评分人		评　分	
活动名称	活动目标	活动领域	相关材料
活动一：脸上有什么	1.认识五官，知道五官的名称和作用。 2.知道保护五官的方法。 3.和同伴一起体验五官游戏的乐趣	健康领域	多媒体课件 五官贴纸 小镜子
活动二：闻一闻什么味道			
活动三：			

表3-7 工作表单6

工作表单6	小班"我自己"主题下具体教育活动内容设计	姓 名		学 号	
		评分人		评 分	
授课时间		授课班级		小班	
课程内容	脸上有什么	授课教师			
活动准备	有关五官的多媒体课件一套，每人一面小镜子				
活动目标（分别标记三维目标）	1.认识自己的五官，知道五官的名称和作用。 2.＿＿＿＿＿＿＿＿＿＿＿＿＿＿＿＿＿＿＿＿＿。 3.体验与同伴玩五官游戏的乐趣				
活动重难点	教学重点： 教学难点：				
活动过程	一、活动＿＿＿＿＿＿＿＿＿ 1."我在哪里"小游戏。 2.幼儿照镜子，观察自己的脸，相互自由交谈"脸上有什么"。 二、活动展开 （一）观看动画课件（观看课件一） 1.师：这个小朋友怎么啦？看看少了什么？眼睛（鼻子、耳朵、嘴巴）在哪里？我们给他添上眼睛（鼻子、耳朵、嘴巴）。 2.小结：我们的脸上有＿＿＿＿＿＿＿＿＿＿＿＿＿＿＿＿＿；鼻子在脸的中间，眼睛在鼻子的两边，嘴巴在鼻子的下面，耳朵在脸的两边。 （二）观看动画课件（观看课件二） 请幼儿将动画中的小朋友的五官补充完整，并了解＿＿＿＿＿＿＿＿＿＿＿＿＿。 师：我们来看看这位小朋友，他少了什么？眼睛（鼻子、耳朵、嘴巴）有什么作用？				

活动过程	三、活动结束 1.小结： 我们的眼睛、鼻子、耳朵、嘴巴的本领可大了，眼睛可以看书、看电视，还可以看风景等；鼻子可以呼吸，可以闻到不同的味道等；嘴巴可以说话、唱歌，还可以吃东西等；耳朵可以听到各种不同的声音。 2.讨论：＿＿＿＿＿＿＿＿＿＿＿＿＿＿＿＿＿＿＿＿？
活动延伸	玩游戏：指五官。 师：我们和眼睛、鼻子、耳朵、嘴巴来做游戏。你们把手先指在鼻子上，听到我说什么，手就指到哪里，看哪个指得又快又准。（师幼玩游戏，幼儿互相做游戏）
活动反思	通过教师专门组织的教育活动，将五官的用途和保护方法用多媒体的手段一一呈现在幼儿面前，可以帮助幼儿认识五官，理解五官的重要性。通过讨论，让幼儿掌握保护五官的简单常识。本教育活动建议放在单独认识眼睛、鼻子、耳朵、嘴巴活动之后，并根据幼儿的情况分为两个课时进行教学

表 3-8　工作表单 7

工作表单7	教育活动模拟演练	姓　名		学　号	
		评分人		评　分	

模拟演练：小班"我自己"主题下具体教育活动

1.模拟活动内容：小班"我自己"主题教育活动下的集体教育活动。

要求：

（1）符合幼儿年龄的特点和发展要求。

（2）时间控制在5分钟左右。

（3）活动具体内容可参考工作表单6，也可以是自己设计的相关教育活动内容。

（4）要求制作PPT、做好相关的物质准备，对主题教育活动整体的设计进行说明，并选择主题下其中一项具体集体教育活动进行组织实施。

2.我的模拟演练内容：

3.我认为组织实施教育活动内容优秀的是_____同学。

理由：

3.反思评价

（1）通过本任务的学习，你觉得健康教育活动对幼儿发展的价值都有哪些？

课堂活动参与度　☆　☆　☆　☆　☆

小组活动贡献度　☆　☆　☆　☆　☆

学习内容接受度　☆　☆　☆　☆　☆

（2）请你对自己在本次任务中的学习情况进行评价。

4.学习支持

1）幼儿健康教育活动的内容

（1）日常健康行为

①生活自理能力。

培养进餐、着装、睡眠、如厕、盥洗等方面良好的自理能力。

②良好的作息习惯。

按时睡眠，定时、定量饮食，定时大小便、盥洗，每天有规律的生活和学习。

③清洁行为习惯。

讲究个人卫生，养成勤洗手、勤洗头、勤洗脚和勤换衣、勤剪指甲、爱理发等良好的卫生习惯，学会使用自己专用的手帕、面巾和浴巾、茶杯、纸巾等，特别是在咳嗽、打喷嚏时，学会使用手帕或纸巾捂住口鼻，不挖鼻孔。

④学习卫生习惯。

养成良好的阅读、绘画、写字、唱歌等习惯，坐、站、行、睡姿势正确，注意用眼卫生，保持书籍、文具和玩具的清洁和养成自己整理活动用具的习惯。

⑤关心周围环境的卫生。

了解自然环境中的花草树木、禽兽鱼虫、阳光、水土与人的生存和身心健康的关系，认识环境污染对人的危害及保护环境的重要性。懂得保护和美化环境与增进身心健康的关系，爱护周围环境，养成关心和自觉保护周围环境卫生的习惯，初步具备环保意识，逐步形成保护环境的社会责任感，并落实于自身的行为中。

（2）饮食营养

第一，保持情绪愉快，愿意独立进餐，能自己使用勺子、筷子等餐具进餐。

第二，认识一些常见食物，喜欢吃各种食物，初步了解常见食物的营养价值。

第三，平衡膳食，知道应该食用各种食物，不偏食、不挑食、不过食；知道要多吃富有粗纤维的蔬菜、富有营养的黑色食品等；主动饮水，少吃零食，多吃水果蔬菜。

第四，按时进餐，定时定量，保持清洁，进餐习惯要良好，如饭前洗手；知道不乱吃零食和过多饮用冷饮、进餐时细嚼慢咽等饮食常识。

第五，初步感受中外饮食文化的不同，如餐具、食物、习惯等的区别。

（3）身体生长

①认识身体主要器官及其功能。

认识身体主要器官的构造，包括口、眼、耳、鼻、皮肤、心脏、胃、大脑、食道等，知道它们在人体的位置，知道它们是人体的重要组成部分；了解上述器官的基础知识、功能和保护方法。

②积极配合疾病预防与治疗。

了解常见疾病，如感冒、发烧、拉肚子等；知道生病的原因，如因着凉、细菌感染等；知道及时添加衣物、积极参加体育锻炼、饮食营养均衡能预防疾病；生病后及时消除恐惧情绪，不怕吃药、打针，能积极配合医生进行治疗等。

③初步的性教育。

逐步学习科学简洁的性知识，防止产生性压抑和性神秘感；形成正确的性别认同和性别角色意识；因势利导，帮助幼儿形成健康的性心理；正确处理幼儿的性游戏；矫正玩弄生殖器官等不良习惯。

④探索生命现象的兴趣

能区分生命物和非生命物，初步理解生命的概念；主动探究生活中常见生命物，关心照顾植物，关爱动物；珍惜生命，爱惜生命。

（4）安全保护

第一，了解及遵守日常生活中的安全常识与规则，过马路、乘坐交通工具、玩大型运动器械时要注意安全。

第二，认识常见安全标志，遵守交通规则，初步形成自我保护意识。

第三，了解应对意外事故（如火灾、雷击、地震、台风等）的常识，掌握基本的求生技能。

（5）心理健康

①培养社交能力。

学习感知和理解他人的情感，对他人的情绪情感给予合适、积极的响应；学习轮流、合作、分享、互助的技能，乐于助人，能够在幼儿园与同伴共同生活、友好相处，遇到困难会请求帮助；有初步的公平竞争意识和行为，正确对待输赢；懂得基本的生活礼节，如做客、待客、倾听别人说话等。

②学习表达和调节自己情绪的方法。

保持情绪愉快，知道快乐有益于健康；学习用语言和非语言（神态、表情、动作等方式）表达、调节积极和消极的情绪；学习用自我说服、诉说、转移注意力、宽容等方法调节情绪；学习合理宣泄愤怒、畏惧、忧虑、委屈、厌恶等消极情绪，增强自尊、自信和自我控制能力等。

③无心理卫生问题。

在集体生活中要学会情绪稳定、习惯良好，能够基本正确地认识、评价和调节自我；乐于与同伴交往，形成安全感与信任感；增强积极的自我意识，没有明显的心理卫生问题。

④锻炼独立生活和学习能力。

学习自己的事情自己做，不依赖他人；不怕困难，愿意克服困难；在学习和游戏中能独立思考并解决问题，能独立操作完成任务；帮助幼儿体验独立自主获得成功的愉快感，培养良好的个性心理品质。

（6）体育锻炼。

第一，培养积极参加体育活动的兴趣。

第二，了解身体活动的知识和技能，包括走、跑、跳、钻爬、投掷、平衡、攀登等基本动作及有关知识。

第三，身体素质练习，包括平衡、协调等身体机能练习的有关知识和技能。

第四，进行基本体操练习和队列队形练习，包括徒手体操、轻器械操，口令、信号与动作，列队与变化队形练习。

2）健康教育活动评价

从广义上讲，幼儿健康教育评价涉及多个方面。它既包括对幼儿健康教育活动的评价，又包括对幼儿本身生长发育和发展状况的评价（对幼儿的知识水平、态度变化、行为状况的评价和对幼儿的生长发育指标达成情况的评价），还包括卫生保健工作状况评价等多个方面。这几个方面对幼儿健康教育的效果都起着直接或间接的作用，只有综合分析、评价，才能客观、真实地反映幼儿健康教育的全貌。但，如果就幼儿健康教育的实质及教育的效果进行评价的话，则主要涉及幼儿的健康认知水平、健康意识与态度、健康行为和习惯三个方面。综合来看，健康教育的目标包含丰富健康知识、改善健康态度、形成健康行为三个方面，但它的着眼点是行为，即要达到的最终目标是促使幼儿建立与形成有益于健康的行为。因此，幼儿健康教育评价的重点应放在幼儿健康行为的建立与养成上。

幼儿健康教育活动评价是幼儿健康教育评价重要的组成部分之一。具体来说，有以下三种不同层次的评价。

（1）过程评价

过程评价是对幼儿健康教育活动及其计划执行情况进行评价，主要包括对幼儿健康教育活动的目标、内容、组织形式、组织方法等进行评价。从评价指标来看，幼儿健康教育活动中的认知发展目标、情感与态度目标及行为训练目标本身就是幼儿健康教育评价的具体指标。评价时可以参照以下内容进行。

①活动目标是否科学、合理、可行。目标的设置必须符合幼儿的身心发展特点，

并且通过活动能够对幼儿的身心发展起到促进作用；目标的制定能够切合本地实际情况，做到切实可行。

②活动内容是否具有针对性。活动内容必须符合幼儿的兴趣和需要，因此，活动内容必须基于幼儿的兴趣点生成。

③活动过程是否具有趣味性。幼儿在活动中是否情绪愉快、活泼轻松，是否能够积极、主动地参与到活动中。

④物质环境和活动材料是否具有个体性。物质环境和活动材料是否能够照顾到不同幼儿的发展水平，是否能够满足不同幼儿的兴趣爱好。

⑤活动结果是否具有发展性。教育活动能否在不同程度上促进幼儿的身心发展，能否有利于健康行为的养成。在幼儿健康教育的评价中，作为教师，可以通过对幼儿在教学活动中的表现及在日常生活中表现出来的态度和行为进行观察而做出评价，也可以通过向幼儿提问来获取有关的信息。教师还应该与家长取得联系，了解幼儿在家中的态度和行为表现，以此来对健康教育的效果和幼儿的发展状况进行深入评价。

（2）影响评价

影响评价是评价幼儿的知识水平、态度和行为是否因为健康教育活动的干预而发生改变。健康教育的目的是促进幼儿健康行为习惯的养成，因此，对幼儿合理的、健康的行为应给予强化；对于不合理的、不正确的行为应加以引导，促使其将消极因素变为积极因素。客观来讲，人的行为的改变过程是一个复杂的过程。人的行为水平有四个层次：被动性行为、自发性行为、自觉性行为和自动性行为。这四种行为层次的相对难度不同，最低层次是被动性行为，最高层次是自动性行为。自动性行为的实现既不需要外力的监督，也不需要自己的意志努力，而是自然、自动的行为，也就是逐渐形成了习惯。因此，在影响评价时应考虑各方面的因素，特别是对行为改变的规律要有足够的认识。

（3）终极评价

健康教育活动是否解决了大部分幼儿的健康问题，这是幼儿健康教育评价的终极评价。有关终极评价的客观性、有效性仍是今后有待于深入研究、解决的一项课题。

幼儿的知识水平、态度和行为状况评价，是通过对幼儿的健康知识水平、健康态度和行为习惯的养成状况进行调查，从而评价健康教育的效果，然后进一步了解幼儿对健康教育的需求。具体而言，主要包括以下三个方面。

·健康知识：对幼儿健康知识水平的评价，通常采用前后对照测试的方法。对幼儿来说，考虑其认知水平的特点，一般可以通过口头测试来了解他们对健康知识的掌握情况。

·健康态度：对幼儿健康态度的评价，主要是指对幼儿执行和保持健康行为的积极态度进行评价。

促进幼儿的健康发展，离不开成人的指导，但更需要幼儿的主动参与。因此，对幼儿健康态度的评价，也是健康教育评价的重要一环。对幼儿进行健康态度评价，通常主要考察幼儿是积极、主动还是消极、被动地执行或保持某一健康行为。

·健康行为。对幼儿健康行为的评价，主要是指对幼儿良好的生活、卫生、品德行为习惯等的形成率进行评价。

总之，为了促进幼儿的健康发展，应该让幼儿积极地发挥其健康潜能，主动地参与健康评价的过程，通过这样的自我评价更有助于其健康态度和健康行为的形成。

3）对幼儿的生长发育指标达成情况进行评价

生长发育是婴幼儿及青少年期所特有的生理现象，既包括身体方面的变化，也包括心理和社会适应能力等方面的变化。因此，幼儿的生长发育指标应该包括身体、心理和社会适应能力等多个方面。目前，最常见的评价幼儿生长发育的指标分为形态发育指标和生理功能指标两大类。

（1）形态发育指标

形态发育指标是指身体及其各部分在形态上可测出的各种量度（如长、宽、围度以及重量等）。对幼儿来说，最重要和最常用的形态指标有身高、体重和头围、胸围等。

（2）生理功能指标

生理功能指标是指身体各系统、各器官在生理功能上可测出的各种量度，如肺活量（呼吸系统的基本指标）、脉搏和血压（心血管系统的基本指标）等。对幼儿来说，常用的有脉搏、血压、肺活量等。此外，生理功能的评价指标还有视功能（包括视力、色觉、眼位等）、听力功能、实验室检查项目（红细胞数目、血红蛋白、肝功能等）等。

针对上述评价指标，幼儿园对幼儿进行定期（每学期一次）或不定期（如入园前、专题调查、发生疾病后）的健康检查，将检查结果与正常标准相比较，可以对幼儿的生长发育指标达成情况进行全面评价，也可以对实施健康教育的前后结果进行比较，以此来了解幼儿健康教育的效果，但后者在实际应用时要考虑长效影响等多方面因素。

4）卫生保健工作状况评价

幼儿卫生保健工作状况评价包括对幼儿健康服务和健康环境的检查与评价。

（1）对幼儿健康服务的评价

对幼儿健康服务的评价是针对幼儿的一切卫生保健措施的评价，包括卫生保健工作的领导、管理和组织（如建立伙食管理委员会、心理咨询小组等），保教、保健人员的培训，卫生保健制度的制定，各种保健资料存档，保育、保健职责的落实等。

（2）对幼儿健康环境的评价

对幼儿健康环境的评价包括物质环境和精神环境的评价两个方面。

·物质环境评价的内容主要包括幼儿基本用房及活动场地等空间条件及其合理使用情况，玩具、教具、家具、设备的拥有及其充分利用状况，室内外环境的通风、采光、绿化、安全、卫生状况等。可以通过用具消毒合格率、环境卫生状况、厨房设备及用具卫生状况、活动室和寝室等的空气质量等指标进行评价。

·精神环境评价的内容主要包括教师与教师之间、教师与幼儿之间、幼儿与幼儿之间的关系是否融洽，是否充满温馨的情感气氛，是否有利于幼儿与他人交往、互助、合作与分享，是否能够经常地满足幼儿的活动、生活、安全等各种需要，能否针对不同幼儿的需要与特点进行个别照顾、个别指导和个别咨询等。对精神环境各因素进行分析，需要经过反复多次地深入观察与了解，才能做出比较适宜的判断。

5）幼儿园健康主题教育活动发展总目标的内容

①保持身体健康，在集体生活中情绪安定、愉快。

②生活、卫生习惯良好，有基本的生活自理能力。

③知道必要的安全保健常识，学习保护自己。

④喜欢参加体育活动，动作协调、灵活。

6）小班幼儿健康教育目标要求

①了解盥洗的顺序，初步掌握洗手、刷牙的基本方法；学习穿脱衣服；学会使用手帕或纸巾；养成坐、站、行、睡的正确姿势；能及时排便；有良好的作息习惯。

②进餐时保持愉快的情绪，愿意独立进餐；认识最常见的食物，爱吃各种食物，主动饮水。

③了解身体的外形结构，认识并学习保护五官；能积极配合医生进行疾病预防与治疗。

④知道过马路、乘坐交通工具、玩大型运动器械时要注意安全，以及了解日常生活中的安全常识。

⑤知道自己的性别。

相关链接

2007年7月27日，世界卫生组织发布了名为《评价与接触化学品有关的儿童健康风险原则》的报告。这份长达351页的报告，由18个国家24位专家共同完成。"孩子不是小个子的成人"，世界卫生组织区域间研究组组长特里博士在报告中表示，"他们特别脆弱，接触环境污染物后的反应比成人严重得多。"报告透露，全球所有的疾病中，30%是由环境因素引起的，40%发生在5岁以下的幼儿身上，每年约有300万名儿童因之死亡。

任务二 "我上幼儿园啦"主题教育活动设计与实施

任务二PPT　　　小班"我上幼儿园啦"活动课件

1.任务描述

今天是妈妈送琪琪上幼儿园，妈妈把琪琪送到教室离开后，琪琪一直在哭，如厕后琪琪也不会提裤子，更是想妈妈。老师走过来蹲在琪琪身边说："琪琪，我看见你在哭，我能感受到你很伤心。"

琪琪："我要妈妈。"

老师："嗯，我知道你很伤心，因为你想妈妈了。"

琪琪："我要妈妈。"

老师："我知道你现在很想妈妈，老师现在在陪着你。"

琪琪："我想妈妈来接我。"

老师："你唱完离园歌后，妈妈就来接你了。"

……

（1）分析案例内容，假如你是案例中的老师，针对琪琪的情况，你会采取哪些支持策略？（完成工作表单1）

（2）小组讨论幼儿自我意识核心经验的内容。（完成工作表单2）

（3）小组讨论家庭中幼儿自我意识培养的教育策略。（完成工作表单3）

（4）小组讨论并给出幼儿园中幼儿自我意识培养教育活动的建议。（完成工作表单4）

（5）小组讨论并完成小班"我上幼儿园啦"主题教育活动设计。（完成工作表单5和工作表单6）

（6）小组讨论幼儿园主题教育活动的特点。（完成工作表单7）

（7）进行主题教育活动进行模拟演练，并对其他小组教育活动进行评价。（完成工作表单8）

2.工作表单

工作表单1~工作表单8分别见表3-9~表3-16。

表3-9　工作表单1

工作表单1	缓解分离焦虑的支持策略	姓　名		学　号	
		评分人		评　分	

1.案例中的老师运用了什么支持策略来缓解幼儿的分离焦虑？

教师运用：_____

"唱完离园歌"这个时间就是一个明确的_____，是幼儿可以理解的内容。（前提是让家长和幼儿提前了解幼儿园一日常规）

2.明确时间信号对比。

有明确时间信号	无明确时间信号
唱完离园歌，妈妈就来接你	妈妈一定早早来接你
妈妈在户外活动时间结束后来接你	妈妈第一个来接你
这个大指针笔直对准6，妈妈就来了	妈妈6点下班就来接你

（1）在与幼儿沟通的时候，成人常常会犯一个错误，即站在_____的角度，用成人的方式与幼儿沟通。例如"下班""6点"，这对成人来说很容易理解，但对于刚入园的幼儿还不能理解这些概念。

（2）处于分离焦虑中的幼儿，情绪很_____，所以成人要充分地理解和接纳他们。在沟通中，要站在_____的角度，用他们能理解、听得懂的语言和他们沟通，这样才能建立起他们的_____。

3.策略运用。

（1）在一日常规中，老师也要给幼儿_____的时间信号。例如，"现在是清理时间""现在到了户外活动时间""现在是午睡时间"，这样的具体描述，幼儿听得懂，能理解，并且有助于培养幼儿的常规意识。

（2）_____。和幼儿一起读绘本也是个不错的方法，推荐几本能缓解幼儿分离焦虑的绘本：《啪嗒猫第一天上学》《汤姆上幼儿园》《魔法亲亲》

表 3-10　工作表单 2

工作表单2	幼儿自我意识核心经验	姓　名		学　号	
		评分人		评　分	

1.自我意识

　　＿＿＿＿＿＿＿＿＿是作为主体的我对于自己及自己与周围事物的＿＿＿＿＿＿＿＿，尤其是对人我关系的认识。成熟的自我意识至少有如下三个方面的表现：

· 能意识到自己的＿＿＿＿＿＿＿、身体＿＿＿＿＿＿＿和生理状况。

· 能认知并体验到自己内心进行的＿＿＿＿＿＿＿活动。

· 能认识并感受到自己在社会和集体中的＿＿＿＿＿＿＿与＿＿＿＿＿＿＿。

2.自我意识的结构

　　1）自我认识

　　幼儿对自我的认知是非常具体的。2~3岁时，他们对自己的描述，最常见的是自己的＿＿＿＿＿＿＿和＿＿＿＿＿＿＿。研究表明，这一时期的幼儿自我认知发展最显著的特点是，幼儿开始意识到自己对物体与事件的简单态度和情绪。随着年龄的增长，幼儿的自我认知开始进一步拓展，其中一个重要表现就是能够知道自己与过去相比有什么不同。

　　2）自我体验

　　自我体验是自我意识中的＿＿＿＿＿＿＿成分，是伴随自我认识而产生的内心的情感体验。自我体验的内容十分丰富，如自尊心与自信心、成功感与失败感、自豪感与羞耻感等，这些都是自我体验的产物。

　　（1）成功感和失败感

　　成功感和失败感是根据个体的自我＿＿＿＿＿＿＿与自我＿＿＿＿＿＿＿水平而确定的，决定于个体的内部标准。因而，决定个体成功与失败的情绪体验的内部标准，在一定程度上要与社会期望的标准相适应。

　　（2）自尊

　　自尊是一种＿＿＿＿＿＿＿，激励着个体尽可能地努力以获得别人的尊重，以及尽可能地维护自己的荣誉和社会地位。当代心理学研究认为自尊有以下三个维度的内容。

· ＿＿＿＿＿＿＿：即评价和喜欢自己的程度，以及领会他人对自己评价的程度；

· ＿＿＿＿＿＿＿：对自己能完成某项任务并达到目标的评估与信念；

· ＿＿＿＿＿＿＿：指个体相信自己可以影响事件结果的程度。

　　（3）自信

　　自信是对自己能力的信念，相信自己具有完成任务的＿＿＿＿＿＿＿。自信是现代人必须具备的素质，自信心的建立对发挥自我潜能、把握人生机会及健康心理等都有重要作用。

　　3）自我调节

　　自我调节是自我意识的＿＿＿＿＿＿＿成分。自我调节主要表现为个人对自己的行为、活动和态度的调控。它包括自我＿＿＿＿＿＿＿、自我＿＿＿＿＿＿＿、自我控制等。自我调节具有＿＿＿＿＿＿＿、＿＿＿＿＿＿＿和＿＿＿＿＿＿＿的特点。

　　自我调节过程涉及主观意志努力、抑制内心冲突及制订并执行计划的过程，其目的是使行为符合某种标准或寻求更长远的目标。

表 3-11　工作表单 3

工作表单3	家庭中幼儿自我意识培养的教育策略	姓　名		学　号	
		评分人		评　分	

1.家庭中幼儿自我意识培养的教育策略

（1）满足幼儿_____和_____的需要，培养自尊和自信

家长应认识到自己的态度和行为对幼儿积极自我意识形成的影响，要把幼儿当作与自己平等的人来看待，与他们进行真正的情感交流——倾听他们诉说苦恼，与他们分享快乐，尊重他们的合理选择，理解他们的情绪情感。

（2）帮助幼儿不断加深对自己的了解，促进自我_____的发生

认识自我的过程是可以促进的，这在很大程度上取决于外界的刺激。幼儿对自己的认识，来自_____，成人要有意识地促进幼儿认识自己，用多种方式让幼儿了解自己的变化，意识到自己的成长。

（3）指导幼儿学会使用"自我言语"，促进自我_____的发展

语言与自控的关系非常密切。维果茨基很早就指出，在幼儿能把成人所提出的标准整合到他们自己的语言中，并用它来指导自我的行动之前，幼儿不会有真正的自控。

（4）运用有效的_____

相关研究表明，适应性的、敏感的抚养方式与幼儿较高的自控水平相关。克查斯卡和穆雷等人以父母的反应性为预测因素，发现早期富于反应性的抚养方式和幼儿后来较高的自控能力存在着极大相关。

（5）正确应对幼儿"_____"

第一，正确认知第一反抗期。反抗的首要原因是幼儿开始萌发"_____"意识，自我要求和自我思维变得越来越清晰，企图按照自己的想法行事。

第二，_____幼儿的第一反抗期。在这段时期里，家长要放弃不分青红皂白的强硬态度。

第三，学习针对第一反抗期幼儿的教育策略，家长首先要避免和幼儿发生正面冲突。

2.依据家庭教育策略，假如你是案例中的老师，该如何进行家园沟通？

表 3-12　工作表单 4

工作表单4	幼儿园中幼儿自我意识培养教育活动的建议	姓　名		学　号	
		评分人		评　分	

1.在一日活动中培养幼儿自我意识。

《3~6岁儿童学习与发展指南》对教师如何在日常活动中有意识地促进幼儿自我意识的发展提出了如下建议：

（1）关注幼儿的_____，保护其_____和_____。例如：

·能以_____的态度对待幼儿，使幼儿切实感受到自己被尊重。

·对幼儿好的行为表现多给予_____、有针对性的肯定和表扬，使其对自己的优点和长处有所认识并感到满足和自豪。

·不要拿幼儿的不足与其他幼儿的优点做_____。

（2）鼓励幼儿_____，独立做事，增强其自尊心和自信心。例如：

·与幼儿有关的事情要_____他的意见，即使他的意见与成人不同，也要认真倾听，接受他的合理要求。

·在保证安全的情况下，_____幼儿按自己的想法做事；或提供必要的条件，帮助他实现自己的想法。

·幼儿自己的事情尽量放手让他自己做，即使做得不够好，也应进行鼓励并给予一定的指导，让他在做事中树立_____和自信。

·鼓励幼儿尝试有一定难度的任务，并注意调整_____，让他感受到经过努力获得的成就感。

2.在认知层面提升幼儿的自我意识。

（完成工作表单5、工作表单6，以及完成小班幼儿教育活动设计并组织实施）

3.创设有利于幼儿自我意识发展的心理环境。

（1）以_____的态度面对幼儿身上发生的一切。

（2）以适宜的方式表达对幼儿的欣赏和期望。

①教师要从幼儿发展出发，建立对幼儿正确的_____。在培养幼儿自我意识的过程中，教师要观察幼儿的特点，发现其特质，并将幼儿的特质转变成长处，从而培养他们的自信心，提高自尊水平，形成积极_____。

②教师在表达对幼儿的欣赏时，要注意表扬的_____。

③教师采用更多的_____方式，来让幼儿不断提升自我意识。

（3）注重_____疏导，帮助幼儿掌握控制情绪的方法。

4.重视性别教育，完善幼儿自我意识。

（1）幼儿园进行性别教育时，首先要创设性别平等的_____环境。

（2）在幼儿园一日生活中注重_____教育。

（3）_____，促进幼儿性别教育认知的发展。

表 3-13　工作表单 5

工作表单5	小班"我上幼儿园啦"主题教育活动设计	姓　名		学　号	
		评分人		评　分	

1.主题教育活动总目标

（1）培养幼儿生活自理能力，在老师引导下，幼儿可以＿＿＿＿＿。

（2）帮助幼儿尽快适应新的环境，能用语言进行表达，萌发爱同伴、喜欢幼儿园的美好情感。

（3）鼓励幼儿主动探索，充分调动幼儿利用各种感官去感受和体验，促进幼儿身心发展。

（4）＿＿＿＿＿＿＿＿＿＿＿＿＿＿＿＿＿＿。

2.小班"我上幼儿园啦"主题教育活动网络图设计

表3-14 工作表单6

工作表单6	小班"我上幼儿园啦"主题下具体教育活动内容设计	姓　名		学　号	
		评分人		评　分	
授课时间		授课班级		小班	
课程内容	我喜欢我自己	授课教师			
设计意图	自我意识是人格的核心，是一个人对自己的心理倾向、心理特征和心理过程的认识与评价，具有帮助认知自我、进行自我教育和自我完善的作用。自我意识是幼儿社会化的重要组成部分，幼儿社会化的目标就是形成完整的自我。3~4岁是幼儿自我意识发展的重要时期。幼儿在3岁左右才开始把对自己的称呼从名字改成了"我"，当幼儿们在一起玩耍时总会说"这是我的"，这就是幼儿自我意识的起端				
幼儿年龄特点分析	《3~6岁儿童学习与发展指南》指出，3~4岁幼儿能够为自己好的行为或活动成果感到高兴，自己能做的事情自己做，喜欢承担一些小任务。因此，在这个阶段，幼儿自己的事情尽量放手让他自己做，即使做得不够好也应该进行鼓励并给予一定的指导，让他在做事中树立自尊和自信。鼓励幼儿尝试自己完成任务，并根据幼儿的能力调整难度，让幼儿感受自己经过努力获得的成就感，这些都非常有利于幼儿自我意识的形成				
活动准备	PPT课件、小镜子、衣服、衣架、蜡笔、绘本等				
活动目标（分别标记三维目标）	1.了解自己的长相特征，知道具备什么本领。 2.能完成一些力所能及的小任务。 3.为自己取得好的活动成果而感到高兴				
活动重难点	教学重点： 教学难点：				

活动过程	一、活动导入，引出主题 1.出示和爸爸妈妈一起看书的照片，帮助幼儿回忆和爸爸妈妈一起阅读《我喜欢自己》这本书的场景，唤起幼儿的记忆。 2.提问：师：＿＿＿＿＿＿＿＿＿＿＿＿＿＿＿＿？ 师："书中故事里的小猪喜欢谁呢？" 幼儿回答：＿＿＿＿＿＿＿＿＿＿＿＿＿＿＿。 3.小结：原来《我喜欢自己》这本书讲的是小猪喜欢自己的故事啊！ 二、活动过程 1.了解自己长相的特征和本领。 （1）故事里的小猪喜欢自己什么呢？——运用PPT课件引导幼儿梳理小猪为什么喜欢自己的长相。 （2）小结：小猪喜欢自己的外形长相，喜欢自己卷卷的尾巴、圆圆的肚皮、大大的鼻子。 2.＿＿＿＿＿＿＿＿＿＿＿＿＿＿＿＿＿。 师：＿＿＿＿＿＿＿＿＿＿＿＿＿＿＿＿。 小结：＿＿＿＿＿＿＿＿＿＿＿＿＿＿＿ ＿＿＿＿＿＿＿＿＿＿＿＿＿＿＿＿。 3.幼儿主动承担小任务，体验收获成果的快乐。 （1）师：老师这里有些小任务，你们能不能完成呢？ （2）介绍任务。 任务一：挂衣服；任务二：收蜡笔；任务三：＿＿＿＿＿＿＿＿。 （3）幼儿操作，教师巡回指导。 三、活动小结：＿＿＿＿＿＿＿＿＿＿＿＿＿＿＿＿。
活动延伸	
活动反思	

表 3-15　工作表单 7

工作表单7	幼儿园主题教育活动的特点	姓　名		学　号	
		评分人		评　分	

案例中的主题教育活动内容符合教育活动的哪个特点，请在对应 ☐ 内画"√。"

1.纵横交错，形成系统 ☐

幼儿园的主题教育活动不仅在纵向上具有＿＿＿＿＿＿上的连续性，而且前后＿＿＿＿＿＿间具有关联性，即后面的主题教育活动要建立在前面已经开展的主题教育活动所获得的经验的基础上，前后活动主题具有的关联性，也更加有利于幼儿知识的连续系统化及对已有经验的强化。

在横向上，幼儿园主题教育活动在组织＿＿＿＿＿＿上，融合了＿＿＿＿＿＿教学、日常生活、游戏活动等各种可能的组织形式；在活动＿＿＿＿＿＿上，不再局限于园内，而是放眼于园外社会这个大的教育平台。

2.内容综合，贴近生活 ☐

主题教育活动不一定非要是中心议题，也可以是与主题相关的一系列＿＿＿＿＿＿、问题和现象。幼儿是处在家庭生活中、幼儿园生活中及社会生活中的，并且幼儿天生是一个探索者，这也决定了幼儿园主题教育活动内容的＿＿＿＿＿＿和生活性。

3.师生合作，共同探究 ☐

无论是教师自己预设的、师幼共同生成的，还是幼儿自己生成的，主题教育活动的开展都是教师和幼儿共同合作交流的过程。在主题教育活动中，主体是具有＿＿＿＿＿＿意识和发散思维的幼儿，这就决定了活动的＿＿＿＿＿＿＿＿，也就意味着随时都可能有新的内容生成。主题教育活动是一种相对低结构的教育活动，具有一定的柔韧性和弹性。其弹性特征就要求师生在共同合作的过程中，幼儿在教师的辅助下观察、实验、访问、收集资料、统计、计算，去＿＿＿＿＿＿问题、＿＿＿＿＿＿问题和＿＿＿＿＿＿问题。

4.情境学习，重视感受 ☐

幼儿园主题教育活动一方面源于＿＿＿＿＿＿和幼儿的＿＿＿＿＿＿，它本身具有存在及展开的情境性，庞大而且真实的生活情境为主题教育活动的开展做好了铺垫；另一方面，如果没有真实的情境，教师在进行主题教育活动时，也应为幼儿尽量地创造模拟的情境，注重幼儿自身的＿＿＿＿＿＿。

表 3-16　工作表单 8

工作表单8	小班"我上幼儿园啦"主题教育活动模拟演练	姓　名		学　号	
		评分人		评　分	

1.模拟演练：小班"我上幼儿园啦"主题教育活动

要求：

（1）活动适宜年龄段：小班幼儿。

（2）设计小班"我上幼儿园啦"主题下具体的教育活动内容。

（3）时间控制在5分钟左右。

（4）教学活动要求制作PPT、准备活动所需物品。对主题教育活动整体的设计进行说明，并选择主题下其中一项具体集体教育活动进行组织实施。

2.我的模拟演练内容：

3.我认为组织实施教育活动优秀的是_____同学。

理由：

3.反思评价

（1）你认为在"我上幼儿园啦"主题下，哪些活动可以作为侧重点？并说明理由。

_____

_____

_____

（2）请你对自己在本次任务中的学习情况进行评价。

课堂活动参与度　　☆　☆　☆　☆　☆

小组活动贡献度　　☆　☆　☆　☆　☆

学习内容接受度　　☆　☆　☆　☆　☆

4.学习支持

1）幼儿情绪情感的发展趋势

（1）情绪和情感的社会化

幼儿最初的情绪和情感是与生理需要相联系的，随着幼儿的成长，其情绪和情感逐渐与社会性需要相联系，因此，情绪的社会化过程就是情感的发展过程。社会化是情绪和情感发展的一种趋势，具体表现在以下方面。

①情感中社会性交往成分不断增加。

在幼儿的情感中，涉及社会性交往的内容，并随着年龄的增长而增加。例如，美国心理学家爱姆斯利用两年的时间，对幼儿交往中的微笑进行了系统观察和研究，结果表明：从1岁半到3岁，非社会性微笑的比例逐步下降，社交性微笑的比例则有所增长。此外，法国心理学家列鲁阿·布斯旺类似的研究表明，在同一情况下，8岁儿童比4岁幼儿在看电影时的情感交往次数有所增加；4岁幼儿看电影时主要同教师交往，而8岁儿童则主要同邻近儿童交往。 以上两个研究结果一致说明，幼儿的社会性交往情感表现出随年龄的增长而逐步发展的趋势，以及幼儿与老师的情感交往多于与同伴的情感交往。

②情感反应的社会性动因不断增加。

生理需要是否得到满足，是1岁以内婴儿情感反应的主要动因。1至3岁幼儿情感反应的动因除了与满足生理需要有关的事物外，还有大量与社会需要有关的事物。3至4岁的幼儿，情感动因是为满足生理需要向社会性需要的过渡阶段。幼儿有要求别人注意、要求和别人交往的需要，如果成人对幼儿不理睬，或者其他幼儿不和他一起玩，这对他来说，就成为一种惩罚手段，使他感到烦恼不安，甚至痛苦。同时，随着幼儿年龄的增长，其社会性情感不断发展，逐渐出现了道德感、美感、理智感等高级情感。

③表情的社会化。

表情是情绪的外部表现。有的表情是生物学性质的本能表现，而幼儿在成长过程中，逐渐掌握了周围人的表情手段。面部表情是情绪生理过程的一部分，但它又与社会性认知有着密切的联系。掌握社会性面部表情有赖于区别面部表情的能力，而区别面部表情的能力又是社会性认知的重要标志。表情所提供的信息对幼儿和成人交往的发展与幼儿的社会性发展起着特别重要的作用。研究表明，随着年龄的增长，幼儿解释面部表情和运用表情手段的能力都有所增长。黄煜锋的研究表明，幼儿园小班幼儿已经能辨认别人的表情，而对愤怒表情的识别，则大约在幼儿园中班开始。苏联的雅可布松认为，婴儿的特点是毫不保留地表露自己的情绪，以后则根据社会的要求调节真实情绪的表现方式。幼儿从2岁开始已经能够用表情手段去影响别人，并学会在不同场合下用不同的方式表达同样的情感。

（2）情绪和情感的丰富和深刻化

从情绪指向的事物来看，其发展趋势是越来越丰富和深刻。

情绪日益丰富有两个含义：一是情绪过程越来越分化，情绪分化主要发生在2岁之前，但在学前期也继续出现一些高级情感，如尊敬、怜惜等；二是情绪指向的事物不断增加，先前不能引起幼儿体验的事物，但随着年龄的增长，后来引起了幼儿的情感体验，如爱的情感。首先是对父母或其他照顾幼儿的成人，然后是对兄弟姐妹和家中其他成员有了这种情感。进入幼儿园以后，先是对老师，然后对同伴有了爱的情感，而这种情感的范围也是逐渐扩大的。情感的深化，是指它指向的事物的性质的变化，从指向事物的表面到指向事物更内在的特点。例如，被成人抱起来，较小的婴幼儿感到亲切，较大的幼儿会感到不好意思；低龄幼儿对父母的依恋，主要是由于父母能够满足其基本生活需要，年长幼儿的情感则已经包括对父母劳动的尊重和爱护等内容。

（3）情绪的自我调节化

随着年龄的增长，幼儿对情绪的自我调节能力得到加强，主要表现在以下三方面。

①情绪的冲动性逐渐减少。

低龄的幼儿常常处于激动的情绪状态，这与其生理因素（主要是大脑皮质的兴奋容易扩散、皮质对皮下中枢的控制能力发展不足）相关。随着幼儿的发育及语言的发展，情绪的冲动性逐渐减少。幼儿对自己情绪的控制，起初是被动的，之后由于服从成人的要求而控制自己的情绪。直到5至7岁，幼儿对情绪的自我调节能力才逐渐发展。成人经常不断地教育和要求，以及幼儿的集体活动和集体生活中的要求，都有利于他们逐渐养成控制自己情绪的能力，减少情绪的冲动性。

②情绪的稳定性逐渐提高。

幼儿的情绪非常不稳定，具有情境性、易变性、易受感染的特点。幼儿的两种对立情绪常常在很短的时间内相互转换，并随着情境的变化而迅速变化。对于5至7岁的幼儿，情绪较少受一般人的感染，但仍然易受家长和教师的感染。随着年龄的增长，幼儿对情绪的自我调节能力逐步加强，情绪逐渐也趋于稳定。

③情绪从外露到内隐

3至4岁的幼儿还不能意识到自己情绪的外部表现，情绪完全外露，丝毫不加掩饰。随着语言和幼儿心理活动随意性的发展，幼儿逐渐能够调节自己的情绪及其外部表现，这一阶段的幼儿，从不会调节自己的情绪表现，到开始产生要控制自己的情绪表现的意识，但还不能完全控制自己的情绪表现，因此，情绪仍然是明显的外露。5至6岁的幼儿调节自己的情绪表现的能力已有一定的发展，能较多地调节自己情绪的外部表现。学前到学龄期间，幼儿情绪的发展成就惊人，他们的许多情绪技能，如控制消极情绪的爆发表现出不同于真实感受的"表面情绪"或"情绪外壳"。尤其在3至12岁，这时儿童在交往中不断掌握了许多情绪技能，并逐渐形成较为成熟的情绪调节策略，儿童的情绪逐渐内隐。

2）幼儿的基本情绪发展变化性

（1）增加了社交成分

幼儿情绪会随着年龄的增长而增加越来越多的社会性成分。有专业学者对幼儿交往中的微笑进行了系统观察和研究，结果表明：从1岁半到3岁，非社会性微笑的比例逐步下降，社交性微笑的比例则有所增长。

（2）增加了社会动因

生理需要是否得到满足，是1岁以内婴儿情绪反应的主要动因。而1至3岁幼儿情绪反应的动因除了与满足生理需要有关的事物外，还有大量与社会需要有关的事物。3至4岁的幼儿，情绪动因则由主要满足生理需要向主要满足社会性需要过渡。

（3）表情的社会化

表情是情绪的外部表现，有的表情是生物学性质的本能表现，而幼儿在成长过程中，逐渐掌握了周围人们的表情手段。

4）幼儿情绪的划分内容

（1）哭

哭是幼儿最普遍、最基本的情绪之一，并且对于幼儿的发展来说，具有重要的适应价值。哭最初是生理性的，以后逐渐带有社会性。新生儿的哭主要是生理性的，幼儿的哭已主要表现为社会性的情绪了。

（2）笑

笑是情绪愉快的表现之一。幼儿的笑，比哭发生得晚。从婴儿笑的发生来看，可分为自发性和诱发性的笑、不出声和出声的笑、无差别和有差别的笑等。

①自发性的笑。婴儿最初的笑是自发性的，或称为内源性的笑，或早期的笑，这是一种生理表现，而不是交往的表情手段，这种早期的笑，在婴儿3个月以后会逐渐消失。

②诱发性的笑。婴儿最初的诱发性的笑发生于睡眠时间，它是由外界刺激引起的。比如，温柔地碰碰婴儿的脸颊，就可能出现诱发性的笑。

③刚出生的婴儿只会微笑，不会出声笑，3至4个月才会笑出声。

④4个月以内婴儿的笑是不分对象的无差别的笑。在4个月左右，婴儿出现有差别

的微笑。婴儿只对亲近的人笑，或者是对熟悉的人脸比对不熟悉的人脸笑得多。有差别的微笑的出现，是最初社会性微笑发生的标志。

（3）恐惧

恐惧的分化经历了以下几个阶段。

①本能的恐惧。

②与知觉和经验相联系的恐惧。

③怕生。

④压力感。

幼儿情绪调整小妙招

（1）转移。转移注意力，就是将注意力转移到最能使自己感到自信、愉快和充实的活动上来。

（2）分散。把幼儿遇到的烦恼隔离分散开来，各个击破。

（3）弱化。减弱烦恼，不记忆，不思考，不想象。

（4）体谅。生气是为别人的过错而惩罚自己，原谅了别人也就饶恕了自己。

（5）解脱。就是更换一个角度来看待令人烦恼的问题。

（6）抵消。当某一刺激使我们产生不良情绪时，我们有意识地采取一些行动，寻求另外一种刺激，使之抵消原有刺激。

任务三 "我毕业啦"主题教育 活动设计与实施

任务三 PPT

大班"我毕业啦"活动网络图设计案例

1.任务描述

幼儿园大班的东东和凯凯是好朋友，两人经常在一起玩游戏。今天老师对大家说："你们7月份就要毕业啦，小朋友们就要离开幼儿园去上小学啦。"东东听到这里撅起嘴巴不高兴，他不想和凯凯分开，也不想离开幼儿园，还用手推倒了搭好的积木。

这时，老师走过来对东东说："老师知道你有些难过，你不想离开你的好朋友，但是就算毕业，你们依旧是好朋友，而且进入小学你们还会认识新的朋友。你现在有些难过，你可以发泄和表达你的情绪，那么你是选择去'娃娃家'自己安静地待一会呢，还是继续和小朋友做游戏呢？"东东想和小朋友们一起继续做游戏，老师开始引导凯凯和东东一起做游戏，还告诉他们以后可以一直都是好朋友的。东东和凯凯又继续开心地玩游戏了。

（1）阅读案例，面对幼儿出现不良情绪时，案例中的教师给予了哪些支持策略？（完成工作表单1）

（2）小组讨论幼儿情绪管理发展的三阶段八水平。（完成工作表单2）

（3）小组讨论并整理情绪的划分及基本情绪的变化形式。（完成工作表单3和工作表单4）

（4）小组讨论幼儿情绪发展的特点。（完成工作表单5）

（5）小组讨论父母对幼儿负面情绪的反应形态。（完成工作表单6）

（6）小组讨论并进行大班"我毕业啦"主题教育活动总目标及网络图设计。（完成工作表单7和工作表单8）

（7）大班"我毕业啦"主题教育活动实践。（完成工作表单9）

2.工作表单

工作表单1~工作表单9分别见表3-17~表3-25。

表 3-17　工作表单 1

工作表单1	面对幼儿情绪的支持策略	姓　名		学　号	
		评分人		评　分	

1.小组讨论面对案例中的东东,你会怎么办呢?

第一步:_____幼儿情绪——"我知道你有些难过。"

案例中:

第二步:给幼儿提供_____——"你是选择……还是选择……"

幼儿情绪平复后,教师再引导幼儿解决问题。

案例中:

2.解读《3~6岁儿童学习与发展指南》中关于健康教育的内容。

领域	子领域	目标
_____领域	身心状况	目标2:_____

　　作为幼儿教师,要在日常教学中落实幼儿"_____"的目标,首先要了解幼儿"情绪管理"能力的_____,会解读幼儿该项发展指标的_____。

3.其他支持策略。

　　在日常教学活动中,还可以通过分享故事或画"情绪画"的方法,支持幼儿情绪管理能力的发展。例如,与同伴分享《小绵羊莫莫》绘本中的故事。

表3-18　工作表单2

工作表单2	幼儿情绪管理发展的三阶段八水平	姓　名		学　号	
		评分人		评　分	

1.幼儿情绪管理发展的三阶段是什么？

幼儿能 （　　　　　） 情绪	➡	幼儿会 （　　　　　） 情绪	➡	幼儿能 （　　　　　） 情绪

2.幼儿情绪管理发展的八个水平。

水平0——幼儿用面部_____或身体_____表达情绪。

水平1——幼儿用与他人身体_____的方式（直接反应）来表达情绪。

水平2——幼儿使用诸如高兴、生气或伤心等简单的_____来表达情绪。

水平3——幼儿不仅能命名情绪，还能说出情绪产生的_____。

水平4——幼儿在产生情绪时刻，起初出现了控制情绪的_____或语言，但最终还是使用了身体接触的方式表现情绪。

水平5——幼儿具备了一定的情绪控制能力，能使用适当的_____来表达情绪。

水平6——幼儿会使用更广泛、更丰富的_____来表达情绪。

水平7——幼儿能_____在相同情况下，对不同的人有不同的情绪，并且能说出其中的原因

3.案例中幼儿的情绪管理发展处于哪一个阶段？

体现在：

表3-19　工作表单3

工作表单3	情绪的划分	姓　名		学　号	
		评分人		评　分	

1.从个体与社会的维度划分情绪

_____是个体对外界刺激的、主观的、有意识的体验和感受，具有心理和生理反应的特征。情绪是人们生活中一种常见的_____现象和_____现象。

（1）_____

_____：期望和追求的目的达到后产生的情绪体验。由于需要得到满足，愿望得以实现，心理的急迫感和紧张感相碰撞，快乐随之产生。

_____：需求受到抑制或阻碍，愿望无法实现时产生的情绪体验。愤怒时紧张感增加，有时不能自我控制，甚至会出现攻击行为。

_____：当危险状况出现时，人们企图摆脱和逃避，而又无力应对时产生的情绪体验。

悲哀：心爱的事物失去时，或者梦想破灭时产生的情绪体验。

案例中的幼儿情绪是_____

（2）_____

_____是情绪社会化的基本内容之一，关乎个人的自我认知和对他人认知的体验与感受，它所包含的内容中有关个人的有自尊、自信、自卑，有关他人的有安全感、信任感、爱、恨、嫉妒等。人的社会性发展的一个基本内容是情绪和情感的发展，而幼儿阶段是社会情绪发展的关键期。

幼儿的社会情绪发展不同程度地受到各种社会环境因素的影响，包括家庭、幼儿园和其他社会因素。对于幼儿来说，家庭的影响占首要地位。由于幼儿家庭环境的独特性，家长的教养态度和方式持久而深刻地影响幼儿社会情绪的发展。

2.从积极与消极的维度划分情绪

（1）_____：感受到愉快、满足、爱等是一种_____的情绪体验，积极情绪包括愉快、兴趣、期望、惊奇、满足、自豪、希望和爱等。

（2）_____：降低人体活动能力和积极性，使人的意志削弱以致完全丧失，并会产生消极情绪。消极情绪是一种_____的情绪体验，包括怒、哀、惧、嫉妒、自卑等。

表 3-20 工作表单 4

工作表单 4	基本情绪的变化形式	姓 名		学 号	
		评分人		评 分	

1.基本情绪的变化。

情绪/等级	低强度	中强度	高轻强度
满意—高兴	＿＿＿＿＿、满怀希望、平静、感激	雀跃、轻快、友好、和蔼可亲、＿＿＿＿＿	快乐、幸福、＿＿＿、喜悦、得意、欣喜
厌恶—恐惧	＿＿＿＿＿、勉强、羞愧	＿＿＿＿＿、颤抖、焦虑、神圣、失去勇气	＿＿＿＿＿、惊骇、高度恐惧
强硬—愤怒	＿＿＿＿＿、激动、动怒、恼火、不安、烦恼、不满	冒犯、＿＿＿＿＿、气急败坏、敌意、愤怒、仇恨	嫌恶、＿＿＿＿＿、厌恶、愤恨、轻视、义愤填膺
失望—悲伤	＿＿＿＿＿、悲伤、感伤	沮丧、＿＿＿＿＿、伤心、忧伤、阴郁	悲痛、悲怜、痛苦、＿＿＿＿＿、苦闷、垂头丧气

2.结合基本情绪变化分析《3~6岁儿童学习与发展指南》中的情绪要求。

《3~6岁儿童学习与发展指南》指出，幼儿保持情绪愉快就应包含基本情绪中的"满意—高兴"维度中的三个强度水平：＿＿＿＿＿＿＿＿＿＿＿＿＿＿＿＿＿＿＿＿＿＿＿＿＿＿＿＿＿＿＿＿＿

＿＿

3.分析案例，小组讨论案例中的幼儿经历的情绪变化。

表 3-21　工作表单 5

工作表单5	幼儿情绪发展的特点	姓　名		学　号	
		评分人		评　分	

幼儿情绪发展的共同特点

1.＿＿＿＿＿＿＿＿

　　幼儿的情绪是非常＿＿＿＿＿＿的，并且容易变化，具体表现为两种对立的情绪在短时间内互相转换。随着年龄的增长，幼儿情绪的稳定性会逐渐增强，但仍易受家长和教师的影响，所以家长和教师在幼儿面前必须控制自己的不良情绪。

2.＿＿＿＿＿＿＿＿

　　幼儿的情绪发展是从完全表露在外、丝毫不加控制和掩饰到逐渐了解一些初步的行为规范，知道有些情绪是要加以＿＿＿＿＿＿＿＿＿的。

3.＿＿＿＿＿＿＿＿

　　3至6岁幼儿的内在抑制能力还处于较低水平，＿＿＿＿＿＿＿＿＿较弱，因此当外界事物和情境刺激幼儿时，易出现爆发性，常从情绪的一端迅速发展到情绪的另一端。因此，这个阶段幼儿的情绪易波动，极不稳定。情绪的易冲动性则在幼儿阶段表现得特别明显，他们常常处于激动状态，而且来势强烈，不能自制。

表 3-22　工作表单 6

工作表单6	父母对幼儿负面情绪的反应形态	姓　名		学　号	
		评分人		评　分	

父母类型	父母的态度	对幼儿的影响
＿＿＿＿＿型	不重视、不理睬幼儿的感受	幼儿不知如何调整自己的情绪
＿＿＿＿＿型	不重视、批评和限制幼儿情绪的表达	不知如何有效地调整自己的情绪
放任型	自由地接受并安抚幼儿所有的情绪，认为幼儿只要发泄出情绪就没事了	不会学习调节自己的情绪，只会不停地发泄，会影响同伴之间关系
情绪＿＿＿＿＿型	比较尊重、理解和支持幼儿的感受和情绪表现（愿意和幼儿分享与讨论）	肯定自己的情绪和感受，面临负面情绪时能有效调节并解决问题

表 3-23　工作表单 7

工作表单7	大班"我毕业啦"主题教育活动 总目标及主图设计	姓　名		学　号	
		评分人		评　分	

1.大班"我毕业啦"主题教育活动总目标。

（1）了解日常生活中的规则，养成良好的行为习惯和学习习惯。

（2）逐步具有自我服务的能力，逐渐具有独立性。

（3）初步具有和提升与同伴交往的能力。

（4）正确面对自己的成长，为顺利进入小学做好充分的准备。

（5）_____。

2.大班"我毕业啦"主题教育活动网络图。

表 3-24　工作表单 8

| 工作表单8 | 大班"我毕业啦"主题下具体活动设计 | 姓　名 | | 学　号 | |
| | | 评分人 | | 评　分 | |

活动名称	活动目标	活动领域	活动准备
活动一：参观小学	1.能够表达自己的所见、所闻、所想，萌发做一名小学生的愿望； 2.初步了解小学生上课、活动的场地，感受小学和幼儿园的不同； 3.积极参与小学活动，并遵守活动规则	社会实践	1.做好谈话准备，了解幼儿对小学的哪些方面感兴趣； 2.与小学取得联系，做好配合； 3.家园沟通
活动二： （　　　）			
活动三： （　　　）			

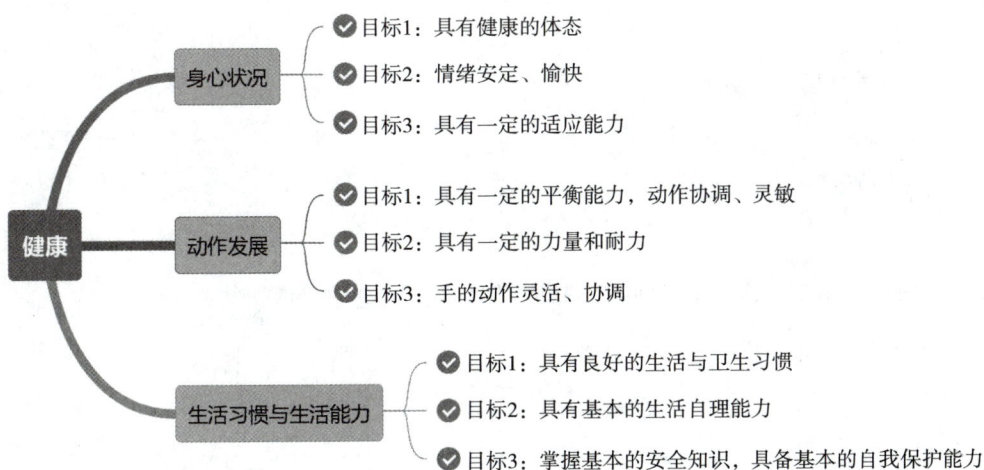

健康
- 身心状况
  - 目标1：具有健康的体态
  - 目标2：情绪安定、愉快
  - 目标3：具有一定的适应能力
- 动作发展
  - 目标1：具有一定的平衡能力，动作协调、灵敏
  - 目标2：具有一定的力量和耐力
  - 目标3：手的动作灵活、协调
- 生活习惯与生活能力
  - 目标1：具有良好的生活与卫生习惯
  - 目标2：具有基本的生活自理能力
  - 目标3：掌握基本的安全知识，具备基本的自我保护能力

表 3-25 工作表单 9

工作表单9	大班"我毕业啦"主题教育活动实践	姓　名		学　号	
		评分人		评　分	

1.教育活动实践要求

（1）活动适宜年龄段：大班幼儿。

（2）大班"我毕业啦"主题下具体的教育活动内容。

（3）时间控制在5分钟左右。

（4）制作相关PPT课件，做好相关的物品准备，对主题教育活动整体的设计进行说明，并选择主题下其中一项具体集教活动进行组织实施

2.我的教育活动实践内容。

（1）教学活动内容：

（2）活动目标：

（3）活动准备：

（4）活动重点：

（5）活动难点：

3.我认为组织与实施教育活动内容最优秀的是＿＿＿＿＿＿＿＿同学。

理由：

3.反思评价

（1）在"我毕业啦"主题教育活动完成后，请对自己的教学内容进行反思与评价。

（2）请你对自己在本次任务中的学习情况进行评价。

课堂活动参与度　☆　☆　☆　☆　☆

小组活动贡献度　☆　☆　☆　☆　☆

学习内容接受度　☆　☆　☆　☆　☆

4.学习支持

1）正确把握幼儿身心健康的原则

《幼儿园教育指导纲要（试行）》明确指出，幼儿园必须把保护幼儿的生命和促进幼儿的健康放在工作的首位，树立正确的健康观念，在重视幼儿身体健康的同时，要高度重视幼儿的心理健康。

（1）树立正确的健康观念

什么是幼儿健康？幼儿的健康是指幼儿生理健康和心理健康的总和。

幼儿的心理健康是指幼儿心理发展达到相应年龄段的正常水平，情绪积极、性格开朗、无心理障碍，以及对环境有较快的适应能力。

（2）明确幼儿园健康教育的目的

①幼儿园健康教育的目的是保护幼儿的生命安全和促进幼儿的健康成长。

②幼儿园健康教育要根据幼儿身心发展的特点，通过适宜有效的多种活动，提高幼儿的健康认识水平，最终使幼儿健康快乐地成长。

（3）清楚幼儿健康教育的核心价值

幼儿健康教育的核心价值是促进幼儿身心和谐。

（4）了解幼儿健康教育的内容

幼儿健康由身体、心理和社会适应三个方面组成，具体又可分为以下几点。

①幼儿的社会适应性。

引导幼儿情绪稳定、愉快，适应集体生活是心理健康教育的主要目标，更多的是需要教师为幼儿创造一个宽松、接纳、理解、支持的精神环境，使幼儿有安全感、愉悦感和被信任感，从而使幼儿积极主动、愉快地参加各项活动。

②幼儿的生活自理能力。

幼儿的生活自理能力是指幼儿在日常生活中照料自己生活的自我服务性劳动的能力。

③幼儿安全教育。

保护幼儿的生命安全是幼儿园的首要工作之一，是由幼儿身心发展的特点决定的，掌握必要的安全保护知识和提高保护能力是安全教育的主要目标。

2）幼儿情绪管理的具体方法

儿童心理学专家指出，幼儿6岁前如果无法了解、认识和学习掌控自身的情绪，就会导致负面情绪不断，对幼儿今后的成长产生负面影响。引导幼儿学会情绪管理应该从以下几点做起。

①认知法：学会识别自身的情绪是情绪管理的第一步。我们要有意识地教会幼儿了解并识别各种情绪，如快乐、愤怒、悲伤、抑郁等，并教导幼儿准确地表达情绪。事实证明，幼儿越能准确地表达情绪，就越能够和成人进行顺畅地沟通，也越能有效地解决情绪问题。

②共情法：共情是走进幼儿心灵的桥梁，让幼儿感受到成人对自己情绪的理解，幼儿才会愿意向成人敞开心扉。认可幼儿的情绪，对幼儿的情绪感同身受，而不是一味地讲大道理，只有这样，幼儿才会愿意向成人倾诉，成人也才能有机会教授幼儿情绪管理的方法。

③接纳法：当幼儿出现各种消极情绪时，成人要学会接纳和理解，不要过于否定和压抑孩子的情绪。只有当幼儿感受到成人对自己无条件的爱和接纳时，幼儿才会有

足够的安全感和自信心，才能有自我成长的空间。

④体验法：游戏是幼儿成长的教育方式之一，成人可以让幼儿通过游戏的方式来感知情绪、了解情绪。通过亲身体验的方式，幼儿能逐步领悟积极情绪的正面作用和消极情绪的负面作用，从而更好地表达情绪与控制情绪。

⑤表扬法：表扬和鼓励可以帮助幼儿建立自信，强化好的行为，遏制坏习惯，这是促进幼儿成长和前进的动力。对幼儿好的表现和行为我们要及时加以肯定，可以给予幼儿精神鼓励或物质奖励。当然，表扬要适度，要言之有物，这样才能对幼儿起到指导作用。

⑥批评法：批评和惩罚也是一种教育手段，但惩罚不等同于体罚，更不是威胁恐吓、发怒抱怨。对幼儿乱发脾气等方式是不可取的，要用科学的惩罚态度，理性、冷静而坚定地阻止幼儿的错误行为。

⑦积分法：对于幼儿的某些正向行为或情绪，如果表现好，就积1~3分，当积分到某个约定的数字时，成人可兑现幼儿的一个正当愿望，借此来鼓励幼儿。积分法可操作性强，目标明确，而且能循序渐进地强化幼儿的良好行为，是一种比较科学有效的教育管理方法。分数的累计效应有助于培养幼儿的自我控制能力和自我监督意识，获得成功后又能增强幼儿的自信心与成就感，并逐渐内化为幼儿的自觉行为。

⑧契约法：对于家庭成员应该共同承担的责任和义务，家长与幼儿可以制定一份"契约"，虽然这并不具有法律效力，但是对家长和幼儿来说都具有约束力。契约体现了亲子之间平等、公正、尊重和诚信的关系，在一定程度上避免了家长的唯我独尊和口说无凭、随意更改等缺点，对于提高幼儿的自我控制能力有很好的促进作用。

⑨系统脱敏法：对于消除幼儿紧张、恐惧和焦虑情绪来说，系统脱敏法是一个不错的选择。它能将引起幼儿紧张、恐惧和焦虑的事物一点点呈现在幼儿面前，从局部到整体，逐渐消除幼儿对该类事物的不良反应，提高幼儿的心理承受能力，从而有助于帮助幼儿恢复并保持正常的情绪与心理状态。

⑩宣泄法：当幼儿陷入不良情绪时，成人一定要教导幼儿悲伤的时候不必强忍泪水，愤怒的时候可以边跑边高声呼叫，抑郁的时候要向家长或者好朋友倾诉……只要不伤害自己、伤害他人，一切情绪宣泄都是可以被理解和接受的。因为只有将不良情

绪及时宣泄出来，幼儿才能获得心灵上的安定，并建立积极向上的正面情绪。

3）幼儿情绪管理的具体内容

幼儿情绪管理的能力培养就是协助幼儿如何成为情绪的主人。管理情绪包括以下三个方面的内容：

①能全面地认识情绪、分辨情绪、找到情绪的源头。

②充分接纳情绪，不压制情绪，并正向地表达自己的情绪，让情绪有一个阳光的出口。

③要善于有效地克制自己的情绪，善于有分寸地表达自己的情绪。觉察情绪、接纳情绪、表达情绪、拥抱情绪、与情绪和解和利用情绪，被认为是情绪管理的基本要素。

情绪的来源是感受，就是一种感觉及伴随感觉而来的想法、生理状态及心理状态，同时它也蕴藏着表现某些行为、语言表达模式的倾向。作为家长，无论多么忙碌，高度地认识自己是一项很重要的工作，父母需要及早重视幼儿的情感，并对幼儿的情绪做出正确的引导，帮助幼儿认识、了解和正确控制自己的情绪，学会爱自己和理解他人，为幼儿做好"情绪管理"，让幼儿从小就拥有优质的品格。

案例链接

大班"我毕业啦"主题教育活动反思

大班幼儿对小学有一种向往，对小学生有一种崇拜，更加希望能像小学生那样戴上红领巾神气地坐在小学的教室里。幼儿通过亲自参观小学的校园，发现小学与幼儿园的不同；通过与一年级的小学生一同上课，体验小学课堂的别样风采；通过经历课间十分钟，感受小学生活的丰富多彩；通过与小学生交流讨论，解决存在的困惑与疑虑。

任务四　"我和身体做游戏"主题教育活动实施与评价

任务四 PPT

1.任务描述

秋天到了，为了增强幼儿的身体素质，中一班的李老师计划开展为期一个月的以动作发展为重点的主题教育活动。李老师设计了"我和身体做游戏"主题教育活动，目的在于让幼儿了解自己的身体，知道身体各个器官的作用，练习跑、跳、钻、爬、平衡等基本动作，提高幼儿身体的灵活性和协调性；培养幼儿爱护自己身体的意识，养成良好的生活习惯；培养幼儿的规则意识和竞争意识，增强幼儿的集体荣誉感。

在户外游戏时，李老师设计了"闯关"小游戏。在活动组织的过程中，李老师先讲解了游戏规则，同时亲自示范了游戏的玩法和动作要领，然后引导幼儿自己探索。在活动过程中，李老师播放节奏感强的音乐，营造热烈的游戏氛围，小朋友们玩得很开心。东东在跑的时候不小心摔倒了，李老师请东东跟大家说一说自己摔倒的原因，请大家吸取东东摔倒的教训，防止出现同样的问题。

活动结束后，李老师对于活动过程中东东摔倒的问题进行分析，引导幼儿注意该问题。最后李老师对整个活动进行了评价，肯定了幼儿的出色表现，提醒幼儿要注意动作要领，这样才不会受伤。

（1）阅读案例，帮助李老师丰富主题教育活动的内容。（完成工作表单1）

（2）小组查阅《3—6岁儿童学习与发展指南》等资料，讨论动作发展教育活动的目标。（完成工作表单2）

（3）小组讨论，分析案例中李老师在组织动作发展教育活动中运用了哪些教学方法？（完成工作表单3）

（4）小组讨论幼儿园教育活动评价的类型。（完成工作表单4）

（5）小组讨论并完成中班"我和身体做游戏"主题教育活动设计。（完成工作表单5和工作表单6）

2.工作表单

工作表单1~工作表单6分别见表3-26~表3-31。

表 3-26　工作表单 1

工作表单1	案例分析	姓　名		学　号	
		评分人		评　分	
1.案例中李老师设计的主题是" "。					
2.请帮助李老师丰富主题教育活动的内容。 （1）子主题" "" " （2）区域活动： （3）家园共育：					

表 3-27　工作表单 2

工作表单2	幼儿动作发展教育活动的目标	姓　名		学　号	
		评分人		评　分	

1.幼儿动作发展教育活动的目标是什么？

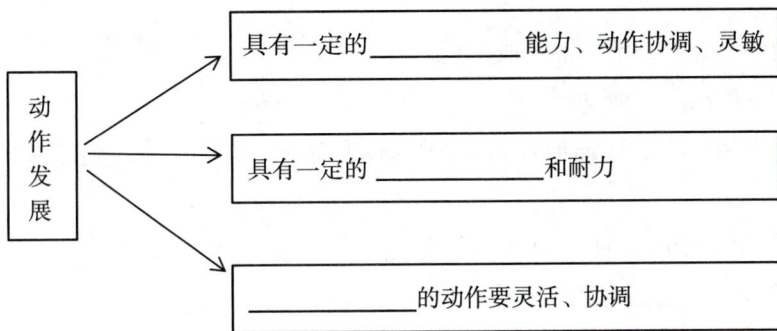

动作发展

具有一定的 _____ 能力、动作协调、灵敏

具有一定的 _____ 和耐力

_____ 的动作要灵活、协调

2.案例中的教育活动符合健康教育动作发展的哪一个目标？体现在哪里？

表3-28 工作表单3

工作表单3	动作发展教育活动组织的具体方法	姓　名		学　号	
		评分人		评　分	

1.案例中的李老师运用了哪些方法？请在该方法的 ☐ 内画"√"。

　　幼儿动作发展教育活动组织的一般方法。

　　☐（1）示范法和讲解法

示范法是指教师以自身完成的动作作为教学的动作范例，用以_____幼儿学习与练习的方法。

　　讲解法是指教师用语言向幼儿说明动作_____、作用、方法、要领、要求，以及指导幼儿进行学习和_____的方法。

　　☐（2）完整法和分解法

练习法包括完整法和分解法。

　　_____是把某一内容从动作开始到结束，不分部分和段落地进行练习的方法。一般在动作比较简单或动作分成几个部分就会破坏动作结构时采用完整法。

　　_____是把动作按结构分成几个环节，或按_____活动的部位分成几个部分，逐次进行教学或练习，最后完整地掌握动作的方法。

　　☐（3）预防法和纠正法

预防法和纠正法是教师为了防止和纠正幼儿在练习中出现动作_____所采用的方法。

2.促进幼儿动作发展的其他教学方法。

　　（1）探究学习法 ☐

　　（2）_____学习法 ☐

　　（3）语言辅助法 ☐

　　（4）图示帮助法 ☐

　　（5）_____迁移法 ☐

　　（6）_____教学法 ☐

　　（7）音乐调控法 ☐

　　（8）榜样激励法 ☐

表 3-29　工作表单 4

工作表单4	幼儿园教育活动评价的类型	姓　名		学　号	
		评分人		评　分	

案例中的评价属于哪种类型？

```
根据评价的功能分类 → □ □ □

根据评价的参考体系分类 → □ □ □

根据评价的方法分类 → □ □

根据评价的主体分类 → □ □
```

表 3-30　工作表单 5

工作表单5	中班"我和身体做游戏"主题教育 活动总目标及网络图设计	姓　名		学　号	
		评分人		评　分	

1. "我和身体做游戏"主题教育活动总目标。

（1）灵活运用身体的不同部位，在多种形式的游戏活动中感知、体验身体各部位的功能。

（2）在游戏中发展身体动作的协调性。

（3）与同伴合作开展多种游戏，感受其中的乐趣。

（4）＿＿＿＿＿＿＿＿＿＿＿＿＿＿＿＿＿。

2. 主题教育活动网络图绘制。

```
                        ┌── 人体拓印 ──┌────────┐
                        │                └────────┘
                        ├── 影子朋友 ─── 科学领域
                        │
                        ├── 手型创意彩绘 ──┌────────┐
                        │                  └────────┘
                        ├── 灵活的手脚 ──┌────────┐
                        │                └────────┘
我和身体做游戏 ─────────┤
                        ├──┌────────┐──┌────────┐
                        │  └────────┘  └────────┘
                        ├──┌────────┐──┌────────┐
                        │  └────────┘  └────────┘
                        ├──┌────────┐──┌────────┐
                        │  └────────┘  └────────┘
                        └──┌────────┐── 家园共育
                           └────────┘
```

表 3-31　工作表单 6

工作表单6	中班"我和身体做游戏"主题下具体教育活动设计	姓　名		学　号	
		评分人		评　分	
授课时间		授课班级		中班	
课程内容		授课教师			
活动准备					
活动目标（分别标记三维目标）	1. 2. 3.				
活动重难点	教学重点： 教学难点：				
活动过程	一、活动 二、活动展开 三、活动结束				
活动延伸					
活动反思					

3.反思评价

（1）在幼儿园一日生活中该如何在小班贯穿"我和身体做游戏"这个主题呢？

（2）请你对自己在本次任务中的学习情况进行评价。

课堂活动参与度　☆　☆　☆　☆　☆

小组活动贡献度　☆　☆　☆　☆　☆

学习内容接受度　☆　☆　☆　☆　☆

4.学习支持

1）幼儿园教育活动评价的类型

幼儿园教育活动评价是针对幼儿园教育活动的特点和组成要素，通过收集、分析比较有关资料，科学地判断教育活动的实施价值和效果的过程。幼儿园教育活动评价在整个课程体系中占有举足轻重的地位，因为它既是教育活动运作的"终点"，又是教育活动继续发展的"起点"，并且伴随着教育活动运作的全过程。根据不同的分类标准可以将幼儿园教育活动评价分为以下五种不同的类型。

（1）诊断性评价、形成性评价、终结性评价

从评价的功能和进行的时间上划分，可以将教育活动评价分为诊断性评价、形成性评价和终结性评价。

①诊断性评价是在教育活动运作之前进行的预测性评价或是"事实评价"，就是确定幼儿在接受教育前的"准备程度"，目的是了解幼儿的基本情况。例如，幼儿园为了更好地了解入园初期幼儿牙齿的发育及健康情况，在入园前就对每个幼儿的牙齿进行了检查，以此来确定在园幼儿健康教育的发展方向。

②形成性评价也称过程评价。它是在教育活动系统运行、发展过程中收集教育活动各个要素的相关材料，通过科学分析和判断，进而调整和改进教育活动方案，使正在运行的教育活动更为完善的一种评价体系。例如，在组织科学活动"影子的秘密"时，教师发现幼儿的积极性不高，且参与程度不够广。在经过分析后，得知是组织形式和实验材料的趣味性不够所导致的。于是，教师将本次科学活动移到了户外，并通过游戏和亲身体验让幼儿感受科学活动的趣味性和价值。

③终结性评价也称为总结性评价、结果评价。它是一种对教育活动实施以后所获得的实际效果进行验证的评价方式，旨在验证教育活动的成功程度和推广价值，为各级各类决策者提供信息。例如，某幼儿园在学期末的考察中发现，在园幼儿的小肌肉动作发展迟缓，手指动作不灵活，大多数幼儿不能熟练地使用剪刀，且握笔无力等一系列问题。针对该现象，幼儿园教师在每日活动中增加了手工制作等专门性的活动。

上述三种不同类型评价的区分点是评价时间点的控制和评价功能的不同。

（2）相对评价、绝对评价、个体内差异评价

根据评价的参照体系分类，可以将教育活动评价分为相对评价、绝对评价、个体内差异评价。

①相对评价是在某一类评价对象中选取一个或若干个作为基准，将该类评价对象逐一与基准相比较，判断其是否能达到基准所具备的特征及其程度。例如，将某市幼儿教师的职业素养与教学观念水平作为基准，把本地区同类幼儿园的教师状况逐一与基准进行比较，评价其是否达到了基准的程度及在群体中的相应位置。

②绝对评价是以某种既定的目标作为参照，目的是判断个体是否达到了这些目标。该评价不计个体在群体中的位置，只考虑个体是否达到标准的程度。例如，某幼儿园为了更好地了解小、中、大班幼儿的身高、体重是否与标准的身高、体重相吻合，向每个班级下发了参照标准，这就属于绝对评价。

③个体内差异评价是将评价对象的过去和现在进行比较，或将评价对象的各个方面进行比较。例如，将全班每个幼儿从入园初期的歌唱水平与学期末歌唱水平相比较，以此判断其进步程度和教学效果，这就属于个体内差异评价。

在相对评价和绝对评价两种类型中，重点区分两者是否有既定的目标（固定标准）

为参照，其次考虑该个体是否受群体中其他目标的影响。

（3）内部评价、外部评价

根据评价的主体不同，可以将教育活动评价分为内部评价和外部评价。

①内部评价又称自我评价，是指幼儿园内部或教师本人对照教育活动评价表，对园内或教师自己的教育活动实施状况与效果进行分析和判断的一种评价方式。

②外部评价或他人评价，是由有关人士或专门人士组成评价小组，对幼儿园教育活动的整体实施状况进行分析和判断的一种评价方式。

（4）整体评价、局部评价、单纯评价

根据评价对象的范围不同，可以将教育活动评价分为整体评价、局部评价、单纯评价。

①整体评价是对全国、某一地区或某个幼儿园的教育活动运行状况进行整体评价。整体评价范围广、影响因素多、复杂度较大。例如，对河南省所有使用"田野课程"的幼儿园进行质量评价。

②局部评价是对全国、某一地区幼儿园教育活动的某一方面或某幼儿园内部教育活动的某个方面进行评价。例如，对北京市幼儿园教育活动资源状况进行评价。

③单纯评价，即微观评价，是评价者对更为具体、微观的教育活动要素的某个方面进行的评价。例如，对幼儿绘画能力、幼儿教师教育活动设计能力进行评价等。

（5）分解评价、综合评价

根据评价的综合程度不同，可以将教育活动评价分为分解评价和综合评价。

①分解评价是预先根据一定的评价观点，把要考察的内容分解为几个方面，分别加以测量和评定。例如，分别考察某幼儿园小、中、大班区域材料的投放情况。

②综合评价是对评价内容的整体状况进行评定。例如，对一个幼儿园的教育质量进行综合描述。

（6）定性评价、定量评价

根据评价方法不同，可以将教育活动评价分为定性评价和定量评价。

①定性评价是用尽可能切合实际的语言、文字来描述被评对象的性质。

②定量评价是在评价体系中包含相应的计量体。

2）幼儿园教育活动组织的形式

①集体教育活动。全班幼儿共同参与，教师面向全体幼儿。在开展集体教育活动时，教师在短时间内提供大量共同经验，注重教育内容的逻辑性、条理性，幼儿在活动中相互启发、发展自律能力、提高合作意识。但是，集体教育活动容易导致不能充分考虑每个幼儿的特点、兴趣、需要，从而使幼儿的表现机会减少，不利于有针对性地培养幼儿的各种能力。

②小组活动。幼儿分小组进行活动，教师提供环境和材料，发挥间接指导的作用。开展小组活动时，促使幼儿自主探索、协作的机会更多，可以充分表现自己，且有利于独立、自主、协作等精神的培养。幼儿小组合作能力的培养是小组活动有效进行的前提条件。

③个别活动（区角活动）。幼儿独自活动，教师予以个别指导。开展个别活动有利于因材施教，发挥幼儿的主体性。但个别活动对师资、设备有更高的要求，对教师的教育技巧要求更高。

3）幼儿园教育活动的组织方法

（1）直观法

直观法是幼儿园教学的主要方法。它是教师在教学过程中配合讲述、讲解向幼儿显现实物、教具或做示范性实验和表演，借以说明和印证所讲授知识的一种方法。

（2）观察法

观察法是指教师有计划、有目的地引导幼儿感知客观事物的一种方法。观察法包括个别物体观察、比较性观察、长期系统性观察等形式。观察活动可以是幼儿主动的、自发的，也可以是教师专门组织的。这种方法是常识教学和美术教学中主要使用的方法。

（3）演示法

演示法是指教师在教学中向幼儿出示各种实物、教具、模型，从而进行示范性操作的一种方法。这种方法常与讲述法、谈话法一起使用。演示法包括分步演示、连续演示、局部演示、对比演示、反复演示等多种形式。运用演示法的要点如下：

①要选择恰当的时机，使幼儿产生新鲜感。

②使全体幼儿都能看清演示的对象，把注意力集中在对象的主要方面。

③辅以简明扼要的讲解和谈话，使演示的事物与所学的知识紧密结合，还要将分散的知识归纳成为完整的知识。

④演示时要技巧熟练、造型准确、程序正确、动作清楚、速度适宜。

⑤演示的时间要短，根据需要可向全班、小组或个人进行演示。

（4）示范法

示范法是指教师通过自己的语言、动作所做的教学表演，为幼儿提供具体模仿的范例。在语言活动教学中，教师应经常运用语言示范，发展幼儿叙述、描写、创造性讲述及朗诵等能力；在美工、音乐、体育等活动的教学中则通过动作示范帮助幼儿掌握学习的内容和动作。示范法包括完整示范、部分示范、分解示范、不同方向示范等多种形式。在向幼儿传授儿歌、歌曲、舞蹈、绘画等内容时，教师应进行完整示范，便于幼儿理解和掌握。在教学活动中发现幼儿有难点、错误时，教师可进行分解示范，以帮助幼儿解决困难和纠正错误。示范可由教师示范，也可以请幼儿示范。运用示范法的要点如下：

①进行示范动作时，要选择好位置，使每个幼儿都能看清楚。

②示范动作要慢一些，而且要清楚准确，并适当加以解释。

③进行语言示范时，要声音洪亮、吐字清晰、用词准确、速度适中，富有表现力。

（5）范例法

范例法是指按教学要求或者活动目标提供给幼儿一种可模仿的榜样，它是形象的、具体的。范例对年龄越小的幼儿作用越明显。例如，在思想品德教育中，以优秀人物为范例。在教学过程中，范例是指向幼儿出示的各种样品，如绘画、纸工、泥工样品等，供幼儿观察、模仿学习。这种方法多用于美术、美工的教学。范例包括图片、模型、玩具、画册、实物标本及教师绘制或制作的图画、手工和贴绒样品等。运用范例法的要点如下：

①教学中范例的大小可以使每个幼儿看清楚为宜。

②范例的难易程度要与幼儿的实际水平相适应。

③范例要色彩鲜艳、画面清晰、形象突出、具有典型性。

④范例要多样化，具有一定的数量，能从不同角度反映事物的面貌，以开阔幼儿

的思路，为其创造性表现提供基础。

（6）欣赏法

欣赏法是指教师指导幼儿体验客观事物的真善美，借以陶冶情感的方法。例如，艺术美和自然美的欣赏，有助于培养幼儿的审美能力，丰富其精神生活；道德行为的欣赏，有助于培养幼儿高尚的道德情操；理智的欣赏，有助于培养幼儿求知兴趣、科学态度、创造精神。幼儿园各科教学中都有欣赏元素，欣赏法在音乐、美术、语言教学中运用较多。运用欣赏法的要点如下：

①激发幼儿欣赏的兴趣，欣赏前联系幼儿的经验和当前的情景，启发和诱导幼儿欣赏的愿望。

②利用各种情境激发幼儿强烈的情感反应，如惊讶、赞叹、钦佩、敬仰等，使幼儿受到感染和教育。

③培养幼儿欣赏美好事物的能力和鉴别真与假、善与恶、美与丑的能力。

（7）讲述法

讲述法是指教师通过口头语言生动地叙述、说明、讲解教学内容、教材的一种教学方法。这种方法在教育活动中应用广泛，不仅用于向幼儿传授新知识，还广泛用于各种活动的组织，是语言教学活动的主要方法。

讲述法包括叙事、描述、解释等表述方式。关于讲述法，根据讲述的内容可分为符合实际的讲述和创造性讲述；按讲述的心理过程分为凭感知讲述、凭记忆讲述和凭想象讲述；按讲述形式分为叙事性讲述和有情节讲述。具体的讲述课类型有讲述实物、看图讲述、编故事等多种。运用讲述法的要点如下：

①讲述的语言要正确、生动、形象、富有感情，能引起幼儿的兴趣，如语言的速度、语音的变化、感情的色彩等。

②讲述要简明扼要、突出重点。同时要运用儿童化语言，让幼儿能听懂。

③讲述之前，教师要交代清楚讲述的要求；在讲述过程中，要提醒幼儿围绕讲述对象进行讲述。

④教师要注意倾听幼儿的讲述，及时给予鼓励和必要的帮助，但切忌因过多的指点而干扰幼儿讲述。

（8）讲解法

讲解法是指教师通过口头语言向幼儿解释和说明知识、材料、规定、要求等的教学方法。运用讲解法的要点如下：

①讲解要抓住重点、难点和关键，深入浅出，必要时可适当重复讲解。

②教师讲解的语言要准确、清晰、简练、形象、生动、通俗易懂，符合幼儿的理解能力和接受水平，能引起幼儿的兴趣。

③讲解要条理清楚，便于幼儿记忆。

（9）谈话法

谈话法是指用提问、答问、讨论等方式进行教学的方法。教师可以通过提问，引导幼儿运用已有的知识和经验回答问题，借以获得新知识或检查、巩固旧知识。利用该方法这种方法容易集中幼儿的注意力，激发幼儿积极的思维活动，发展其语言表达能力，提高教学效果。谈话法包括启发式谈话、再现谈话、讲授谈话等多种形式。运用谈话法的要点如下：

①要在幼儿已有知识经验的基础上进行。

②所提的问题需经过周密思考，要围绕主题、紧扣教学目的，具体明确，富有启发性，既要面向全体幼儿，又要照顾个别幼儿的水平。

③问题要有逻辑性，以引发幼儿深入思考。

④教会幼儿注意听清问题，回答问题时用响亮的声音回答，培养幼儿回答问题的能力和良好习惯。

⑤教师要耐心倾听幼儿的回答，及时进行肯定、补充，然后做出明确的结论。

⑥鼓励幼儿向教师提出质疑。

（10）描述法

描述法是指教师运用形象化的语言描绘、讲述所教授知识的教学方法。它会唤起幼儿头脑中鲜明的表象和丰富的联想，帮助幼儿理解事物，获得间接知识，发展形象思维。描述法适用于幼儿园的各科教学和各种活动。描述法包括描述性提问、描述性讲授等方式。运用描述法的要点如下：

①语言要绘声绘色、优美而富于感情，把事物描述得生动、具体、形象鲜明。

②描述要有一定的顺序，可与观察法相结合。

（11）实践法

实践法是指教师在教育教学活动中，创设多种以幼儿为主体的实践活动，在实践活动中，训练幼儿的各种感官，并使幼儿进一步理解知识、巩固技能、加深记忆的一种教学方法。实践法包括练习法、操作法、游戏法、表达法等具体方法。

①练习法。

练习法是指在教师的帮助、指导下，通过多次重复的练习使幼儿熟练地掌握知识和技能的一种方法。它是幼儿巩固新知识、形成技能技巧和习惯的基本方法。练习法按性质和特点分为运用技能练习、道德行为练习、心智技能练习。每类练习还可以以分段练习（分步练习、单项练习）、综合练习（完整练习）等方式进行。运用练习法的要点如下：

· 使幼儿明确练习的目的、任务和具体要求，在理解的情况下自觉练习。

· 运用正确的练习方法，伴随着讲解和示范，指出难点和易犯的错误，使幼儿获得有关练习方法和实际运用的清晰表象。

· 根据练习材料的性质和幼儿的年龄特点，适当分配练习的分量、次数和时间。

· 练习的方式应多样化，以提高幼儿练习的兴趣，避免单调、乏味。

· 练习中应先求正确、后求熟练，逐步提高要求，及时进行评价和指导，让幼儿知道练习的结果。

· 加强个别辅导，及时纠正错误，以免形成习惯后不易纠正，对能力差的幼儿要多提供练习的机会和具体的帮助。

· 鼓励幼儿的创造精神，防止盲目模仿和机械重复。

②操作法。

操作法是指幼儿通过亲自动手操作、直观教具，在摆弄物品的过程中进行探索，从而获得知识、经验和技能的一种教学方法。操作法包括示范性操作、探索性操作、巩固性操作等形式。操作可以是个体的，也可以是集体的。操作法常结合游戏、练习等方法使用。运用操作法的要点如下：

· 明确操作的目的。

· 为幼儿提供充足的操作材料，一般人手一份。

·给幼儿充分的操作时间去摆弄物品，去思考和探索，以达到操作的目的，充分发挥教具、材料的作用，切忌走过场。

·在幼儿动手操作之前，应向幼儿说明操作的目的、要求和具体的操作步骤及方法。

·在幼儿操作的过程中，教师要观察幼儿的操作情况，并及时发现问题，引导幼儿积极思考和探索。

·要讨论操作的结果，帮助幼儿将他们在操作中获得的感性经验予以整理归纳并使之明确相关概念。

·操作时应根据不同的教学内容及不同年龄的幼儿提出不同的要求。

③游戏法。

游戏法是指通过在教师指导下进行有规则的游戏活动来进行教学的一种方法，是深受幼儿欢迎的一种教学方法。游戏法包括智力游戏、体育游戏、音乐游戏、语言游戏、综合游戏等形式。运用游戏法的要点如下：

·游戏的内容要健康，要有益于幼儿的身心发展。

·根据不同的教育目标和教育内容选择、创编不同形式的游戏。

·教师要重点指导幼儿遵守游戏规则，能够克服困难，独立或与同伴合作完成游戏。

·教师应根据游戏的内容及形式的不同，采用不同的指导方法。

·在游戏中要注意培养幼儿合作、谦让、友爱、互助等优秀品质。

④表达法。

表达即发表、表现。表达法是指幼儿经过思考、领悟，用行动来表现自己的思想、感受，反映对事物认知的一种方法。它是幼儿学习的一种重要方法。

表达法包括具体的表达（绘画、手工、唱歌、舞蹈、表演、创造性游戏等）、抽象的表达（谈话、讨论、讲述、朗诵等）。运用表达法的要点如下：

·教师要为幼儿创造条件，提供每个幼儿充分地发表看法、表现自我的机会。

·让幼儿自由地选择表达的方式，积极地表现自己，使之在表达中得到发展。

4）幼儿动作发展教育活动的目标

①3~4岁：能身体正直、手脚协调地走路；能按指定的方向行走；能走、跑交替前行100米；能快跑追球；从一定高度处跳下时能保持身体平衡；学拍球，会滚、接球；

能在攀登架上爬上爬下。

②4~5岁：走得自然、协调，步子均匀；能快跑，能追逐跑；能走、跑交替前行200米；双脚向前跳得很远；往高处跳，伸手能碰到悬挂高度为20厘米的物品；能把小石头、飞镖投出很远；能闭目转圈。

③5~6岁：走步姿势正确；能快跑，跑的时候会躲闪、追逐，快跑时身体协调；能走、跑交替前行300米；会大步跨跳；会跳"房子"、跳绳、跳橡皮筋；平衡能力较强，能闭眼睛单脚站立，能闭眼睛向前行走；能在有一定间隔的砖或木块上行走；能把小石头、沙包、小皮球投出很远，也能投得准；会拍球，会踢球，也能边跑边拍和边跑边踢。

四、课证融通

本模块对应幼儿教师资格证考试"保教知识与能力"模块的考试目标、内容与要求、真题见表3-32。

表 3-32　幼儿教师资格证考试"保教知识与能力"模块的考试目标、内容与要求、真题

内容体系
一、考试目标 　掌握指导与组织实施教育活动的相关知识，理解幼儿园游戏的意义、作用与指导方法，能根据幼儿园教育目标和幼儿实际组织和实施教育活动。 　二、考试内容模块与要求 　1.能根据教育目标、幼儿的兴趣需要和年龄特点选择教育内容，确定活动目标，设计教育活动方案。 　2.理解并整合各领域教育的意义和方法，能够综合地设计并开展教育活动。
三、真题 　1.在教学过程中，王老师随时观察和评价幼儿的行为表现，并以此为依据调整指导策略。李教师采用的方式是（　　　）。（单选题）【2019年下半年教师资格证考试真题】 　A.诊断性评价 　B.标准化评价 　C.终结性评价 　D.形成性评价
2.在教学过程中，教师评价幼儿适宜的做法是（　　　）。（单选题）【2018年下半年教师资格证考试真题】 　A.用统一的标准评价幼儿 　B.据一次测评结果评价幼儿 　C.用标准化测评工具评价幼儿 　D.据日常观察所获得的信息评价幼儿
3.为了帮助小班新入园的幼儿尽快适应集体生活，余老师准备开展"高高兴兴上幼儿园"系列主题教育活动，请围绕该主题为余老师设计三个子活动。（活动设计题）【2020年下半年教师资格证考试真题】 　问题： 　（1）写出主题教育活动总目标。 　（2）写出其中一个子活动的活动方案，包括活动目标、名称、准备和主要环节。 　（3）写出另外两个子活动的名称、目标。 　答：

五、阅读思享

推荐理由：

本书以开阔的视野和专业的角度对幼儿园综合主题教育活动进行了深入浅出、全面系统的研究。全书分"理论篇"和"实践篇"两个部分，"理论篇"系统阐述了综合主题教育活动的目标与内容、组织与指导、评价与建议等，详细介绍了设计综合主题教育活动的技巧；"实践篇"按小班、中班、大班的顺序共介绍了21个优秀的综合主题教育活动方案。该书对广大幼儿教师开展综合主题教育活动的研究与教学颇有指导意义。

推荐阅读：

赵旭莹.幼儿园综合主题活动——设计技巧与优秀案例.北京：中国轻工业出版社，2019。

模块四 节日主题教育活动

一、岗位能力模型

节庆活动主题教育活动岗位能力模型见表4-1。

表4-1　节庆活动主题教育活动岗位能力模型

模块	岗位能力描述	《幼儿园教师专业标准（试行）》	《幼儿园教育指导纲要（试行）》
节日主题教育活动	节日是民族历史和社会文明的产物和象征，其丰富的教育资源和潜在的教育价值对幼儿的发展有着特别重要的意义。 构建节日主题教育活动，促进幼儿亲近自然，了解风土人情和文化习俗，从而培养他们互相关心、热爱自然、团结友好的社会情感，也能促进幼儿在认知、行为、个性和情感等多方面的和谐发展。 教师在节日主题教育活动设计时，应根据幼儿的年龄特点和学习习惯开展形式多样的活动，同时对幼儿园教育活动进行反思与评价，并以幼儿为主体，激发幼儿参与的积极性	（二）幼儿为本 尊重幼儿权益，以幼儿为主体，充分调动和发挥幼儿的主动性；遵循幼儿身心发展的特点和保教活动规律，提供适合的教育，保障幼儿快乐健康成长。 （十二）激励与评价 关注幼儿日常表现，及时发现和赏识每个幼儿的点滴进步，注重激发和保护幼儿的积极性、自信心	第四部分：教育评价 评价的过程，是教师运用专业知识审视教育实践，发现、分析、研究、解决问题的过程，也是其自我成长的重要途径。 七、教育工作评价应重点考察的方面 （一）教育计划和教育活动的目标。 （二）教育的方式、策略、环境条件。 （三）教育的过程。 （四）教育的内容。 （五）教师的指导

二、知识点与技能点

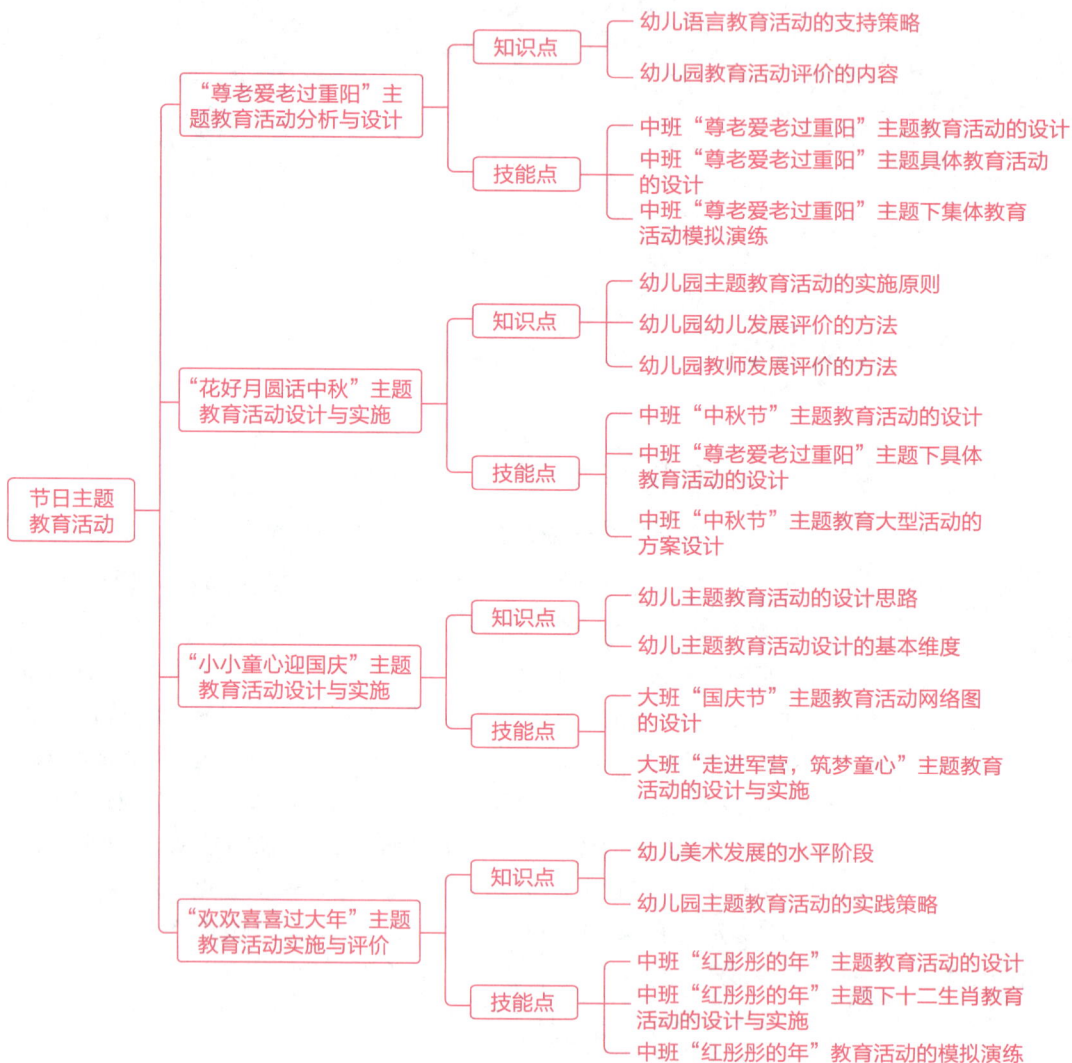

```
节日主题
教育活动
├─ "尊老爱老过重阳"主题教育活动分析与设计
│   ├─ 知识点
│   │   ├─ 幼儿语言教育活动的支持策略
│   │   └─ 幼儿园教育活动评价的内容
│   └─ 技能点
│       ├─ 中班"尊老爱老过重阳"主题教育活动的设计
│       ├─ 中班"尊老爱老过重阳"主题具体教育活动的设计
│       └─ 中班"尊老爱老过重阳"主题下集体教育活动模拟演练
├─ "花好月圆话中秋"主题教育活动设计与实施
│   ├─ 知识点
│   │   ├─ 幼儿园主题教育活动的实施原则
│   │   ├─ 幼儿园幼儿发展评价的方法
│   │   └─ 幼儿园教师发展评价的方法
│   └─ 技能点
│       ├─ 中班"中秋节"主题教育活动的设计
│       ├─ 中班"尊老爱老过重阳"主题下具体教育活动的设计
│       └─ 中班"中秋节"主题教育大型活动的方案设计
├─ "小小童心迎国庆"主题教育活动设计与实施
│   ├─ 知识点
│   │   ├─ 幼儿主题教育活动的设计思路
│   │   └─ 幼儿主题教育活动设计的基本维度
│   └─ 技能点
│       ├─ 大班"国庆节"主题教育活动网络图的设计
│       └─ 大班"走进军营，筑梦童心"主题教育活动的设计与实施
└─ "欢欢喜喜过大年"主题教育活动实施与评价
    ├─ 知识点
    │   ├─ 幼儿美术发展的水平阶段
    │   └─ 幼儿园主题教育活动的实践策略
    └─ 技能点
        ├─ 中班"红彤彤的年"主题教育活动的设计
        ├─ 中班"红彤彤的年"主题下十二生肖教育活动的设计与实施
        └─ 中班"红彤彤的年"教育活动的模拟演练
```

思政目标

1. 在理解幼儿教育的概念和作用的基础上，激发学生热爱幼儿、热爱幼教事业的热情，从而树立崇高的职业理想。

2. 通过组织和开展传统节日主题教育活动，激发学生对中国传统文化的热爱，树立民族自豪感。

三、工作任务

任务一 PPT

✦ 任务一 "尊老爱老过重阳"主题教育活动分析与设计

1.任务描述

农历九月初九是重阳节，在确定好"重阳节"主题后，李老师依据幼儿认知发展、技能发展、社会性发展、情感发展的规律和培养目标，计划为中一班的小朋友开展为期一周的重阳节主题教育活动。

为了促进幼儿社会性发展，李老师决定进行重阳节亲子社会实践活动，她带领小朋友去了幼儿园附近的敬老院，和敬老院里的爷爷奶奶一起感受重阳节的节日氛围。为了激发大家的积极性，李老师说："今天表现好的小朋友，以及能够为敬老院的爷爷奶奶表演节目的小朋友，老师都会奖励他们一朵小红花哦！"

活动结束后，评选小红花的活动开始了。李老师说："佳佳为奶奶跳的舞蹈真不错，老奶奶都开心地笑了，奖励一朵小红花。还有亮亮、琪琪……"涛涛没有得到小红花，噘着嘴说："李老师，我也要小红花。"李老师看了他一眼说道："你今天没有遵守纪律，还想得小红花？"并且问大家："你们说涛涛应该得到小红花吗？"大家异口同声说："不应该。"李老师不再理睬他，涛涛失望极了。而涛涛的奶奶却还没等李老师说明情况，就对涛涛说："别难过，小红花不值钱，奶奶给你买！"说完就带着涛涛离开了。

（1）阅读案例，分析案例中教育活动的支持策略。（完成工作表单1）

（2）小组讨论并梳理幼儿园教育活动评价中关于幼儿的评价内容。（完成工作表单2）

（3）小组讨论并梳理幼儿园教育活动评价中关于教师的评价内容。（完成工作表单3）

（4）小组讨论并完成中班"尊老爱老过重阳"主题教育活动设计，同时进行模拟演练。（完成工作表单4、5、6）

（5）根据教育活动内容和模拟演练情况，任意选择一幼儿对该教育活动进行评价。（完成工作表单7）

2.工作表单

工作表单1~工作表单7分别见表4-2~表4-8。

表 4-2　工作表单 1

工作表单1	分析案例中教育活动的支持策略	姓　名		学　号	
		评分人		评　分	

1.对于案例中李老师的做法进行反思。

（1）设计"小红花"的目的：

（2）李老师的评价方式：

（3）家园共育：

2.对于案例出现的问题的分析研讨策略。

（1）《幼儿园教育指导纲要（试行）》中的内容：

（2）教师的关注点：

（3）幼儿园教育的首要任务：

（4）家园沟通：

3. 结合案例，请小组讨论和分析教育活动的改进策略。

积极反馈——让幼儿充分体验＿＿＿＿＿＿的成功与收获。

消极反馈——使幼儿失去进步的信心和方向，加深＿＿＿＿＿、＿＿＿＿＿、＿＿＿＿＿之间的误解和对立。

冷处理——＿＿＿＿＿＿＿＿＿。
适宜的冷处理会使偶然发生的无关事件"边缘化"，不会妨碍教育活动顺利进行。

表4-3 工作表单2

工作表单2	幼儿园教育活动的评价——幼儿	姓　名		学　号	
		评分人		评　分	

1.幼儿发展评价。

（1）健康与动作发展评价

幼儿健康与动作发展包括：生长_____水平（身高、体重、视力等）、_____动作（走、跑、跳、投掷、攀登等）、小肌肉动作（画、剪、折等）。

（2）认知与语言发展评价

认知与语言发展包括：_____能力（空间知觉、时间知觉、形状知觉、观察力等）、思维能力（分类、想象、推理、守恒、数概念）、_____经验（季节、动物、植物、社会角色、音乐、美术等）。

（3）品德与_____发展评价

_____发展评价包括：社会_____（关心他人、同情心、责任感等）、社会认知（相应的社会规则、社会生活常识等）、社会_____（适应能力、交往能力、人际关系和解决冲突的能力等）、文明行为（礼貌、友爱、诚实、合作、遵守规则等）、自我意识的发展（独立性、自尊心、自制力、主动性等）。

（4）艺术与_____发展评价

_____发展评价包括：幼儿情绪情感，对音乐、美术的感受和表现力等。

（5）习惯与自理能力发展评价

习惯与自理能力发展评价包括：生活_____（如厕、进餐、穿衣、个人卫生、环境卫生等）、_____习惯（学习兴趣、注意力、任务意识等）、_____保护能力（躲避危险、安全意识）等。

2.对于案例中的情况，请结合上述内容对李老师的行为进行评析。

表4-4 工作表单3

工作表单3	幼儿园教育活动的评价——教师	姓 名		学 号	
		评分人		评 分	

1.幼儿园教师的教育评价。

（1）_____工作。

①发现环境中的隐患，加强安全措施。

②安全_____。

③预知危险发生的能力。

④_____能力。

（2）卫生保健工作。

①是否执行幼儿的生活作息制度，_____的安排是否合理。

②是否为幼儿提供了能确保其健康的卫生_____。

（3）教育活动的_____与_____。

教师的教育观念、对教育内容的选择，以及教育活动设计、教学方法运用、教学重难点安排、组织教育活动的基本技能等。

（4）对幼儿的管理

对幼儿的管理是判断教师素质高低的重要依据，主要体现在管理幼儿时的态度与方式，也体现在幼儿的_____养成和综合素质的发展上。

（5）_____创设工作。

（6）_____。

①与家长沟通的技巧。

②家长学校的工作。

③吸引家长参加幼儿园的活动。

2.对于案例中的情况，请结合上述内容对李老师的行为进行评析。

表 4-5　工作表单 4

工作表单4	中班"尊老爱老过重阳"主题教育活动设计	姓　名		学　号	
		评分人		评　分	

1.中班"尊老爱老过重阳"主题教育活动总目标设计。

（1）

（2）

（3）

2.中班"尊老爱老过重阳"主题教育活动网络图设计思路——领域整合教育活动模式。

尊老爱老
过重阳

3.中班"尊老爱老过重阳"主题教育活动网络图设计思路——主题整合模式。

表 4-6　工作表单 5

工作表单5	中班"尊老爱老过重阳"主题下具体教育活动设计	姓　名		学　号	
		评分人		评　分	
授课时间		授课班级		中班	
课程内容		授课教师			
活动准备					
活动目标（分别标记三维目标）	1. 2. 3.				
活动重难点	教学重点： 教学难点：				
活动过程	一、活动_____ 二、活动过程 三、活动结束				
活动延伸					
活动反思					

表 4-7　工作表单 6

工作表单6	教育活动模拟演练	姓　名		学　号	
		评分人		评　分	
模拟演练中班"尊老爱老过重阳"主题教育活动					
1.模拟中班"尊老爱老过重阳"主题下的集体教育活动					
要求： （1）符合幼儿的年龄特点，内容覆盖幼儿教育相关领域。 （2）时间控制在5分钟左右。 （3）活动具体内容可参考工作表单5，也可以自己组织相关领域内容。 （4）制作PPT课件，做好相关的物品准备。对主题教育活动的整体设计进行说明，并选择主题下一项具体集体教育活动进行组织实施。					
2.我演练的内容： （1）选择内容： （2）选择该内容的原因： （3）该年龄段幼儿的特点：					

表 4-8　工作表单 7

工作表单 7		教育活动评价	姓　名		学　号	
			评分人		评　分	

教育活动评价表

一级标准	二级标准	得分
教学准备 （1.5分）	目标准确、具体，适合本班幼儿，突出幼儿发展。（1分）	
	物品与经验准备充分、恰当、具有可操作性。（0.5分）	
教学过程 （6分）	教学目标达成意识强，贯穿教学过程的始终。（1分）	
	活动组织有序，教学环节清晰，重点突出，时间安排合理。（1分）	
	充分而恰当地运用课件和教具。（0.5分）	
	语言简练、规范、富有感染力，易于幼儿理解。（1分）	
	提问准确易懂，具有启发性、引导性。（1分）	
	提供幼儿探讨、探索的机会，引导幼儿主动、创造性地学习。（1分）	
	关注个别幼儿，满足其合理需要。（0.5分）	
教师素质 （1分）	教态亲切自然，举止适宜，善于鼓励和调动幼儿的积极性。（0.5分）	
	教师能调控活动秩序，有灵活的教学机智和应变能力。（0.5分）	
活动效果 （1.5分）	幼儿具有良好的学习习惯和常规习惯。（0.5分）	
	幼儿在活动中情绪愉快、态度积极、参与意识强，各种能力在原有水平上得到提高。（1分）	
评价人		

3.反思评价

（1）通过本任务的学习，你觉得在进行教学活动评价时，应该关注哪些方面呢？

_____

_____

_____

（2）请你对自己在本次任务中的学习情况进行评价。

课堂活动参与度　☆　☆　☆　☆　☆

小组活动贡献度　☆　☆　☆　☆　☆

学习内容接受度　☆　☆　☆　☆　☆

4.学习支持

幼儿园语言教育活动评价表见表4-9。

名人名言

多蹲下来听孩子说话，你看到的将是一个纯真无瑕的世界！

——阮庚梅

表4-9　幼儿园语言教育活动评价表

项目 名称	指标 要求	优等参照标准
目的 与 内容	明确度、整体 性、科学性	·教育活动的目的明确、具体、切合实际。 ·能根据《幼儿园工作规程》、幼儿园语言教育目标和幼儿实际水平，选择规范、科学的内容。 ·内容处理得当，难易适宜，并体现与各学科之间的自然有机结合，促进幼儿全面发展

方式方法	活动准备		·围绕活动目的和活动内容，创设良好的活动环境，所创设的环境有助于幼儿的操作、练习和游戏。 ·制作或选用教具、学具能为本次活动服务，且种类适宜、数量恰当、安全卫生
	过程	恰当性	方法生动、直观、形象，符合语言活动的类型和本次活动的内容要求，能激发幼儿的学习兴趣，调动语言表达的积极性
		游戏性	游戏分量适当，符合幼儿的年龄特点及本次活动内容的需要
		启发性	问题的设计紧扣教育内容，且明确、恰当、富有启发性，有助于幼儿思维的发展；有利于幼儿对教育内容的理解、正确地回答问题；有利于幼儿进行讨论、交流；有利于重点突出和难点的突破
		合理性	活动过程组织紧凑，程序严密，环节交替自然有序，形式活泼，动静配合，有效地利用时间，能面向全体，因人施教
教师基本素养	组织能力		准备工作完备，能依计划组织活动，目标意识强，能灵活地处理偶发事件，具有较强的应变能力，活动过程良好
	教育技术		语言规范，行动明了；教具、学具的演示、操作正确、熟练；体态语言配合得当
	精神风貌		教态亲切、自然，作风民主，富有激情
活动效果	目标落实		活动目的得以实现，幼儿运用语言的技能良好。具体包括以下几点：（1）发音清楚，注意声调；（2）安静倾听；（3）理解本次语言教育活动的内容；（4）理解和掌握本次活动中的关键词语；（5）理解各画面间的关系，并理出逻辑关系；（6）能围绕问题有顺序地讲述；（7）在众人面前自然、大方地回答问题或讲述，语言准确、完整
	幼儿参加程度情绪发展		幼儿情绪饱满热烈，积极参与活动，且面广、质高，体现出学习的积极性、主动性、创造性；活动中行为习惯良好
总体评价			评语：

任务二　"花好月圆话中秋节"主题教育活动设计与实施

任务二PPT　　　绘本分享《月亮姑娘做衣裳》

1.任务描述

中秋节就要到了，为了营造传统文化教育氛围，园长计划在全园开展"喜迎中秋"大型活动。园长要求各班级教师，在进行大型活动之前要丰富幼儿关于中秋节的相关知识和经验，开展形式多样的中秋文化教育。中二班李老师计划在班级开展为期一周的"中秋节"主题教育活动。

李老师根据小朋友们已有的经验、兴趣爱好和发展水平设计了不同的教育内容，还开展了"中秋节"主题下的区域活动。李老师在不同的区域投放了与中秋节相关的操作材料供小朋友自由选择。

活动过程中，李老师通过观察发现多多小朋友很喜欢剪纸，她将中秋节的月亮剪得圆圆的。李老师将多多的表现记录了下来，并请多多为小朋友示范该如何正确使用剪刀。活动结束后，李老师就本次活动进行了自我评价，并写下了自己的反思，同时李老师通过家长问卷的形式收集了家长对此次活动的评价，积累经验，以利于下一次活动的开展。

（1）阅读案例，分析案例中李老师运用了哪种幼儿园主题教育活动的实施原则？（完成工作表单1）

（2）小组讨论并梳理幼儿园发展评价的方法。（完成工作表单2和工作表单3）

（3）小组讨论并设计中班"中秋节"主题教育活动的总目标、网络图。（完成工作表单4）

（4）小组讨论并完成"中秋节"主题下具体教育活动设计。（完成工作表单5）

（5）小组讨论并完成"中秋节"主题教育活动的设计方案。

2.工作表单

工作表单1~工作表单6分别见表4-10~表4-15。

表4-10　工作表单1

工作表单1	幼儿园主题教育活动的实施原则	姓　名		学　号	
		评分人		评　分	

1.结合案例，请小组讨论幼儿园主题教育活动的实施原则。

（1）主体性原则

主体性是幼儿活动的一个特征，表现为有目的的、自主的活动，具有_____、能动性和_____三个特点。_____是指幼儿对自己的活动具有支配和控制的权利；_____是指幼儿作为主体，能自觉、主动积极地认识周围的事物；创造性是能动性的最高表现。

（2）_____原则

幼儿园主题教育活动的内容和方式直接影响幼儿的能力和个性的发展，幼儿的自主性、创造性需要在活动中得以发展和表现。

（3）探索性原则

探索是幼儿内在生命力的_____表现。幼儿的自发性探索活动是幼儿教育得以进行的起点和基础。幼儿的探索性是在_____和_____活动中实现的。

①灵活多样的教学_____。

②善于_____的课堂教育。

③_____的探索教育。

（4）_____原则

幼儿生活具有生长性，幼儿教育具有生活性。

（5）_____原则

发展是教育的核心议题和主要目标。幼儿园教育不仅要有利于幼儿当前的发展，还要为幼儿未来的可持续发展奠定基础。

（6）_____原则

教师应尊重幼儿之间的差异，满足不同幼儿的需要。差异性原则强调幼儿个体的学习形式，要求教师对每个幼儿都要了解，并具备能将教育内容分解出不同层次的能力，针对每个幼儿不同的表现施以相应的教学方法。

2.分析案例中的李老师运用了哪种实施原则？

表4-11 工作表单2

工作表单2	幼儿园幼儿发展评价的方法——幼儿	姓 名		学 号	
		评分人		评 分	

1.结合案例，小组讨论分析幼儿发展评价的方法。

（1）观察评价法。

①_____情境观察。是让幼儿在真实的、自然的活动情境中表现自己，教师观察幼儿的行为并进行记录、分析或评定等级。

②设计_____测查。情境测查的程序为：设定观察评价项目，选择自然情境，捕捉要观察的幼儿的发展内容，评价幼儿的发展情况，设计相应课程、活动计划，促进幼儿今后的发展。

（2）成长记录袋评价法。

成长记录袋评价法用于描述_____发展的历程，并对幼儿发展水平、过程与趋势进行评估。与幼儿发展有关的信息都可以放进成长记录袋。

（3）表现性评价法。

表现性评价法是在真实情境中通过观察幼儿在完成实际任务时的表现来评价其发展水平。幼儿是主动的参与者、积极的展示者，评价的情境应是幼儿_____的、能参与的、能理解其意义的，能够比较完全、真实地反映幼儿_____的。

（4）等级量表评价法。

等级量表评价法是通过设计_____来记录及获取有关幼儿发展水平的数据信息，并区分幼儿发展程度与等级，注重质性与量化评价相结合。

2.案例中的李老师运用的是哪种评价方法？

幼儿园主题教育活动设计与实施

表 4-12 工作表单 3

工作表单3	幼儿园发展评价的方法——教师	姓　名		学　号	
		评分人		评　分	

1.教师发展评价的方法。

幼儿园教育评价实行以教师自评为主，园长及有关管理人员、其他教师和家长参与评价的制度。

（1）＿＿＿＿＿＿＿＿。

＿＿＿＿＿＿＿＿＿＿是幼儿园教师发展评价的主要方法，重在帮助教师学会＿＿＿＿＿＿＿＿，成长为反思型的教师。

（2）＿＿＿＿＿＿＿＿。

管理者将平时与教师共同研讨、听课活动、沟通交流等环节中的所见所闻进行详细记录，了解教师发展情况，以及提供支持与服务，帮助教师不断发展。

（3）案例分析。

案例分析是用摄像的方式将教师的教学活动拍摄下来，组织教师采用个人、小组或集体形式进行＿＿＿＿＿＿＿＿，重在引导教师关注教育工作中普遍存在的困惑或对教师专业发展中普遍欠缺的能力进行团队反思，每个教师都应提出自己解决问题的＿＿＿＿＿＿＿，并通过相互讨论、碰撞、澄清一些模糊认识，找出解决问题的对策。

（4）家长评价。

家长评价也是对教师发展评价的一种方法，通过＿＿＿＿＿＿＿、家长座谈等形式可以了解家长对教师工作的看法及对教师专业能力的评价等。

2.对于案例中的李老师，请运用以上方法进行评价。

表 4-13 工作表单 4

工作表单4	中班"中秋节"主题教育 活动设计	姓 名		学 号	
		评分人		评 分	

1."中秋节"主题教育活动设计意图。

　　八月十五中秋节因其浓烈的地方特色与生活气息，承载着丰厚的传统文化，积淀了深厚的文化底蕴。为弘扬中华民族传统文化，让幼儿感受团圆、欢庆、相亲相爱的节日氛围，幼儿园开展了中秋节主题教育活动，帮助幼儿在体验中了解中秋节文化，接受传统文化的熏陶，以及感受花好月圆、阖家团圆的美好意境。

2.中班"中秋节"主题教育活动总目标设计。

（1）

（2）

（3）

（4）

3.中班"中秋节"主题教育活动网络图的设计。

```
                    ┌── 中秋节来历 _____
          ┌ 集体教育活动 ├── 中秋节习俗 _____
          │         └── 中秋节饮食 _____
          │
   中秋节 ─┼─ 区域活动 ──── _____
          │
          ├─ 环境创设 ──── _____
          │
          └─ 家园共育 ──── _____
```

表 4-14　工作表单 5

工作表单5	幼儿园"中秋节"主题下具体教育活动设计	姓　名		学　号	
		评分人		评　分	
活动名称	活动目标			活动准备	
活动一：月亮圆圆过中秋	1.知道阴历八月十五是我国传统的中秋节，初步了解中秋节的来历和习俗。 2.欣赏故事"月亮姑娘做衣裳"，感知月亮的变化过程。 3.感受中秋节天上月圆、人间团圆的美好意境			日历 视频故事 月亮变化图片 节日习俗图片 中秋节来历视频	
活动二：（大型活动）浓情蜜意阖家欢	1.了解月饼的种类和寓意，愿意尝试亲手制作月饼，培养幼儿的动手能力。 2.感受中秋节团圆、欢庆的节日氛围及相亲相爱的亲子关系			制作沙画视频，布置展台，准备桌布、面团、月饼馅儿、烤盘等	
活动三：					

表4-15 工作表单6

工作表单6	中班"中秋节"主题教育大型活动的设计方案	姓 名		学 号	
		评分人		评 分	

【活动流程】

1.话中秋

（1）谈论＿＿＿＿＿＿＿＿＿＿＿＿。

教师："今天我们欢聚在一起是要庆祝什么节日呢？我们过中秋节的寓意是什么？你们知道中秋节有哪些习俗吗？"

（2）＿＿＿＿＿＿＿＿＿＿＿＿＿＿＿＿＿＿＿＿＿。

教师："我们来欣赏一段唯美的沙画视频，让我们一起感受中秋节花好月圆的美好意境。"

2.看月饼，说月饼

（1）看月饼。

教师："＿＿＿＿＿＿＿＿＿＿＿＿＿＿＿＿＿＿＿＿＿＿＿＿？"

教师："今天我们共同搜集了很多不同种类的月饼，请小朋友和你的家人一起到展台前看看吧。"

（2）说月饼。

教师："＿＿＿＿＿＿＿＿＿＿＿＿＿＿＿＿＿＿＿＿＿？"

教师："＿＿＿＿＿＿＿＿＿＿＿＿＿＿＿＿＿＿＿＿＿？"

教师："＿＿＿＿＿＿＿＿＿＿＿＿＿＿＿＿＿＿＿＿＿。"

3.做月饼，品月饼

（1）做月饼：①观看面点师傅现场制作月饼；②以家庭为单位亲子制作月饼；③将制作好的月饼进行烘烤。

（2）品月饼：①独自品尝；②和同伴分享；③和家人分享；④和老师分享。

4.古诗表演《静夜思》

幼儿集体进行古诗表演《静夜思》，再次感受中秋节团圆、欢庆的节日氛围和相亲相爱的美好情感。

5.结束合影

3.反思评价

（1）幼儿园多以传统文化为主题展开教育活动及相关大型活动，你认为传统文化对幼儿的影响是什么？

（2）请你对自己在本次任务中的学习情况进行评价。

课堂活动参与度　☆　☆　☆　☆　☆

小组活动贡献度　☆　☆　☆　☆　☆

学习内容接受度　☆　☆　☆　☆　☆

4.学习支持

2001年以前，关于幼儿教育我国一直采用的是1981年颁布的《幼儿园教育纲要（试行草案）》。在该纲要的指导下，我国幼儿园实行健康、语言、科学、艺术和社会五大领域的分科教学，采用注重知识的系统性和循序渐进的教学方法。伴随着2001年7月《幼儿园教育指导纲要（试行）》的颁布，幼儿园的教育指导思想转变成教育内容的选择要"贴近幼儿的生活""选择幼儿感兴趣的事物和问题""避免仅仅重视表现技能或艺术活动的结果，而忽视幼儿在活动过程中的情感体验和态度的倾向"等。自此，全国上下大力开展幼儿园主题教育活动。其实，主题教育活动有着较长远的历史。

我国最早的主题教育活动思想，应是20世纪二三十年代知名教育家陈鹤琴先生所创的五指活动课程中的"整个教学法"（又称"单元教学法"）。他指出，这个教学法就是将幼儿应学习的知识和应掌握的技能整体地、有系统地来教给幼儿，就是把各种功课打成一片，所学的功课是无规定时间的；而所用的教材是以故事、社会、自然为中心的，或者是以"做"为出发点的。进一步地说，"整个教学法"就是指将健康、社会、科学、艺术、语文这五个方面的内容结成一个完整的教育网，以单元的形式进行编排，每个教育活动单元都有一个活动中心，各种教育活动都围绕着活动中心进行，构成一个完整的教育体系。20世纪80年代以来，南京鼓楼幼儿园在"整体教学法"的基础上，继承和发展了单元教学，把五指活动内容扩展到了13个方面，并将单元进行细化，形成每周一单元，增加了单元数量，增强了单元的灵活性和系统性。基于"整个教学法"的课程内容通常是由一系列幼儿教师预先设定的课程或者中心组成。其中，幼儿对教师设定话题的影响较小，也很少有机会去参与、决定所进行的活动或者与同伴进行讨论，其所要做的只是对教师设定及组织开展的活动做出一定的反应。可见"单元"是一种课程组织形式，而现今主题教育活动的"主题"就是单元教学的"中心"。

20世纪80年代，南京师范大学与南京市实验幼儿园合作开展"幼儿园综合主题教育"研究项目，由此掀起了我国幼儿园综合课程改革的浪潮。学者唐淑在对幼儿园课程体系的研究中，提出幼儿园课程综合化的本质为："幼儿的发展是一个整体，是认知、情感态度和能力技能在经验层面上的整合；各学科知识在幼儿园是以一种综合的形式出现的；幼儿园的活动是教学与生活、游戏的整合，是集体、小组和个别活动的整合。"她还提出了三种幼儿园课程综合的思路：从整体课程入手，以幼儿发展的某一方面为线索整合幼儿的相关学习领域；从各个领域出发，整合部分关系密切的课程领域；从某一课程领域出发，将其他领域的部分内容整合到这一领域的活动中来，同时，将这一领域的部分内容整合到其他领域中去。

动动手

【活动目标】

①认识各种乳类食品，如牛奶、酸奶、豆奶等。

②让幼儿懂得喝牛奶有益于健康。

③培养幼儿喝牛奶的良好习惯。

请对照科学活动目标的制定要求及目标的表述要求对上述活动目标进行修改。

20世纪90年代以来，随着幼儿园课程改革的不断推进，幼儿园主题教育活动的理论呈现出开放性特征，主题教育活动开展的形式也呈现出多样性的特点。

19世纪末20世纪初，美国教育家杜威提出幼儿的发展是在先天本能与冲动的基础上，通过与环境的相互作用而不断地增加经验意义的过程。他强调教育要重视幼儿自己的兴趣，强调幼儿自主生成，并在兴趣和已获得经验的基础上，让幼儿自己通过操作来探究，进而自主地构建知识体系。他反对传统教育中的背离幼儿主体地位、以"课堂、书本、教师"为中心的教育方式，提出以"活动、经验、幼儿"为中心的新型教育方式。杜威强调"做中学"，但是这里的"做"不是简单的、机械的操作，而是边操作边动脑思考。他强调行动中反思的作用。杜威在批判传统学校教育的基础上，提出了"教育即生长""教育即生活""教育即经验的改组与改造"为教育本质的观点，并且提出了著名的"五步教学法"，即情境、问题、资料、方法、检验。其思想体系中对"做""生活""情境""问题""儿童中心"等的重视，都对后来出现的设计教学法有着深远的影响，同时也影响了当代主题教育活动的形成和发展。

"方案教学"也称"项目活动""设计教学"，出现于20世纪初，是美国教育家克伯屈在发展了杜威"做中学"教育思想的基础上，创造出的一种教学组织形式和方法。他认为，有机体是通过活动来进行学习的，而学习的结果是获得一种新的行为方式。他建议取消分科教学，取消现有的教科书，由幼儿根据自己的兴趣决定学习目的和学习内容。主张教材应该来源于实际生活，要给幼儿提供足够的自由和机会，让幼儿在教师的指导下，练习确定目标、选择目标、制订自己的计划、执行计划，提升做出判断和评价的能力。他认为，学校课程的设计类型可分为四种：生产者的设计、消费者的设计、问题的设计和练习的设计。同时，他指出了设计教学法的四个步骤：决定目的、制订计划、实践计划和评定。方案教学是一种倍加强调学习者主动性和自主性的综合课程模式，重点围绕幼儿某个感兴趣的主题进行深入研究，从而在活动的过程中构建知识网络，活动计划的弹性较大。在设计教学法中，学习者具有主体地位，以幼儿的活动为主，教师具有重要的指导作用。

任务三　"小小童心迎国庆"主题教育活动设计与实施

任务三 PPT

中班"小小童心迎国庆"活动设计案例

1.任务描述

十月一日是国庆节，是举国欢庆的日子。李老师为大一班级设计了以"国庆节"为主题的教育活动，以大一班的小朋友发展为中心，鼓励他们自己设计国庆节礼物，送给自己的小伙伴，从而增加他们的人际交往能力。李老师还带领小朋友观看升国旗仪式，培养他们的爱国情怀，让他们感受到身为中国人的自豪，促使他们在社会性上不断完善，并为培养健全的人格奠定基础。

除了设计班级的具体活动，李老师将小朋友的国庆节手工作品进行展示，丰富了环境创设的内容。除了上述活动，李老师还可以为国庆节设计哪些教育活动呢？

（1）阅读案例，分析案例中李老师关于"国庆节"主题教育活动的设计思路是什么？（完成工作表单1）

（2）小组讨论，如何以幼儿发展为中心设计活动主题？（完成工作表单2）

（3）小组讨论，如何以客体为中心设计活动主题。（完成工作表单3）

（4）小组讨论并完成大班"国庆节"主题教育活动设计。（完成工作表单4）

（5）小组讨论并完成大班"走进军营，筑梦童心"主题教育活动设计与实施。（完成工作表单5）

（6）以小组为单位，对大班"走进军营、筑梦童心"主题教育活动进行家园沟通，最后请家长完成回执单。（完成工作表单6）

2.工作表单

工作表单1~工作表单6分别见表4–16~表4–21。

表4–16 工作表单1

工作表单1	分析案例	姓　名		学　号	
		评分人		评　分	

1.设计思路

思路一：

设计思路

思路二：

2.案例中"国庆节"主题教育活动的设计思路是什么？

表 4-17　工作表单 2

工作表单2	以幼儿发展为中心设计 活动主题	姓　名		学　号	
		评分人		评　分	

1.以幼儿发展水平为基本维度。

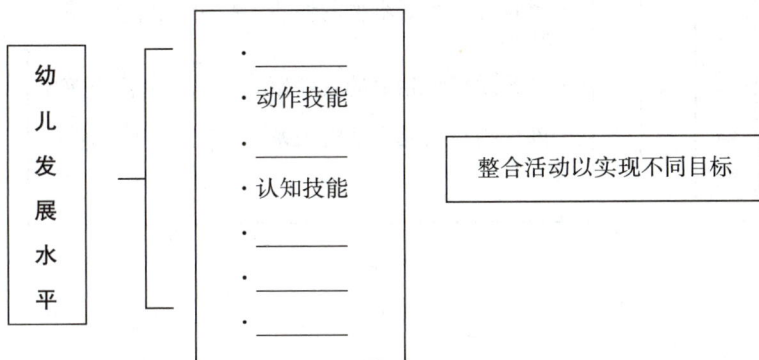

举例：

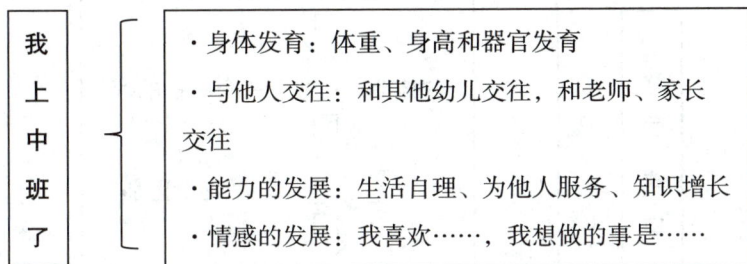

2.以幼儿对客观事物的认识为基本维度。

举例1：平行模式。

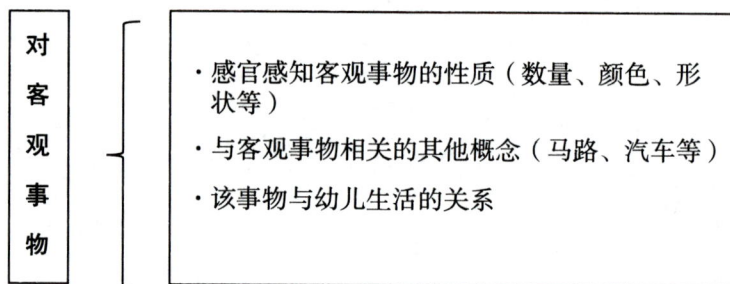

```
┌─────┐      ┌──────────────────────────────────────┐
│ 对  │   ⎧  │ ·感官感知客观事物的性质（数量、颜色、形  │
│ 客  │   ⎪  │  状等）                               │
│ 观  │ ──⎨  │ ·与客观事物相关的其他概念（马路、汽车等） │
│ 事  │   ⎪  │                                      │
│ 物  │   ⎩  │ ·该事物与幼儿生活的关系                 │
└─────┘      └──────────────────────────────────────┘
```

举例2：渐进模式。

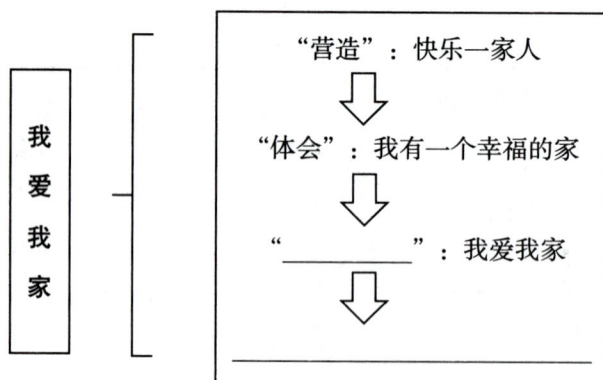

```
┌─────┐      ┌──────────────────────────────────────┐
│ 我  │   ⎧  │        "营造"：快乐一家人              │
│ 爱  │   ⎪  │              ⬇                        │
│ 我  │ ──⎨  │     "体会"：我有一个幸福的家            │
│ 家  │   ⎪  │              ⬇                        │
│     │   ⎩  │     "＿＿＿＿"：我爱我家               │
│     │      │              ⬇                        │
│     │      │     ＿＿＿＿＿＿＿＿＿＿＿＿            │
└─────┘      └──────────────────────────────────────┘
```

表 4–18 工作表单 3

工作表单3	以客体为中心设计活动主题	姓 名		学 号	
		评分人		评 分	

1.以事物的某种特性为中心进行整合。

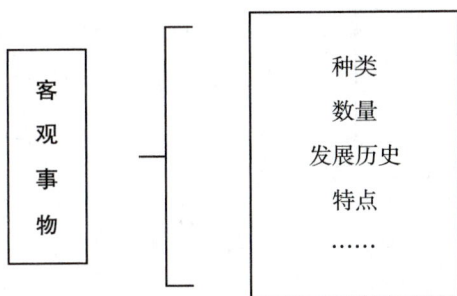

举例1：

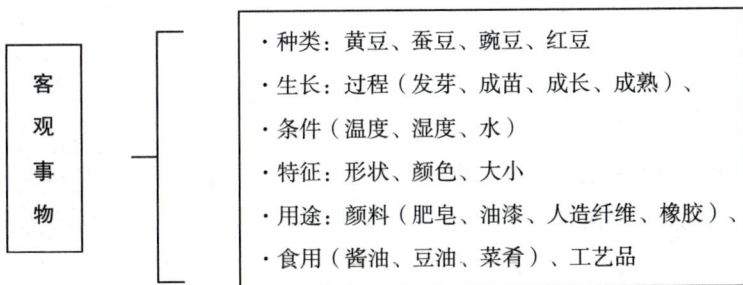

举例2：

2.以事物的共同性质为中心进行整合。

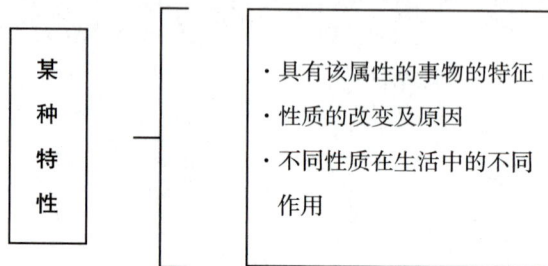

举例1：快快慢慢。

快快慢慢的汽车：快慢不同的汽车，影响玩具汽车速度的因素。

小动物的快和慢：动物的不同行进速度。

生活中的快和慢：快和慢的不同作用。

举例2：

3.以虚拟物为中心进行整合。

以虚拟物为中心进行整合就是将虚构物体作为主题，主题的目的不是让幼儿了解城堡、天空和地面，而是借助它们开拓一个想象的空间，将一些可能在现实中没有必然关联的内容整合在一起。

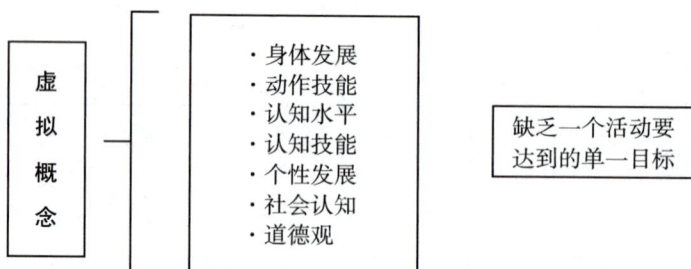

举例1：快乐城堡。

南瓜城堡：测量身高。

橘子城堡：认识教师节。

苹果城堡：手影游戏。

举例2：

表 4-19　工作表单 4

工作表单4	大班"国庆节"主题教育活动设计	姓　名		学　号	
		评分人		评　分	

1.设计意图。

　　为了进一步弘扬爱国主义精神，培养爱国意识、增强爱国情感、陶冶爱国情操，从而激发全体师生的爱国热情，特举办"娃娃爱祖国"活动。活动中，幼儿将用稚嫩、清脆的声音诠释身为中国娃的自豪感，以他们独特的方式为祖国母亲庆祝生日，培养幼儿热爱祖国的情怀，塑造积极向上、朝气蓬勃的精神风貌，让他们在幼小的心灵中播下了"爱祖国、爱家乡"的种子。

2.主题教育活动总目标。

3.主题教育活动网络图绘制。

国庆节

表 4-20　工作表单 5

工作表单5	大班"走进军营，筑梦童心"主题教育活动设计与实施	姓　名		学　号	
		评分人		评　分	

【设计意图】

军营是一个庄严而又神圣的地方，解放军更是幼儿心目中的英雄。为庆祝祖国妈妈的生日，弘扬幼儿的爱国情怀和对解放军的崇敬之情，特开展"走进军营，筑梦童心"主题教育活动，让幼儿零距离地感受军人生活，领略军人的风采，接受一次别开生面的爱国主义教育，从而培养幼儿爱国精神、团队意识，增强幼儿自律意识，培养幼儿勇敢坚强的品质。

【活动目标】

（1）了解＿＿＿＿＿＿＿＿＿＿＿＿＿＿＿＿＿。

（2）观看军人的操练，了解军人训练的刻苦和特殊的工作职责，萌发对解放军的敬佩之情。

（3）愿意与解放军接近，能大胆地提出自己想知道的问题，向往军旅生活。

【活动准备】

联系部队并商讨参观的系列活动；安排出行的车辆；幼儿准备出行的随身物品；撰写参观军营的活动策划方案；制作活动条幅；＿＿＿＿＿＿＿。

【活动时间及地点】

××××年××月×日 上午9：00-11：00

地点：×××技术学院

【活动组织与安排】

总指挥：＿＿＿＿＿＿　　　　活动策划人：园长助理、组长

活动负责人：班主任及各班教师　　车辆安排：车队队长

安全保障：保安　　　　　　　　医务保障：保健医生

照相录像：干事

【活动流程】

1.＿＿＿＿＿＿＿＿＿＿＿。

（1）检查幼儿的随身物品。

（2）讲解参观的注意事项并进行必要的安全教育。

（3）引导幼儿带着问题有目的地参观军营。

师：_____？

师：他们的生活用品是怎么摆放的？他们是怎样进行操练的？他们有哪些工作职责？你们有什么问题想要问解放军叔叔呢？

2.参观军营。

（1）参观营区宿舍。

①在解放军叔叔的带领下，重点观察叠放整齐的被褥、衣帽，统一摆放的牙刷、杯子、盆子等，引导幼儿从中感受部队生活的严肃、有序；②请解放军叔叔现场表演叠被子；③参观军营学习区，请解放军叔叔做讲解员；④参观军营活动区，感受部队生活轻松、愉快的一面。

（2）_____。

①观看解放军叔叔的队列表演：矫健的步伐、整齐的队伍、刚劲的动作、响亮的口号；②参观操练场：匍匐前进、翻墙跨越、搏击格斗等。

（3）_____。

请解放军叔叔简要介绍自己的工作职责，在执行任务中遇到紧急情况的处理办法，演示常见防爆器材的使用方法，提高幼儿的安全常识。

（4）近距离看坦克。

由解放军叔叔带领孩子们参观并介绍不同型号的坦克，鼓励幼儿积极与解放军叔叔互动，提出自己想知道的问题。

（5）_____。

（6）临别赠送礼物。

3.合影留念，活动结束。

（1）活动前教师检查_____。

（2）在指定地点集合后_____。

（3）临行前对幼儿进行安全教育，提醒幼儿遵守公共秩序，讲文明，懂礼貌。

（4）做好乘车的安全保障工作。

（5）_____：如发生突发事故，现场人员要及时向负责人报告。一般事故，各班教师可根据情况自行处理；重大事故，第一时间向组长报告，同时通知保健医生及幼儿园领导，及时处理，保证幼儿出行的安全。

表4-22　工作表单6

工作表单6	大班"走进军营，筑梦童心"主题教育活动家长告知书	姓　名		学　号	
		评分人		评　分	

"走进军营，筑梦童心"主题教育活动家长告知书

家长朋友们，您好！

军营是一个庄严而又神圣的地方，解放军更是幼儿心目中的英雄。为庆祝祖国妈妈的生日，弘扬幼儿的爱国情怀和对解放军的崇敬之情，特开展"走进军营，筑梦童心"主题教育活动，让幼儿零距离地感受军人生活，领略军人的风采，接受一次别开生面的爱国主义教育，从而培养幼儿爱国精神、团队意识，增强幼儿自律意识，让解放军勇敢坚强的精神品质感染每一颗童心。

本次参观活动幼儿自愿参加，家长收到告知书后自愿为孩子报名。

参观时间：×××年××月×日上午9：00~11：00。

参观地点：×××技术学院。

集合地点：幼儿所在班级，由幼儿园组织幼儿集体乘坐校车前往。

参观军营活动家长回执单				
幼儿姓名	幼儿所在班级	自愿参加	不参加	家长签字

小组成员：

演练过程：

3.反思评价

（1）幼儿园组织户外实践活动时，应该注意哪些事项？

（2）请你对自己在本次任务中的学习情况进行评价。

课堂活动参与度　☆　☆　☆　☆　☆

小组活动贡献度　☆　☆　☆　☆　☆

学习内容接受度　☆　☆　☆　☆　☆

4.学习支持

1）幼儿园主题整合课程的实施策略

教育活动内容的组织应充分考虑幼儿的学习特点和认识规律，各领域的内容要注重趣味性，寓教育于生活、游戏之中。以上论述反映了幼儿教育内容整体整合的导向。而幼儿园教育强调的是健康、语言、社会、认知、艺术五大领

政策法规

《幼儿园教育指导纲要（试行）》指出：幼儿园的教育内容是全面的、启蒙的，各领域的内容应相互渗透，从不同角度促进幼儿情感、态度、能力、知识、技能等方面的发展。

域之间的相互渗透和有机结合，在教学实施过程中树立一日活动都是课程的整合观，将教育内容融入幼儿一日生活、游戏、学习之中，使幼儿在学习、生活、游戏过程中整体、和谐、全面地发展。

（1）树立一日活动都是课程的整合观，提倡生活、游戏、学习为一体

①在生活中整合。

生活是人们综合性的活动。当前关于幼儿的学习理论，如奥苏伯尔的意义学习理

论、布鲁纳的发现学习理论等，都非常重视幼儿的生活学习。杜威的进步主义教育思想也重视幼儿的"生活世界"。目前，幼儿教育发展新趋势之一就是在教育目的上倡导"教育是生活"主张。生活活动是幼儿园课程设计和实施的现实背景，是幼儿在园活动的重要组成部分。在开展活动整合时，教师要充分利用户外活动、晨间活动、用餐、散步等与生活直接关联的活动，有机渗透各领域的教育内容。户外活动中设计与主题相关的活动，如小班开展"花儿朵朵"主题教育活动，教师设计与主题有关的体育游戏——花儿变变变、沙池游戏——漂亮的花园等；中班开展以"纸"为主题的活动，让幼儿玩自制的纸球、纸棒、纸毽、纸飞机等，这样既能丰富户外活动的内容，又可以使幼儿在活动中学习相关知识和技能；用餐时通过讲故事、餐后安静游戏活动对幼儿进行良好的用餐习惯养成和自理能力培养；通过散步对幼儿进行上下楼梯安全教育，让幼儿认识各种安全标志和环保标志；通过欣赏各班的美术作品和主题环境创设及手工艺品，对幼儿进行美的熏陶与教育；让幼儿翻阅《我爱祖国》专刊，对幼儿进行爱祖国、爱家乡的情感教育；通过在植物角喂养小动物，在种植角给菜浇水拔草、捉虫等，培养幼儿热爱动植物的情感和探究动植物生长变化的兴趣。

②在学习中整合。

在教育活动中，教师的指导应与幼儿的发现、探究和体验结合起来。教师应成为幼儿学习的指导者、支持者、合作者、引导者。在科学探究活动中，教师是幼儿活动的支持者，如大班的"坡度与车""谁的汽艇跑得快"实验活动，中班的"纸张响水""睡莲花开"实验活动，教师为幼儿提供操作材料，支持幼儿大胆探索，自主探究，将发现的问题与大家共同探讨、互相交流。在观察角，教师是幼儿的指导者和合作者，小班幼儿观察、讨论常见的动植物，教师随机记录幼儿的发现，并指导中大班幼儿学会把观察、发现到的现象记录下来，如记录马铃薯、大蒜等植物生长的变化过程。

在教育活动中，计划的学习情境与变化的学习情境结合起来。整合课程是开放互动的，在执行过程中计划可能因突发事件引起幼儿兴趣的转移而做及时地调整与修改。这就需要教师在组织教学的过程中灵活处理变化的学习情境，敏锐地观察幼儿，及时了解幼儿发展的需要，并给予适时适度的引导和帮助，为幼儿创设一个自主学习、自主创造、自主发展的空间。

③在游戏中整合

幼儿教育家陈鹤琴先生说："儿童是好游戏的，喜欢游戏是儿童的天性，游戏是儿童的生命，如果不允许儿童游戏，就像剥夺了孩子的生命。"幼儿特有的生活方式和学习特点决定了幼儿园的课程必须与游戏整合。游戏是幼儿的基本活动形式，是幼儿生活经验的反映，在幼儿园里是幼儿开展频率最高的活动。幼儿会把广泛的生活内容反映在游戏活动之中，也会把丰富的学习内容反映在游戏之中。幼儿往往是在游戏的过程中获得身心健康、和谐地发展，从中学得一些知识或某些技能。幼儿园把丰富的学习内容整合在游戏之中，如小班结合"花儿朵朵"主题教育活动开展了体育游戏"荷花池里的青蛙"、角色游戏"快乐花店"、结构游戏"漂亮的花"等；中班结合"纸"主题教育活动开展了体育游戏"好玩的纸"、表演游戏"纸时装表演"、结构游戏纸艺创作"土楼"等。

（2）充分利用家长资源，密切家园联系，有效进行资源整合

《幼儿园教育指导纲要（试行）》在组织与实施部分指出，家庭是幼儿园重要的合作伙伴，应本着尊重、平等、合作的原则，争取家长的理解、支持和主动参与，并积极支持、帮助家长提高教育能力。这充分说明家庭在幼儿教育中具有不可代替的地位。因此，应重视对家长资源的整合和利用。

通过家委会、家长会、家长开放日等活动，让家长了解并参与幼儿的教育工作。通过举行家园同乐、亲子游戏等活动，让家长走进幼儿园，亲眼看见自己孩子在幼儿园快乐学习和游戏的场面，并请家长参与到主题探究活动中，使家长深入了解幼儿教育，以激发他们主动为幼儿的教育工作提供帮助的热情。

创建丰富实效的家园联系栏。班级的家园联系栏是进行家园教育交流的一块田地，它能密切幼儿园与家庭、教师与家长间的沟通与了解，增进教师与家长之间的感情。

让家长学做"助教老师"，通过发放"助教活动"报名表，让家长自愿报名，给幼儿上课。如中班家长根据"食物"主题开展的"菜丸子"制作助教活动，娴熟的刀工表演，引来幼儿的阵阵掌声。幼儿乐滋滋地品尝着香喷喷的菜丸子，既能让幼儿了解利用青菜可以制作很多好吃的食物，又可以让幼儿感受到父母每天做菜的辛苦，使幼

儿懂得尊敬、关心、体贴父母。此外，在幼儿演出、外出参观、举办节日活动时，许多家长都主动报名做"助教老师"，支持、配合老师们的工作。可见，积极、有效地利用家长的教育资源，不仅可减轻教师的负担，还可促进家园联系，增进孩子与家人的感情，从而促进幼儿身心全面和谐地发展。

动动手

科学活动：常绿树和落叶树（中班）

【活动目标】

①发展初步的比较、观察、概括的能力。

②知道树木落叶和树木枯黄的原因。

[问题]该活动制定的目标是否合理？应如何修改？

2）幼儿园主题整合课程的设计思路

（1）整合活动主题的选择

活动内容应来自现实生活，源于社会实践，基于幼儿的生活经验，不能把幼儿不理解的内容作为活动主题。

活动内容应包括三个维度中的至少两个，活动内容应涵盖面广、易发散，有利于生成课程的形成，也有利于老师设计一系列活动。例如，"我和影子做朋友""我们的心愿""快乐生日会"这三个教育活动涉及面都很广，易让幼儿产生兴趣。以"我和影子做朋友"为例，该教育活动涉及科学领域与社会领域，通过这个活动将促进幼儿在探索活动中积极思考、大胆猜想，并不断验证自己的猜想，逐步感受物体与影子之间的关系。

（2）活动目标的制定

设计主题活动时，需要先制定总的活动目标，再制定每个分活动的分目标。实施活动整合课程时，设计思路如下：

·从整体课程入手，以幼儿发展的某一方面为线索，整合相关的学习领域；

·从课程的几个领域出发，整合部分关系比较密切的课程领域；

·从某个课程领域出发，将其他领域的部分内容整合到这一领域的活动当中来，或将这个领域的部分内容整合到其他领域的课程当中去。

整体教学目标是依照五大领域而设计的，教学内容的选择具有很大的灵活性，依据幼儿的兴趣而非成人的知识结构系统来选择教学内容，而且经常产生生成性课程。

因而，在制定各主题活动目标的时候就要充分考虑各领域目标的有机分配，使幼儿在各领域得以平衡发展。在进行最初整合探索的时候，最好选择第三种设计思路，重点确定核心领域目标，在教学方法和途径上融合和渗透其他领域。在取得一定经验的基础上，再尝试运用多种设计思路制订活动计划。

（3）整合活动准备

活动准备包括环境创设与幼儿经验积累两个部分，需要老师与家长的双重配合。

①环境创设。

活动场地：根据活动的需要选择场地，教师可以事先与幼儿一起将需要用到的材料放进场地并布置场地；如果在室外活动则应选择干净、明亮、安全的场所。以"我和影子做朋友"活动为例，应先创设一个没有光线的屋子或角落环境。

材料：可以由教师准备，也可以由幼儿自己准备。让幼儿自己搜集日常生活中常见的材料，可以调动他们的积极性，提升他们的成就感。以"我和影子做朋友"活动为例，在科学区为幼儿提供手电筒、聚光灯，有颜色和无颜色的透明玻璃纸，大小一样的积木两块，不透明的玩具若干，铝箔纸，蛋挞等。

②幼儿经验积累。

教师方面：活动前开设主题墙，普及知识；布置作业，让幼儿和家长讨论关于这次活动的相关事项；活动结束后让幼儿自己布置主题墙。以"我和影子做朋友"活动为例，开辟"影子朋友"主题墙，以展示幼儿的学习过程。

家长方面：配合教师帮助幼儿搜集材料，帮助孩子解决问题。

（4）整合活动课程构成

整合活动课程是由多个学科领域课程与幼儿一日活动构成的，应重点理顺整合课程与学科课程的关系及整合课程与幼儿一日活动的关系。

①整合课程与学科课程的关系。

在教育中常常出现以偏纠偏的思维定式，即要么片面强调整合或分科的优点，要么试图取代对方，这些都是不可取的。克服思维定式应立足人、教育、生活是整体的观点，在课程开发和教学中采取实事求是的态度，该整合的坚决整合，该分科的坚持分科，整合中有分化，分科中有整合，取长补短，相得益彰。分科课程和综合课程的划分是相对的。根据幼儿的生理和心理发展状况，不同阶段的课程整合具有不同的意义。一般来说，年级越低，课程整合的程度可以越高一些。

②整合课程与幼儿一日活动的关系。

幼儿的一日活动都是课程，课程应生活化、游戏化。幼儿的年龄特点决定幼儿园的生活、游戏与学习是分不开的。幼儿阶段是幼儿身体、智力、情感和社会性飞速发展的时期，该阶段的大部分时间是在幼儿园度过的，他们的大部分生活经验也将在幼儿园中获得。而幼儿的年龄特点决定他们需要通过游戏的方式才能更好地学习与生活。所以教师在引导幼儿学习的过程中，必须选择与幼儿生活息息相关的内容，通过不断地操作、探究、重复和延续来帮助幼儿建立、积累经验。

例如，在小班的教学中培养幼儿良好的卫生习惯。

教师选择儿歌"我是一个大苹果，小朋友们都爱我，请你先去洗洗手，要是手脏别碰我"，来帮助幼儿建立讲卫生的习惯；

吃水果时，让幼儿观察苹果的结构，感知它的味道，感知它的质地。

在快乐屋玩角色游戏的时候，教师可以引导幼儿模拟苹果交易，培养幼儿初步的社交技能。

数苹果，摆苹果，培养幼儿按一定顺序排序的数学概念；画苹果，用橡皮泥搓苹果，培养幼儿手眼协调能力。

幼儿排队时，教师可以通过有节奏、富于童趣的肢体动作引起幼儿学习表演的兴趣。良好的习惯不是一两天就可以养成的，在日常学习和活动中，老师可以组织幼儿创编儿歌，通过儿歌促进良好习惯的养成。

（5）整合活动课程的实施

整合课程的重要原则是以幼儿为主、教师为辅。教师在幼儿活动时是参与者、观察者。坚持在教育活动开展的过程中进行课程整合，坚持"反思+实践"的原则，积极调整教学实践，不断反思和调整整合策略，使幼儿在不断犯错、积累经验中获得成长。

例如，主题活动"我爱祖国"整合了家庭资源，家长们为幼儿搜集了各种关于我们伟大祖国的图片，幼儿常常簇拥在图片前讲述"这里是万里长城，我去过！""这是东方明珠塔，我妈妈说站在上面能看到上海的全景……""老师，这是哪里？那是哪里？"幼儿急切地想知道每一处景观的闻名之处。教师随即根据幼儿的兴趣，将主题活动"我爱祖国"计划性的内容与生成性的活动进行整合，生成活动并组织幼儿玩旅行游戏——"游祖国十八景"，邀请到过旅游景点的幼儿当导游，大家边旅行边听介绍。小朋友们都兴趣盎然，活动开展得很成功。

活动课程整合的要点如下：

·活动内容融入幼儿一日生活中。进餐环节、户外活动环节、午睡环节等都可以渗透活动内容。

·幼儿园课程整合的主要方式：以五大领域为中心进行整合、以季节为中心进行整合和以主题为中心进行整合。

·活动方式中必须加入游戏，游戏是幼儿的权力，能调动其积极性，在玩中教，在玩中学。

名人名言

播下一个行动，收获一种习惯；

播下一种习惯，收获一种性格；

播下一种性格，收获一种命运。

——（美）威廉·詹姆士

任务四 "欢欢喜喜过大年"主题教育活动实施与评价

任务四PPT

中班"欢欢喜喜过大年"活动设计案例

1.任务描述

春节即将来临,中二班的李老师开展了以"春节"为主题的"红灯笼"美术活动。小朋友都饶有兴趣地画出了自己的红灯笼,多多很快就画好了,她拿给李老师看:"老师,你看,我画的红灯笼。"

李老师:"我看见你在纸的中间画了个大灯笼。"然后李老师指着大灯笼说:"这个灯笼是什么形状的啊?"多多说道:"这是我设计的灯笼,圆圆的红灯笼。"李老师说道:"灯笼很漂亮,天黑了怎么办呢?"多多思考一会说道:"我忘记画灯泡了,我要设计一个大灯泡,很亮很亮的那种!"李老师好奇地问道:"那你提着灯笼要去哪里呢?"多多说:"我可以去逛庙会啊!"接着多多又画上了街道和很多小朋友。就在李老师和多多交流的过程中,多多完成了她的作品。

(1)阅读案例,分析案例中幼儿美术发展的水平阶段。(完成工作表单1)

(2)阅读案例,小组讨论并分析案例中李教师的支持策略。(完成工作表单2)

(3)小组讨论幼儿园主题整合课程的实践困惑。(完成工作表单3)

(4)小组讨论幼儿园主题整合课程的实践策略。(完成工作表单4)

(5)小组讨论并完成中班"红彤彤的年"主题教育活动设计及该主题教育活动网络图。(完成工作表单5和工作表单6)

(6)以个人的形式进行教育活动模拟演练,并进行教育活动评价。(完成工作表单7)

2.工作表单

工作表单1~工作表单7分别见表4-22~表4-28。

表 4-22　工作表单 1

工作表单1	幼儿美术发展的水平阶段	姓　名		学　号	
		评分人		评　分	

1.结合案例，分析幼儿美术发展的三个水平阶段。

《3~6岁儿童与学习发展指南》指出，成人应对幼儿的艺术表现给予充分的理解和尊重，不能用自己的审美标准评判幼儿，更不能为追求结果的"完美"而对幼儿进行千篇一律的训练，以免扼杀其想象力与创造性。

> 03　＞ ＿＿＿＿＿＿＿
> 作品有简单或负责的细节

> 02　＞ ＿＿＿＿＿＿＿
> 例如：看，这个像蝴蝶

> 01　＞ ＿＿＿＿＿＿＿
> 手蘸演练、弄皱纸、涂鸦、压扁橡皮泥

2.儿童美术活动的8个发展水平。

水平0：儿童能探索不同质地和颜色的＿＿＿＿＿＿＿。

水平1：儿童能探索艺术材料的＿＿＿＿＿＿＿。

水平2：儿童能用艺术材料创作作品，如制作离散的＿＿＿＿＿＿，或按模型建造，或把它们压扁。

水平3：儿童用艺术材料制作一个作品，得到一个意外结果，并能说出它像什么（属于无意识呈现）。

水平4：儿童制作一个有一点＿＿＿＿＿＿＿的简单作品（有意识呈现）。

水平5：儿童能制作出很多细节的＿＿＿＿＿＿＿作品。

水平6：儿童能发现作品的艺术＿＿＿＿＿＿＿（颜色、线条、质地），并能与某些情感和想法联系在一起。

水平7：儿童能用艺术元素来表现艺术效果，或表达＿＿＿＿＿＿＿和想法，并能解释自己这样做的原因

表4-23　工作表单2

工作表单2	分析案例中李教师的支持策略	姓　名		学　号	
		评分人		评　分	

1.案例中李老师的支持策略如下。

（1）从"描述"入手，了解幼儿的作品，引导幼儿＿＿＿＿＿＿自己的作品。

案例中：＿＿＿＿＿＿＿＿＿＿＿＿＿＿＿＿＿＿＿＿＿＿＿＿＿＿＿＿＿＿。

（2）有＿＿＿＿＿＿地和幼儿谈论作品。

案例中：＿＿＿＿＿＿＿＿＿＿＿＿＿＿＿＿＿＿＿＿＿＿＿＿＿＿＿＿＿＿。

（3）谈论适宜的话题，鼓励幼儿＿＿＿＿自己的创作。

案例中：＿＿＿＿＿＿＿＿＿＿＿＿＿＿＿＿＿＿＿＿＿＿＿＿＿＿＿＿＿＿。

（4）更多关注幼儿的创作＿＿＿＿，而不仅仅关注幼儿呈现的作品结果。

案例中：＿＿＿＿＿＿＿＿＿＿＿＿＿＿＿＿＿＿＿＿＿＿＿＿＿＿＿＿＿＿。

2.其他策略。

（1）教师介入时，首先描述看到＿＿＿＿＿＿＿＿＿＿＿＿＿＿＿＿＿＿＿。

（2）幼儿和教师谈论绘画内容，老师要＿＿＿＿＿＿＿＿＿＿＿＿＿＿＿＿＿。

（3）重复和重构幼儿说的话，＿＿＿＿＿＿＿＿＿＿幼儿的绘画意图。

（4）尽量少问问题，就＿＿＿＿＿＿＿＿＿＿＿＿＿＿＿＿＿进行提问

表 4-24　工作表单 3

工作表单3	幼儿园主题整合课程的实践困惑	姓　名		学　号	
		评分人		评　分	

1.如何有效地运用主题性教育，并将其转化为可操作的幼儿园课程呢？

应当明确三个方面的问题：

一是主题性课程内容是由＿＿＿＿＿＿和＿＿＿＿＿＿共同编织而生成的；

二是教师要明确幼儿园不同环节的＿＿＿＿＿作用，并通过整合使其达到最优化；

三是通过合理的主题课程设计和备课获得主题性教育组合课程

2.实践困惑。

（1）实践困惑：对于幼儿感兴趣的主题，教师都要编制成课程吗？

对幼儿行为表现的解读不同，教师对幼儿的支持策略就不同，因此＿＿＿＿＿＿＿＿＿

＿＿＿＿＿＿＿＿＿＿＿＿＿＿＿＿＿＿＿＿＿＿＿＿＿＿＿＿＿＿＿＿＿＿＿＿＿＿＿

＿＿＿＿＿＿＿＿＿＿＿＿＿＿＿＿＿＿＿＿＿＿＿＿＿＿＿＿＿＿＿＿＿＿＿＿＿＿＿

对幼儿问题的梳理	
幼儿要探究问题的表述	所归属的关键经验的范畴
蜗牛能听见声音吗？	蜗牛的外形特征与功能
蜗牛喜欢吃什么？	蜗牛的食性
蜗牛吃什么颜色的食物，它的粪便就是什么颜色吗？	新陈代谢的特性
蜗牛喜欢住在什么地方？	适应环境

（2）教师普遍认为要关注幼儿的兴趣和想法，但是，教师的兴趣和想法需要关注吗？

幼儿兴趣与教师兴趣的区别之一是：幼儿没有义务去接纳教师的兴趣，但教师却必须乐于接纳、激发幼儿的兴趣。教师要运用自身的＿＿＿＿＿＿＿，采用能够实现教师所设教育目标的方法，对幼儿各种兴趣和想法的满足也是十分重要的

表4-25 工作表单4

工作表单4	幼儿园主题整合课程的实践策略	姓　名		学　号	
		评分人		评　分	

1.主题性课程内容来源于教师和幼儿共同编织的生活

整合课程编制的特点之一就是课程人员_____，幼儿只是课程的参与者之一，教师不能完全依据幼儿的兴趣开展教学工作。

好的课程应该是_____共同编织的生活。所谓编织的生活，即有纵线和横线，且没有边界，是一个开放的系统。如下图所示，编织生活的横线就是幼儿感兴趣、某一阶段每天都想玩的游戏，同时也可能是教师的兴趣所在，这些游戏是幼儿的直接兴趣所产生的学习外显行为。但是，如果教师仅仅着眼于幼儿游戏的乐趣如何变为这类外显行为，难免会导致短视和局限的教育支持，幼儿在游戏中体验的价值正是幼儿_____所必需的经验，所以，教师应该将其设计为后续的教育内容。

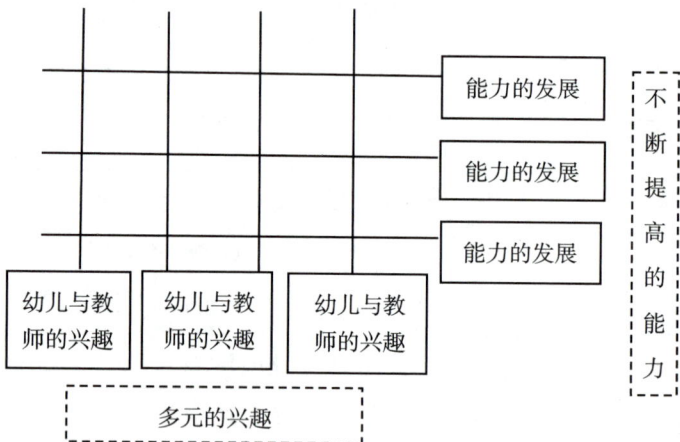

2.教师应明确幼儿园各种教育组织形式的作用及其关系，使之进行整合和优化

幼儿教师首先应该明确的就是各类教育组织形式的作用及其之间的关系。从组织形式上看，幼儿园教育不仅考虑每次教学活动之间的_____，而且考虑一天里所有环节之间的_____，使集体教学活动在整体课程中起到_____的作用；从教学内容方面看，幼儿园教育以幼儿模仿学习为主，幼儿最有价值的知识就是直接经验，直接经验更多的是在生活教育中获得的。因此，要将一日活动整合在一起，以主题教育活动为载体，以_____教育为主，以_____活动和_____教学等活动为辅，使幼儿一日生活中的所有环节成为整体性课程中的一部分，最终实现一日活动整合化

3.最先以"＿＿＿＿＿＿＿＿"为单位尝试备课，然后再以"＿＿＿＿＿＿＿＿"为单位备课

　　在初期探索阶段，建议教师以"＿＿＿＿＿＿＿＿"为单位进行备课。因为，以"周"为单位设计教学计划，由于其时间＿＿＿＿＿＿＿＿、内容相对少而集中，同时，以"周"为单位设计课程，能够承接上周的需要，从而更好布置周末的家庭活动，到新的一周就启动集体教学活动去传递知识和经验，以区域活动和生活活动锻炼和发展幼儿能力，最后又回归到家庭周末的安排，迁移幼儿过去一周的经验，然后又重复这样的循环

4.初期阶段，讲义采用常规课程与主题课程并行模式

　　渐进式的课程改革有助于教师在主题式课程实践过程中积累＿＿＿＿＿＿＿＿，待课程趋于成熟，教师对主题性课程的设计比较成熟时，再逐渐过渡到完全的主题课程。主题性课程实践模式也必定是幼儿园未来发展的趋势

表 4-26　工作表单 5

| 工作表单5 | 中班"红彤彤的年"主题教育活动设计 | 姓　名 | | 学　号 | |
| | | 评分人 | | 评　分 | |

1.主题教育总目标

①在丰富多彩的活动中感受中国的传统文化，了解春节的各种_____。

②了解中国传统的民间艺术及节日期间的活动，感受中国年所特有的红红火火的气氛。

③积极参与_____活动，学习社会礼仪知识。

④逐步养成_____意识及做事有计划的良好习惯。

2.完善中班"春节"主题教育活动网络图一

3.环境互动

子主题	环境准备
节日真热闹	准备一本日历，将春节和元宵节的日期圈出来；提供相应的节日照片、日期卡、名称卡并将它们粘贴在对应在日期处。
欢欢喜喜过大年	
红红火火中国年	

4.绘制中班"春节"主题教育活动网络图二

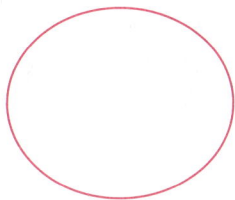

5.区域建议

区域名称	活动建议
生活区	1.扫尘：提供抹布、刷子、盆等打扫工具，邀请幼儿一起进行新年大扫除活动，在打扫中了解新年有扫尘的习俗。 2.包饺子：提供案板、擀面杖、馅料等，引导幼儿学习包饺子
益智区	1.超市购物：提供仿真钱币，幼儿进行角色扮演，依据自己的钱数购买相应的物品。 2.认日历：
语言区	1.自制年俗小书： 2.故事中的节日：
科学区	1.一一对应： 2.
艺术区	"福气"到：

表 4-27 工作表单 6

工作表单6	中班"红彤彤的年"主题下十二生肖教育活动设计	姓　名		学　号	
		评分人		评　分	
授课时间	20分钟	授课班级		中班	
课程内容	十二生肖	授课教师			
活动准备					
活动目标 （分别标记三维目标）	1. 2. 3.				
活动重难点	教学重点： 教学难点：				
活动过程	一、活动引入 提问："你们属什么呢？知道爸爸、妈妈、爷爷、奶奶属什么吗？"请幼儿说一说家人和自己的属相，在幼儿说出属相名称时，教师出示该生肖的图片请幼儿认识、欣赏。 二、活动过程 教师按顺序向幼儿介绍十二生肖的名称，并出示相应的图片请幼儿认识。教师："世界上有很多很多动物，为什么只有十二种动物被选为属相呢？我们来听一听故事里是怎样说的。"然后老师有表情地讲述故事《十二生肖的传说》。 提问："知道今年是什么年吗？在哪些地方看到了这种生肖形象呢？" 三、活动结束 欣赏歌曲《十二生肖歌》，了解十二生肖的排列顺序，并尝试说一说				
活动延伸	1.园内活动： （1）学唱《十二生肖歌》。 （2）请十二名幼儿戴上胸饰扮演十二属相玩排队游戏。 （3）制作十二生肖三段卡放在科学文化区供幼儿操作练习。 2.家园共育：请全家人按属相先后排序				

表 4–28　工作表单 7

工作表单7	教育活动模拟演练	姓　名		学　号	
		评分人		评　分	
根据教育活动设计进行模拟演练					
今天模拟演练的同学是：					
优秀教育活动设计内容： 模拟演练的主题： 子主题： 划分领域： 适宜年龄段：					
该活动的具体设计内容： 1.活动导入： 2.活动过程： 3.活动结束： 4.活动延伸：					
教育活动评价： 1.目标： 2.内容： 3.幼儿： 4.教师：					

3.反思评价

（1）通过一系列的教育活动设计与实施，你认为在教育活动中还有哪些薄弱之处？

（2）请你对自己在本次任务中的学习情况进行评价。

课堂活动参与度　　☆　☆　☆　☆　☆

小组活动贡献度　　☆　☆　☆　☆　☆

学习内容接受度　　☆　☆　☆　☆　☆

4.学习支持

当前，在幼儿园中存在着各种课程模式，其中方案课程、生成课程、综合课程等虽然名称不同，但在设计思路上都有一个共同点，即把"主题"建构作为教育内容的组织形式，我们且称这类课程为"主题整合课程"。主题性课程与学科或领域课程的最大区别是，主题活动的展开并不遵循学科的线索，它具有多层次的综合功能，追求的是教育内容的整合。

1）幼儿园主题整合课程的实践策略

（1）明确主题选择方向，寻找恰当的主题源

主题整合课程为幼儿和教师提供了无限广阔的学习内容和教育内容，但同时，也对幼儿和教师选择恰当的主题提出了挑战。不同的课程设计者因价值观的差异，会有不同的主题选择倾向。因此，明确教育价值观是明确主题选择方向的首要任务。一般来说，主题整合课程存在两种主题选择倾向。

首先，从幼儿的兴趣出发。主题整合课程大多是以幼儿的兴趣为出发点的。因为

幼儿的兴趣和求知需要是主题整合课程得以开展和发展下去的保障。从幼儿的兴趣出发选择主题，可以较好地满足幼儿的发展需求和探究兴趣。这种选择倾向演绎了新的教育观和课程观。

从幼儿自身兴趣出发选择主题源，有以下方法和策略：从幼儿关注的话题（谈话或疑问）中寻找主题；从吸引幼儿的事件中寻找主题；从幼儿的角色行为中寻找主题；从幼儿感兴趣的艺术作品和文学作品中寻找主题。

其次，从教师的兴趣出发。这里的"教师兴趣"并不意味着主题的选择纯粹是按照教师的意志，而完全不顾及幼儿的学习兴趣。从教师的兴趣出发，是指在选择主题时，教师对于主题的系统性、逻辑性及方向性的设想较多，主题的选择往往带有某种课程改革的意图和科研目的。例如，有些幼儿园依据本园的特色或利用本地文化资源寻找和确定幼儿感兴趣的主题内容，开发适合幼儿学习、探究的园本课程。

（2）寻找合适的展开线索，扩展主题源

主题源一般要通过一定的线索层层展开，从而构成一个有机联系的主题网络。到底从哪个角度、按什么线索展开主题源才是较恰当和合理的呢？目前，教师在扩展主题源时，较多采用两种方式来展开线索。

第一，分析主题源中所包含的信息要素，并将这些信息要素做进一步的分解，找到次一级的主题要素，以此类推，层层分解。如以这种方式展开主题源，各主题要素彼此关联，可以构成一个网状结构。但次一级主题分层不宜过多，否则容易偏离主题源的价值追求，也易造成各主题要素展开层次的悬殊。如一个主题要素展开了四层甚至更多，而另一个主题要素只展开了两层甚至更少。

第二，分析主题源所涵盖的学科或领域倾向，设想幼儿可以从这些学科或领域中获得哪些具体的知识和技能，由此形成具有学科或领域倾向的主题要素网。

这种线索展开的主题要素与主题源的联系较紧密，容易实现主题源的教育目标。但是，由于主题内容的完整性和综合功能被打破，易使原本综合的活动还原为单一的学科或领域活动。很多幼儿教师的疑问和困惑也是从这里产生的，似乎从主题出发，兜了一大圈，又回到了学科或领域教学。

选用主题源展开线索的依据是：

①主题源的教育价值定位，是强调情感、能力方面的价值，还是较多考虑知识、技能方面的目标要求。

②主题源内涵的大小，即所包含的主题要素的多少。

③教师的专业理论素养和教学能力。

（3）分析某一主题要素的内容性质，确定学习活动的目标倾向

主题网络构建之后，教师要分析主题要素的内容性质，确定其学习活动倾向。这方面一般可采取以下两种策略。

①对网络中所有主题要素的内容性质进行分析。不同的主题要素，其内容性质不同，它所具有的学习活动倾向也不同。这里的学习活动倾向不是特指社会、语言、数学、科学、音乐、美术等学科或领域活动的倾向，而是指专门的教学活动、生活活动和游戏活动。在开展主题整合课程时，要求幼儿在一定时期内沉浸在一个主题中，使幼儿一日生活中的所有活动都与这个主题相关，这样才能真正发挥主题整合课程的教育优势。因此，主题网络经过教师的分析和整理之后应将主题要素网络转变成活动网络。教师应根据幼儿的心理特点和求知兴趣确定某一主题要素和活动形式作为展开此主题整合课程的出发点。

②对网络中某一确定的主题要素的内容进行分析，确定其学习活动倾向，并据此开展活动。在活动过程中，教师根据师幼互动的情况和幼儿活动的兴趣，不断开发新的主题要素，使整个主题整合课程灵活、自由地以各种活动形式得以展开，构成一个动态的系统，使幼儿的生活、游戏和学习成为一个动态的有机统一的整体。

（4）挖掘主题要素的网络价值，确定活动目标和要求

主题整合课程关注的是整体的、有联系的经验，追求对幼儿具有"完整"意义的教育价值。主题要素是主题网络中的一个点，是整体的、有联系的经验中的一个点，具有整体主题网络所蕴含的价值特征。因此，充分挖掘和利用主题要素所隐含的网络价值，是开展主题整合课程的关键。也就是说，从某一主题要素着手设计课程时，活动目标和要求所体现的不应仅仅是某一主题要素本身的价值目标，始终要留有一定的空间来体现主题网的价值追求。这样才能保证幼儿的生成性活动与教师的预定性活动

相统一，使目标的系统性与生成性相结合。例如，在"热闹的大街"主题网络中，教师根据幼儿的谈话热点开展了"行车交通标志"游戏活动。活动本身的目标非常清晰，即认识各种行车交通标志，养成遵守交通规则的良好习惯。但是，活动所具有的网络目标还包括街道建设与美化、街景装饰与布置、角色行为扮演……因此，教师在设立活动目标，为幼儿准备活动材料时，就要考虑更多潜在性的情境要求、物质要求及幼儿可能出现的种种兴趣要求。

（5）根据活动目标，设计活动方案

主题只是课程内容的组织形式，是教师定位和设计一个具体活动方案的切入点。主题整合课程的特点在于其教育内容的生活性和综合功能，其活动的设计和实施并不具有一定的模式。因此，在确定活动具体目标和要求之后，应根据活动目标在整体主题网教育目标中的地位和作用，活动要求的高低，本园本班幼儿的知识经验和认知水平及环境、材料状况，采用恰当的教学模式设计活动方案，从而开发课程。各种课程内容的组织都可以采用主题的形式，但具体的教学和活动模式可以各不相同。

主题整合课程由于它整合的教育理念以及对幼儿发展的整体性影响，越来越受到人们的关注和重视。我们期望在幼儿园课程改革中，教师们能更好地理解幼儿园课程中的主题，能更有效地运用主题设计策略开发幼

> **名人名言**
>
> 在达到理智的年龄以前，孩子不能接受观念，而只能接受形象。
>
> ——卢梭《爱弥尔》

儿园课程，组织幼儿的各项活动，使幼儿在一个更为适宜、更具有生活意义的教育环境中健康地成长。

2）在主题活动中幼儿自主性培养的策略支持

所谓自主性，是个人对自身的活动拥有控制、驾驭、自我调节的一种能力。幼儿的自主性如何在活动中培养呢？一般来说，幼儿只有在自己的范围内活动，不受到成人的干预及控制的情况下，其自主性才能充分地得到发挥。如果成人的干预和指导变成了对幼儿活动的一种控制手段，那活动就不能成为幼儿自主性的活动了。因此，在独立的活动中，活动的主体是幼儿，教师不能作为幼儿活动的主导者，教师应为幼儿的活动创设适宜的环境，对幼儿进行观察、引导，从而有效支持活动进展。

幼儿园主题活动是幼儿围绕一个主题，自主观察、探索周围事物和现象、自由表达、教师给予适时适度支持和引导的活动。它是一种低组织、重经过、高开放的幼儿自主性活动。然而，在大部分幼儿园的主题活动中都会存在着"三多三少"的现象。教师安排的活动增加，幼儿的活动减少；教师的干预比较多，幼儿自主探索比较少；规定的表达方式比较多，自我表达相对比较少。

著名的儿童心理学家皮亚杰曾经说过："知识不是来自客观的世界，也不是来自儿童本身，而是来自儿童与客观世界之间的互动。"这种互动意味着幼儿正在获得经验和知识。其中，获取路径既包括主动获取也包括被动获取，我们倡议幼儿处于主导地位。如果我们忽视幼儿在活动进程中的主导作用，幼儿就可能丧失探索未知世界的最佳机会。

（1）主题活动中幼儿自主性培养的意义

第一，能促进幼儿的好奇心和对环境的渴望。

"幼儿智慧的萌芽便是好奇心促使的。"这是培根所说的，幼儿对世界的理解始于好奇心。强烈的好奇心加强了幼儿的好奇行动，并激励他们参加重点突出和独立的探求行动。这些行动实际表现为观察、试验、错误、反复探索和实验。通过这些活动，幼儿的好奇心和探索的愿望得到了充分发展和提高，对发展幼儿的良好创造力产生了重要影响。

第二，能促进幼儿经验的内化、协调与整合。

在幼儿积极探索的活动之中有丰富的想象力、大胆的尝试和反复的做法。一方面，幼儿不再受到实际的环境限制；另一方面，他们很可能把无关的事物、经验和策略结合起来，形成幼儿认为的有意义的活动，从而促进经验的进一步改进，从而达到获取知识的目的。在生活中，我们经常看到幼儿专注于在角落里自己进行摸索玩耍。因此，如果幼儿有机会在不受干扰的情况下"玩"，而且不受控制，那么他们获取的经验将更适合幼儿的接受能力。

第三，能促进幼儿独立性品质的养成。

幼儿喜欢某些活动，不是因为活动本身是可以获得教育启示的，而是因为活动可以满足幼儿的心理需要。幼儿的发展会朝着独立和独特的方向。一旦幼儿进入生活，他们将需要独立的思考和独立精神的活动。自主独立的活动将使幼儿成为自力更生、自信的主要行动者。通过独立的调查活动，幼儿能够认识到自己的力量，体验自己的价值，逐渐发展不同的特质。

（2）在主题活动中培养幼儿自主性发展的策略

首先，教师要转变教育理念，重视幼儿自主性的培养。

在主题活动中，教师要转变观念，不要一味地想着要教会幼儿什么，要完成什么教学任务，而应重视幼儿自主性的培养。"没有比让学生独立和有效地学习更重要的教育目标了。"这句话告诉教师对教育的目标要有新的认识，不要一味地把教会、学会作为对幼儿教育的目标，而是要把对幼儿自主性的培养当作教育的重要目标。教师经常会对幼儿说："你要做一个听话的孩子！""老师讲的时候你要认真听，不然就学不到本领了！""看×××小朋友听得多认真啊！"教师的言语无形中抑制了幼儿独立性、自主性、创造性的培养与发展。

其次，创设活动环境，培养幼儿的自主性。

蒙特塞拉特强调必须为儿童的正常身心发展创造有利的环境。一个适合儿童生长的世界和环境是绝对必要的。只有创造一个适合幼儿生长的环境，我们才能为教育创造一个新的起点。

在开始实质性活动之前，教师必须根据主题建立一个新的、动态的、面向幼儿的活动。幼儿主要被动态、新奇和开放的客观环境所吸引，有了兴趣幼儿才会调动全身各种感官参与到活动中去，通过观察、聆听、尝试、探究获得自身经验的内化和提升。幼儿几乎对任何开放的环境都有着我们无法想象的兴趣，他们很乐于与这种新奇的、开放的环境产生互动，这种环境完全地激发了他们的探索欲望与主动性。所以说，教师应该继续根据幼儿的年龄特点、活动内容、季节变化和现有资源，建立一个新的、有活力和开放的主题环境。尽可能地为幼儿提供如沙、泥、石、水等材料以引发幼儿活动的积极性和主动性，逐步培养幼儿活动的自主性。

再次，改被动为主动，促进自主学习。

· 拓展幼儿自主学习的空间。教师应根据主题深入的需要，调查了解并积极利用家长和社会资源，拓展幼儿学习空间，而不是仅仅局限于主题课程的安排。如大班主题活动"人们怎样工作"，幼儿的调查、走访可以面向街头、社区、广场、工厂、邮局、银行、超市等各行各业，再利用家长、社区、单位往来等可利用资源让幼儿体验工作，切身体会各行各业人们是怎样工作的、工作的责任是什么、工作的态度应如何等，为幼儿的自主学习拓展更大的空间。

· 给予幼儿自主学习的权利。在确保幼儿安全的情况下，教师要鼓励幼儿进行探索，并用幼儿自己的方式表达。幼儿在自主探究的阶段可以采用调查、访问、观察、探究实验、动手操作等方式；在获得经验交流、分享的时候，可以采用绘画、文字描述、口语表达、表演、歌唱等方式表现；在探究的过程中可以根据探究内容的需要和自己的意愿，选择探究合作的方式，可小组活动，可大组活动，可选择独自探究，也可中途变化组合……只要幼儿乐于接受、愿意自主活动就行。

最后，适宜指导，培养幼儿的自主性。

只有在自我活动中，幼儿才能享受最大限度地自我表达。教师要用心、耐心地去观察幼儿、欣赏幼儿，要用一种积极向上的、开放的心态去解读幼儿的自我表现的行为。不要一味地否认、批评、指正幼儿的自主性活动行为。只有耐心地深入观察幼儿，解读幼儿，你才会发现幼儿对活动环境、材料是否有兴趣，材料的投放是否符合幼儿的年龄特点，幼儿的需求是否在不同层次得到满足，材料的数量是否足够，幼儿与这些材料之间的互动是否会导致新的活动周期，以及幼儿的自我活动是如何发展的。只有通过了解幼儿的关切和需求、认识水平和差异，我们才能提供适当的指导。如在生活体验区幼儿对用假的蔬菜、锅灶体验兴趣下降时，应及时地投放真的蔬菜、锅灶让幼儿体验清洗、切配、烧制的过程，让幼儿的好奇心再次迸发而出；当他们发现自己的活动无法持续时，教师应该提供口头指导，甚至在与幼儿的活动中充当"盟友"。

幼儿自主性的培养，需要教师在活动中给予适宜的指导、鼓励和帮助。与此同时，教师必须承认其在活动中的地位和作用，赋予幼儿充分的自动性活动的权利，并为幼儿的独立活动提供丰富的环境和材料，使幼儿能够容易获得情感体验并建立知识系统。在特殊活动中，幼儿具有丰富的经验和高涨的积极性才能使他们通过观察、操作和探索等参与特殊活动，才能使幼儿的自主性得到发挥和提高。

案例分析

让橡皮泥浮起来

今天，教师在美工区投放了橡皮泥，鼓励小朋友们捏出各种有趣的小动物。小明拿起一块橡皮泥，来到自然角的鱼缸边。教师急切地走过来询问："你想喂鱼吗？"小明说："我想让橡皮泥漂起来。"教师提出了建议："老师给你准备一盆水，咱们别打扰小鱼行吗？"小明同意了老师的建议后，他把橡皮泥混团成小球放进水里，沉下去了，小明欣然接受，开始了自己的实验。他把橡皮泥压成薄薄的饼状放进水里，又沉下去了；他又把橡皮泥搓成细长条放进去，还是沉下去了。他停下来开始思考，这次，他把橡皮泥扯成一粒一粒地放进水里，结果还是沉下去了。他开始环顾四周，看见了昨天制作的小船，想了一下。这次，他试着把橡皮泥做成小船的形状，橡皮泥终于浮在了水面上了。

他高兴地跳了起来，跑向老师报告他的成功。

四、课证融通

本模块对应的幼儿教师资格证考试"保教知识与能力"模块的考试目标、内容与要求、真题见表4-30。

表4-30　幼儿教师资格证考试"保教知识与能力"模块的考试目标、内容与要求、真题

内容体系
一、考试目标 幼儿园教育评价的基础知识和能力。了解教育评价的基础知识，能够运用评价知识对教育活动进行反思，改进保育教育工作。 二、考试内容与要求 掌握观察、谈话、作品分析、实验等基本研究方法，能运用这些方法初步了解幼儿的发展状况和教育需求。
三、真题 1.评估幼儿发展的最佳方式是（　　）。（单选题）【2014年下半年教师资格证考试真题】 A.平时观察 B.期末检测 C.问卷调查 D.家长访谈
2.在儿童日常生活、游戏等活动中，教师往往都非常留意幼儿真实的、自然的表现，并会针对他们的表现做出一定的记录和分析。这种研究方法是（　　）。（单选题）【强化提升题】 　　A.自然情境观察 　　B.自然实验法 　　C.测试法 　　D.实验室实验法
3.张老师经常会收集儿童绘画、儿童自创的书写符号等作品，并放进一个叫"我长大啦"的档案袋，每当期末的时候会整理成册、标好评语，统一展示给家长看。这种评价方法是（　　）。（单选题）【强化提升题】 　　A.问卷调查法 　　B.成长记录袋评价法 　　C.定量评价 　　D.个体内差异评价

4.幼儿园教师发展评价的主要方法是（　　）。（单选题）【强化提升题】

A.自我评价

B.观察记录

C.家长评价

D.个体内差异评价

5.幼儿园教育评价主要包括幼儿发展评价和（　　）。（单选题）【强化提升题】

A.幼儿成长评价

B.课堂评价

C.家长评价

D.教师工作评价

6.以下哪一点不是幼儿发展评价的内容？（　　）（单选题）【强化提升题】

A.幼儿健康与动作发展评价

B.认知与语言发展评价

C.品德与社会性发展评价

D.环境创设工作

五、阅读思享

推荐理由：

这是一本非常适合幼儿园一线老师使用的工具书，书中共介绍30个主题活动，按照大、中、小班三个阶段，每个阶段又分为上、下学期，分别提供具体活动开展的步骤和备课、上课教学教案。

作者用轻松、幽默、简单易懂的文字，深刻剖析了在整合的理念下，如何利用主题活动有效整合工作中的各种任务，帮助老师们清楚地了解什么是主题活动，如何寻找适合自己班级孩子的主题内容、如何从浅至深地开展主题活动等。

推荐阅读：

蔡伟忠、戚晓琼著. 幼儿园30个大主题活动精选：让工作更轻松的整合技巧. 北京：中国青年出版社，2020。

模块五 科学技术主题教育活动

一、岗位能力模型

科学技术主题教育活动岗位能力模型见表5-1。

表 5-1　科学技术主题教育活动岗位能力模型

模块	岗位能力描述	《幼儿园教师专业标准（试行）》	《幼儿园教育指导纲要（试行）》
科学技术主题教育活动	幼儿科学教育是我国幼儿教育领域的重要内容，在幼儿园实践当中，由教师进行引导，并充分利用周边环境，为幼儿提供各种物质材料及学习内容，通过不同的方法使幼儿能够融入科学探索的活动当中，是帮助幼儿汲取更多科学经验、建构概念的有效途径，同时还能够提高幼儿智力成长水平，养成科学客观看世界的态度	专业能力的要求： 32.具有一定的自然科学和人文社会科学知识。 51.提供更多的操作探索、交流合作、表达表现的机会，支持和促进幼儿主动学习。 52.关注幼儿日常表现，及时发现和赏识每个幼儿的点滴进步，注重激发和保护幼儿的积极性、自信心	组织与实施中要求： 1.幼儿的科学教育是科学启蒙教育，重在激发幼儿的认识兴趣和探究欲望。 2.要尽量创造条件让幼儿实际参加探究活动，使他们感受科学探究的过程和方法，体验发现的乐趣。 3.科学教育应密切联系幼儿的实际生活进行，利用身边的事物与现象作为科学探索的对象

二、知识点与技能点

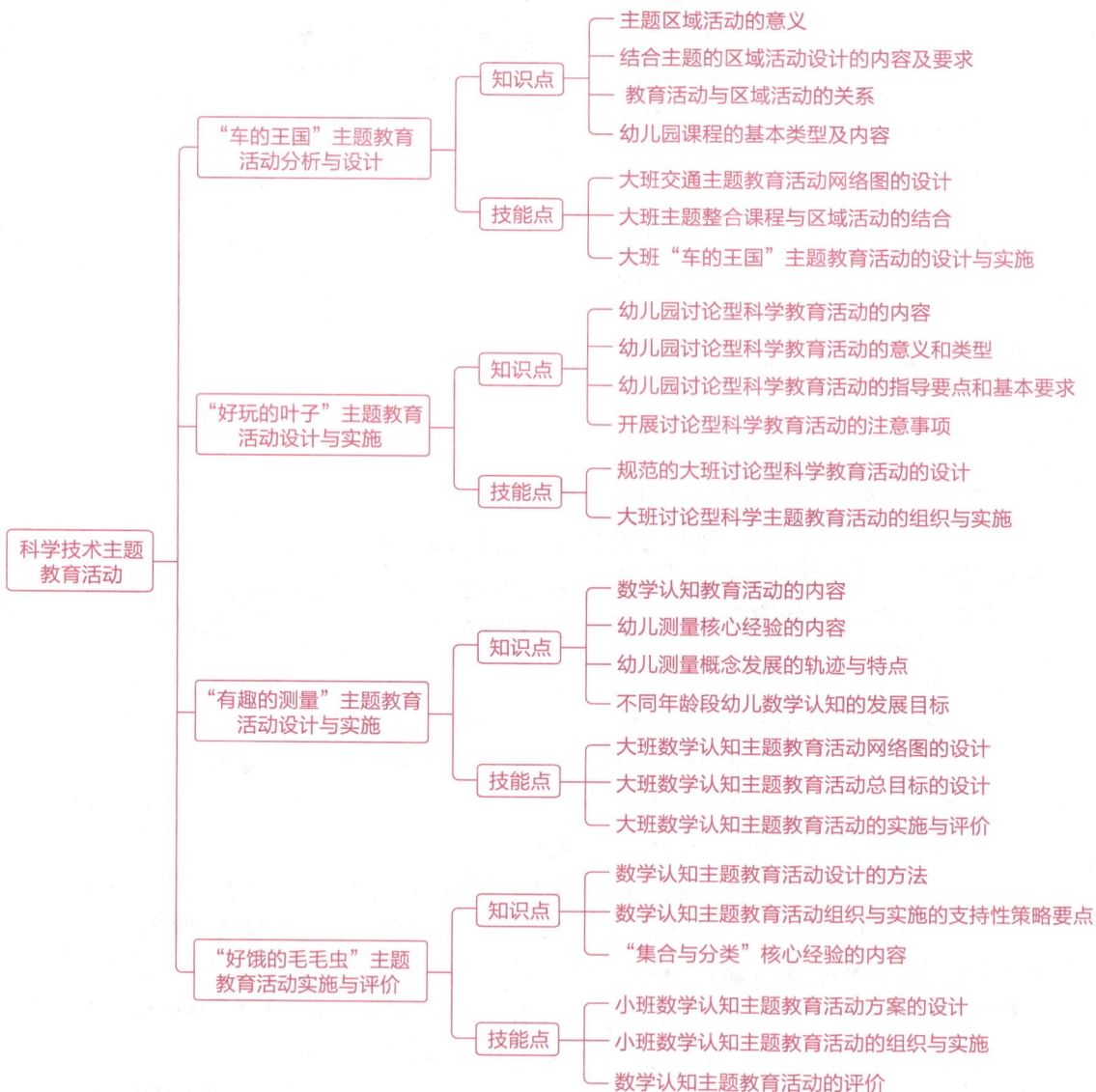

科学技术主题教育活动

- "车的王国"主题教育活动分析与设计
  - 知识点
    - 主题区域活动的意义
    - 结合主题的区域活动设计的内容及要求
    - 教育活动与区域活动的关系
    - 幼儿园课程的基本类型及内容
  - 技能点
    - 大班交通主题教育活动网络图的设计
    - 大班主题整合课程与区域活动的结合
    - 大班"车的王国"主题教育活动的设计与实施
- "好玩的叶子"主题教育活动设计与实施
  - 知识点
    - 幼儿园讨论型科学教育活动的内容
    - 幼儿园讨论型科学教育活动的意义和类型
    - 幼儿园讨论型科学教育活动的指导要点和基本要求
    - 开展讨论型科学教育活动的注意事项
  - 技能点
    - 规范的大班讨论型科学教育活动的设计
    - 大班讨论型科学主题教育活动的组织与实施
- "有趣的测量"主题教育活动设计与实施
  - 知识点
    - 数学认知教育活动的内容
    - 幼儿测量核心经验的内容
    - 幼儿测量概念发展的轨迹与特点
    - 不同年龄段幼儿数学认知的发展目标
  - 技能点
    - 大班数学认知主题教育活动网络图的设计
    - 大班数学认知主题教育活动总目标的设计
    - 大班数学认知主题教育活动的实施与评价
- "好饿的毛毛虫"主题教育活动实施与评价
  - 知识点
    - 数学认知主题教育活动设计的方法
    - 数学认知主题教育活动组织与实施的支持性策略要点
    - "集合与分类"核心经验的内容
  - 技能点
    - 小班数学认知主题教育活动方案的设计
    - 小班数学认知主题教育活动的组织与实施
    - 数学认知主题教育活动的评价

思政目标

1.培养学生以科学的认知论与方法论，分析和解决幼儿园科学教育中实际问题的能力，发扬勇于探索的科学精神。

2.培养学生的科学教育观念，拓宽科学视野，提高科学素养，树立专业理想。

三、工作任务

任务一 PPT　　　手指游戏"有趣的汽车"

任务一 "车的王国"主题教育活动分析与设计

1.任务描述

根据本班幼儿的兴趣，李老师开展了主题为"车的王国"的教育活动。在主题教育活动进行的过程中，李老师邀请小朋友们展示他们喜欢的汽车玩具，有各种变形汽车、警车、公交车、消防车等，孩子们对这些汽车玩具爱不释手。他们不但自己玩，还主动与别人交换着玩。在玩的过程中，车辆鲜艳的颜色、不同的造型、独特的声音、新奇的功能、转个不停的车轮，吸引着他们去观察、发现、操作。为了满足大班幼儿的兴趣需要，更好地促进其发展，李老师根据主题还开展了不同的区域活动。例如，小朋友们可以在建构区搭建各种各样的汽车、在美工区进行汽车绘画、在角色区进行"参观消防大队"的角色扮演、在图书角翻看各种关于小汽车的图书……

（1）小组讨论设计主题下区域活动的意义是什么？请你阅读案例，思考李老师在"车的王国"主题下设计了哪些区域活动？主题下区域活动设计的类型有哪些？（完成工作表单1）

（2）小组讨论，主题下区域活动设计的内容有哪些？区域材料投放都有哪些要求？（完成工作表单2）

（3）根据案例，你认为教育活动与区域活动有什么联系？（完成工作表单3）

（4）小组讨论，幼儿园课程的基本类型及内容。（完成工作表单4）

（5）请你尝试设计大班"车的王国"主题教育活动网络图。（完成工作表单5）

（6）想一想，大班主题整合课程与区域活动如何进行结合运用？（完成工作表单6）

2.工作表单

工作表单1~工作表单6分别见表5-2~表5-7。

表 5-2　工作表单 1

工作表单1	主题下区域活动的意义	姓　名		学　号	
		评分人		评　分	

1.设计基于主题的区域活动的意义是什么?

（1）区域活动为实现幼儿园教育目标提供 _____。

（2）区域活动可以给幼儿提供_____，使他们在一种没有压力的环境中主动学习。

（3）区域活动是幼儿_____学习和 _____学习的主要场所，能促使幼儿进行多种形式的学习。

2.主题下区域活动的活动类型有集体活动、（　　　　　）、自选活动、（　　　　　）、主题活动、（　　　　　）。

3.阅读案例，请指出李老师在"车的王国"主题下设计了哪些区域活动?

（1）

（2）

（3）

（4）

表 5-3 工作表单 2

工作表单2	主题下区域活动设计的内容及要求	姓 名		学 号	
		评分人		评 分	

1.主题下区域材料投放要求：

（1）（　　　　　　　　　　班级主题课程　　　　　　　　　）

（2）（　　　　　　　　　　　　　　　　　　　　　　　　　）

（3）（　　　　　　　　　　　　　　　　　　　　　　　　　）

2. 主题下区域活动设计内容有：

（1）从幼儿的实际经验出发，＿＿＿＿＿＿＿＿＿＿＿＿＿＿＿。

（2）走进大自然，亲近自然材料，注重幼儿的＿＿＿＿＿＿＿＿＿。

（3）根据幼儿探索不同阶段的需要，＿＿＿＿＿＿＿＿＿丰富幼儿知识，为日后的想象提供依据，为创造奠定基础性的内容。

表 5-4　工作表单 3

工作表单3	教育活动与区域活动的关系	姓　名		学　号	
		评分人		评　分	

小组讨论，教育活动与区域活动的关系

1.班级区域活动是教育活动的（　　　　　　），能够促进幼儿能力的发展。

2.区域游戏有效推动教育活动的（　　　　　　），从而引发新的主题活动。

3.主题背景下各个活动区域之间以整合的内容为契机，发挥幼儿学习的（　　）。

表 5-5　工作表单 4

工作表单4	幼儿园课程的基本类型及内容	姓　名		学　号	
		评分人		评　分	

1.幼儿园课程的基本类型

（1）（　　　　　　　　）。

（2）（　　　　　　　）。

（3）（　　　　　　　）。

2.幼儿园课程的内容

（1）健康领域

（2）

（3）

（4）

（5）

表5-6 工作表单5

工作表单5	大班"车的王国"主题教育活动网络图设计	姓　名		学　号	
		评分人		评　分	

1.设计思路

车的王国

⬇

我知道的车：_____

⬇

车的种类：机动车、_____

功能：_____

⬇

车的外形和构造（特种车的讨论）：

⬇

我设计的车：_____、_____、_____

⬇

交通安全我知道：_____、_____

续表

2.主题教育网络图绘制

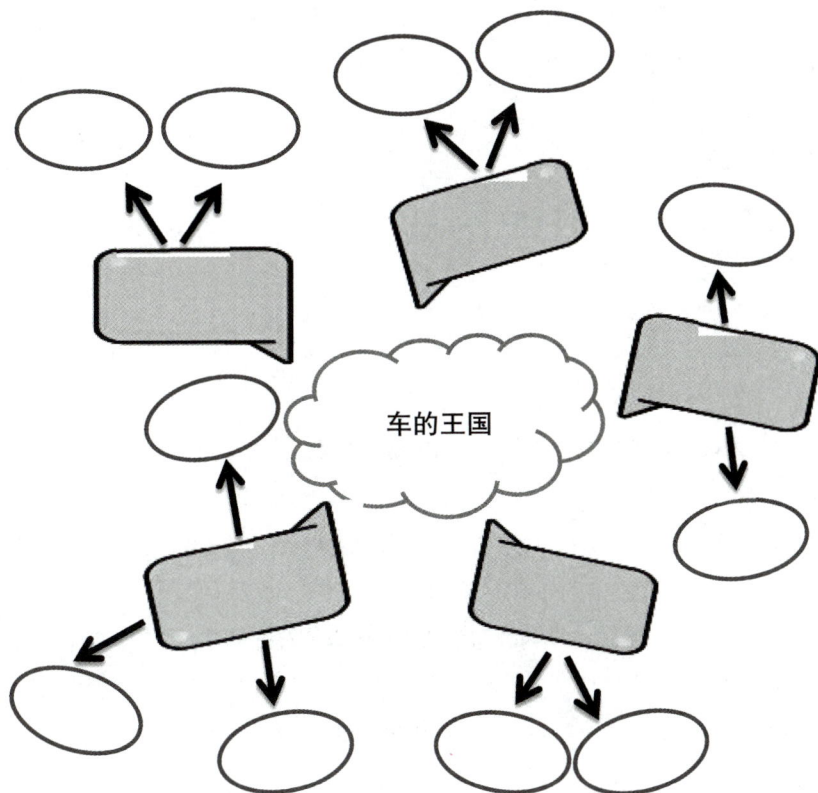

环境创设	
区域活动	
家园共育	

表 5-7　工作表单 6

工作表单6	大班主题整合课程与区域活动相结合	姓　名		学　号	
		评分人		评　分	

1.小组讨论，如何将主题活动与区域活动有效结合？

（1）环境创设的（　　　　　　　　　）。

（2）活动内容的（　　　　　　　　　）。

2.小组讨论，大班主题整合课程与区域活动相结合的运用。

（1）主题活动目标与（　　　　　　　　　）的结合。

（2）（　　　　　　　　　）内容与主题活动内容的有机结合。

（3）围绕（　　　　　　　　　）的环境创设。

（4）结合主题设计（　　　　　　　　　），丰富主题活动内容。

（5）融合主题，培养幼儿的（　　　　　　　　　）。

（6）区域活动可作为主题活动的（　　　　　　　　　）。

（7）区域活动可诱发主题活动的（　　　　　　　　　）。

（8）区域活动可作为主题活动的（　　　　　　　　　）。

3.反思评价

（1）通过本任务内容的学习，你对主题下的区域活动设计有了哪些了解呢？

_____

_____

_____

（2）请你对自己在本次任务中的学习情况进行评价。

课堂活动参与度　☆　☆　☆　☆　☆

小组活动贡献度　☆　☆　☆　☆　☆

学习内容接受度　☆　☆　☆　☆　☆

4.学习支持

主题活动和区域活动在幼儿教育中有同等重要的作用，二者结合起来，实现主题活动和区域活动一体化，才能使幼儿教育最大限度地得以完善。

1）教育活动与区域活动的关系

（1）班级区域活动是主题活动的延伸

政策法规

随着《幼儿园教育指导纲要（试行）》颁布，以及幼教改革的不断深入，将区域活动与主题活动相结合，从而促进幼儿能力的发展已经成为趋势。即，将主题内容贯穿于一日活动及各科教学之中，根据幼儿的认知规律，由浅入深、由直观到具体，有针对性等特点来设置区域活动，并根据当前主题的需要和幼儿的兴趣，生成新的区域活动。

区域活动是面向全体幼儿的活动，幼儿在这些区域中可以进行多种形式的学习活动，充分表现和大胆创造，以获得多种经验，同时使他们的语言、交往和实践能力得到提高。这些区域活动随着主题活动的开展不断进行调整和更新，为主题活动的开展提供了方便。

（2）区域游戏有效推动主题活动的发展，从而引发新的主题活动

教师在主题活动中注重观察幼儿，发现幼儿兴趣所在，然后再根据幼儿的认知特

点与发展水平，投放相应的区域材料，及时把握幼儿的兴趣点与需求，诱发主题活动的生成，最后帮助幼儿生成新的活动主题。

（3）主题背景下各个区域活动之间以整合的内容为契机，激发幼儿学习的主动性

每个幼儿都有创新思维和创造潜力，关键在于教师如何进行启发和引导。教师一定要巧于思考、循循善诱，及时发现幼儿的创造性。教师在主题背景下可以尝试将各区域活动的内容进行整合，打破各区域活动原来所设定的固有的名称和彼此孤立的内容，将各种游戏进行整合，这样才能使幼儿的创造性思维得到促进和发展。

活动场景

> 游戏时间到了，孩子们便开始选择区域了。丁丁说："我要当飞行员！"东东说："我先抢到挂牌的，我要当！"两人互不相让。而"飞鹰训练营"却被冷落了。见此状，乐乐走上前说："你俩都想当飞行员吗？那就得比比谁的本领大！""飞行员要经过严格的训练，训练合格了才能成为真正的飞行员！""训练项目中共有三项：叠衣服、夹袜子、做军操，谁做得最好，谁就可以成为飞行员！"听了乐乐的解释，丁丁和东东都说自己要先去"飞鹰训练营"训练。

2）幼儿园的领域课程目标

（1）健康领域目标

建立良好的师生、同伴关系，让幼儿在集体生活中感到温暖，心情愉快，形成安全感、信赖感。教师与家长密切配合，根据幼儿的需要建立科学的生活常规。培养幼儿良好的饮食、睡眠、盥洗、排泄等生活习惯和生活自理能力。教育幼儿爱清洁、讲卫生、注意保持个人和生活场所的整洁和卫生。进行安全、营养和保健教育，提高幼儿自我保护意识和能力。开展丰富多彩的户外游戏和体育活动，培养幼儿参加体育活动的兴趣和习惯，增强体质，提高对环境的适应能力。用幼儿感兴趣的方式发展其基本动作，提高幼儿身体动作的协调性、灵活性。通过体育活动，培养幼儿坚强、勇敢、不怕困难的意志品质和形式主观、乐观、合作的态度。

（2）语言领域目标

创造一个自由、宽松的语言交往环境，支持、鼓励、吸引幼儿与教师、同伴进行

热情地交谈，体验语言交流的乐趣，学习使用适当的、礼貌的语言与他人交往。养成幼儿注意倾听的习惯，发展语言理解能力。鼓励幼儿大胆、清楚地表达自己的想法和感受，尝试说明、描述简单的事物或过程，发展语言表达能力和思维能力。引导幼儿接触优秀的儿童文学作品，使之感受语言的丰富和优美，并通过多种活动帮助幼儿加深对作品的体验和理解。培养幼儿对生活中常见的简单标记和文字符号的兴趣。利用图书、绘画和其他多种方式，引发幼儿对阅读和书写的兴趣，培养幼儿阅读和书写技能。提供普通话的语言环境，帮助幼儿熟悉、听懂并学说普通话。少数民族地区还应帮助幼儿学习本民族语言。

（3）社会领域目标

引导幼儿参加各种集体活动，体验与教师、同伴等共同生活的乐趣，帮助他们正确认识自己和他人的关系，学习初步的人际交往技能。为每个幼儿提供表现自己长处和获得成功的机会，增强其自尊心和自信心。提供自由活动的机会，支持幼儿自主地选择、策划活动，鼓励他们通过多方面的努力去解决问题，不轻易放弃克服困难的尝试。在共同的生活和活动中，以多种方式引导幼儿认识、体验并理解基本的社会行为规则，学习自律和尊重他人。教育幼儿爱护玩具和其他物品，爱护公物和公共环境。教师与家庭、社区合作，引导幼儿了解自己的亲人及与自己生活有关的各行各业人们的劳动，培养其对劳动者的热爱和对劳动成果的尊重。充分利用社会资源，引导幼儿实际感受祖国文化的丰富与优秀，感受家乡的变化和发展，激发幼儿热爱家乡、热爱祖国的情感。适当向幼儿介绍我国各民族和世界其他国家、民族的文化，使其感知人类文化的多样性和差异性，培养理解、尊重、平等的品质。

（4）科学领域目标

引导幼儿对身边常见事物和现象的特点、变化规律产生兴趣和探究的欲望。为幼儿的探究活动创造宽松的环境，让每个幼儿都有机会参与尝试，鼓励他们大胆地提出问题，发表不同意见，同时学会尊重别人的观点和经验。提供丰富的可操作的材料，为每个幼儿都能运用多种感官、多种方式进行探究提供活动的条件。通过引导幼儿积极参加小组讨论、探索等方式，培养幼儿合作学习的意识和能力，学习用多种方式表现、交流、分享探究的过程和结果。引导幼儿对周围环境中的数、量、形、时间和空间等现象产生兴趣，建构初步的数学概念，并学习用简单的数学方法解决生活和游戏中某些简单问题。从生活或媒体中幼儿熟悉的科技成果入手，引导幼儿感受科学技术对生活的影响，培养他们对科学的兴趣和对科学家的崇敬之心。在幼儿生活经验的基础上，帮助幼儿了解自然、环境与人类生活的关系。从身边的小事入手，培养初步的环保意识和行为。

（5）艺术领域目标

引导幼儿接触周围环境和生活中美好的人、事、物，丰富他们的感性经验和审美情趣，激发他们表现美、创造美的积极性。在艺术活动中面向全体幼儿，针对他们的不同特点和需要，让每个幼儿都得到美的熏陶和培养。对有艺术天赋的幼儿注意发展他们的艺术潜能，提供自由表现的机会，鼓励幼儿用不同艺术形式大胆地表达自己的情感、理解和想象，尊重每个幼儿的想法和创造，肯定和接纳他们独特的审美感受和表现方式，分享他们创造的快乐。在支持、鼓励幼儿积极参加各种艺术活动并大胆表现的同时，帮助他们提高表现的技能和能力。指导幼儿利用身边的物品或废旧材料制作玩具、手工艺品等来美化自己的生活或开展其他活动。为幼儿创设展示自己作品的条件，引导幼儿相互交流、相互欣赏、共同提高。

任务二 "好玩的叶子"主题教育活动设计与实施

任务二 PPT

1.任务描述

在户外活动时，大一班的小朋友们围在一起议论纷纷。辛老师走过去一看，原来他们是对地上的落叶特别感兴趣。秋天的落叶有黄的、红的；有的落叶是扇形的，有的是心形的，有的是长条形的。小朋友们争先恐后地讲述自己见过的各种叶子，有树木的叶子、花草的叶子、蔬菜的叶子等。这些叶子为什么在秋天会变颜色呢？为什么有的变成黄色，有的变成红色呢？小朋友们对不同的叶子充满了好奇，有说不完的话题。辛老师决定和小朋友们开展一次主题活动，一起来探究有趣的叶子。

（1）结合案例中的主题活动属于哪种类型的活动？什么是讨论型科学教育活动？这一类型教育活动的内容包括哪些？（完成工作表单1）

（2）根据案例，想一想，开展讨论型科学教育活动的意义是什么？科学教育活动的类型还有哪些？（完成工作表单2）

（3）请你思考，讨论型科学教育活动的指导要点有哪些？幼儿园讨论型科学教育活动的基本要求是什么？（完成工作表单3）

（4）小组讨论，开展讨论型科学教育活动的注意事项有哪些？（完成工作表单4）

（5）请根据大班幼儿的年龄特点，设计大班讨论型科学教育活动。（完成工作表单5）

（6）想一想，如何组织、实施与评价大班讨论型科学教育活动？（完成工作表单6）

2.工作表单

工作表单1~工作表单6分别见表5-8~表5-13。

表 5-8　工作表单 1

工作表单1	幼儿园讨论型科学教育活动的内容	姓　名		学　号	
		评分人		评　分	

1.案例中的主题活动属于哪种类型的活动?

2.什么是讨论型科学教育活动?

讨论型科学教育活动指幼儿先_____、_____资料,然后通过

_____、_____等手段获取科学知识的活动。

3.讨论型科学教育活动的内容有哪些?

表 5-9　工作表单 2

工作表单2	幼儿园讨论型科学教育活动的意义和类型	姓　名		学　号	
		评分人		评　分	

1.根据案例，想一想，开展讨论型科学教育活动的意义是什么？

（1）信息量 _____，满足幼儿 _____，

（2）培养幼儿_____的能力。

（3）培养幼儿的 _____ 、 _____能力。

（4）初步培养_____和_____ 能力。

2.讨论型科学教育活动的类型有哪些？

（1）参观调查—— _____式。

（2）收集资料—— _____式。

（3）个别探究—— _____式。

表 5-10　工作表单 3

工作表单3	讨论型科学教育活动的指导要点和基本要求	姓　名		学　号	
		评分人		评　分	

1.讨论型科学教育活动的指导要点有哪些?

（1）引出（　　　　　　　　　　　　）开放性，贴近儿童生活。

（2）讨论氛围宽松、（　　　　　　　）、自由。

（3）帮助幼儿用（　　　　　　　　　　）表达艺术。

（4）合理利用（　　　　　　　）。

（5）师幼共同（　　　　　　　）。

2.讨论型科学科学教育活动的基本要求是什么?

（1）科学性和（　　　　　　　）性。

（2）广泛性和（　　　　　　　）性。

（3）地方性和（　　　　　　　）性。

（4）时代性和（　　　　　　　）性。

表 5-11　工作表单 4

工作表单4	开展讨论型科学教育活动的注意事项	姓　名		学　号	
		评分人		评　分	

开展讨论型科学教育活动的注意事项有哪些?

（1）避免＿＿＿＿＿＿＿＿＿，不要把讨论型科学教育活动变成灌输科学知识的课堂。

（2）不要＿＿＿＿＿＿结论，建立"民主"课堂，充分体现平等对话的精神。

（3）引导幼儿用＿＿＿＿＿＿＿＿＿表达，特别是用艺术的手段展现他们已掌握的科学知识。

（4）利用＿＿＿＿＿＿＿等手段丰富幼儿的认识，开阔幼儿的眼界。

表 5-12　工作表单 5

工作表单5	大班讨论型科学教育活动的设计	姓　名		学　号	
		评分人		评　分	
授课时间		授课班级		大班	
课程内容		授课教师			
活动准备	经验准备： 物质准备：				
活动目标 （分别标记 三维目标）	1. 2. 3.				
活动重难点	教学重点： 教学难点：				
活动过程					
活动延伸					
活动反思					

表 5-13 工作表单 6

工作表单6	大班讨论型科学教育活动的组织、实施与评价	姓 名		学 号	
		评分人		评 分	

1. 大班讨论型科学教育活动的顺利组织与实施的要求分别有哪些？

（1）讨论型科学教育活动仍然是以_____为主体的活动。

（2）活动过程应宽松和谐，教师应为幼儿创设_____的环境，建立民主、平等的氛围，让幼儿大胆讲述自己的想法。

（3）教师应帮助幼儿学习讨论交流活动中的技能。

（4）讨论型科学教育活动应充分利用_____教学手段。

2.大班讨论型科学教育活动的评价。

教学活动评价表

一级标准	二级标准	得分
教学准备（1.5分）	目标准确、具体，适合本班幼儿，突出幼儿发展。（1分）	
	物质与经验准备充分、恰当，具有可操作性。（0.5分）	
教学过程（6分）	教学目标达成意识强，贯穿教学过程始终。（1分）	
	活动组织有序，环节清晰，重点突出，时间安排合理。（1分）	
	充分而恰当地运用课件和教具。（0.5分）	
	语言简练、规范，富有感染力，易于幼儿理解。（1分）	
	提问准确易懂，具有启发性、引导性。（1分）	
	提供幼儿探讨、探索的机会，引导幼儿主动、创造性地学习。（1分）	
	关注个别幼儿，满足其合理需要。（0.5分）	
教师素质（1分）	教态亲切自然，举止适宜，善于鼓励和调动幼儿的积极性。（0.5分）	
	教师能调控活动秩序，有灵活的教学机智和应变能力。（0.5分）	
活动效果（1.5分）	幼儿具有良好的学习习惯和常规习惯。（0.5分）	
	幼儿在活动中情绪愉快，态度积极，参与意识强，各种能力在原有水平上得到提高。（1分）	
评价人		

3.反思评价

（1）通过本任务的学习，分析幼儿园科学讨论型教育活动设计分为哪几个步骤？

_____

_____

_____

（2）请你对自己在本次任务中的学习情况进行评价。

课堂活动参与度　　☆　☆　☆　☆　☆

小组活动贡献度　　☆　☆　☆　☆　☆

学习内容接受度　　☆　☆　☆　☆　☆

4.学习支持

讨论型教育活动是在教师指导下，幼儿围绕某一中心问题发表自己的看法，进行相互启发、学习的一种教学活动。讨论型教育活动具有互动性、开放性、创造性等特性。在讨论中教师积极协调并适时参与讨论，引导幼儿针对问题提出质疑、展开探讨，在观点交流中形成对某一问题的看法。讨论型教育活动向幼儿提供了探索新观点、新方法的学习机会；提供了向他人学习及评价他人的机会；能充分调动幼儿的学习兴趣，促进其个性的积极发展，有效体现了幼儿的主体地位。

拓展阅读

　　幼儿园科学活动是培养幼儿探究具体事物和解决实际问题，尝试发现事物间的异同和联系的过程。启发幼儿对自然事物的探究和运用数学解决实际生活中的问题从而获得感性经验，发展形象思维，为其他领域的学习奠定基础。

（1）讨论型科学教育活动的类型

· 参观调查——汇报交流式。

· 收集资料——共同分享式。

· 个别探究——集中研讨式。

（2）开展讨论型科学教育活动的

注意事项

名人名言

> 幼儿有调查和探究的本能，好奇、好问、好探究是幼儿与生俱来的特点，也是使他们的认识活动得以维持和获得成功的首要前提。
>
> ——杜威

· 避免"一言堂"，不要把讨论型科学教育活动变成灌输科学知识的课堂。

· 不要预设结论，建立"民主"课堂，充分体现平等对话的精神。

· 引导幼儿用多种方式进行表达，特别是用艺术的手段展现他们已经掌握的科学知识。

· 利用视听多媒体等手段丰富幼儿的认识，开阔幼儿的眼界。

（3）讨论型科学教育活动的指导要点

· 引出讨论话题，激发幼儿讨论兴趣。

· 创设"宽松、民主"的讨论氛围。

· 帮助幼儿利用多种手段，特别是用艺术的手段表达他们的科学认识，使交流的形式丰富多彩，如艺术表演、作品和图画展览等形式；讨论形式可多样化，如集体讨论、分组讨论、借助图片讨论、创设场景讨论等。

· 可以利用视听媒体进一步丰富幼儿的知识经验，扩大幼儿的眼界。

· 引导幼儿获得结论。

任务三 "有趣的测量"主题教育活动设计与实施

任务三 PPT　　　　"量一量"图片展示

1.任务描述

在进行区域活动时,朵儿拿着毛线对张老师说:"我刚才量了黑板,有4米长。"张老师问她:"你怎么知道黑板有4米长呢?"

朵儿:"我刚才数的。"

张老师:"这毛线上什么都没有,你是怎么数的?"

朵儿:"我刚量的时候有4个毛线那么长啊!"

张老师:"一个毛线是多长呢?"

朵儿:"一米呗。"

张老师与朵儿的对话激起了其他小朋友对测量的兴趣,很多小朋友拿起各种材料测量活动室内的桌子、柜子等物品,还有的小朋友用自己的手掌测量活动室门的宽度。张老师看到小朋友对测量这么感兴趣,她决定开展"有趣的测量"主题教育活动。

(1)结合案例,朵儿在进行什么活动?张老师依据什么开展"有趣的测量"主题教育活动?数学认知教育活动的内容是什么?(完成工作表单1)

(2)想一想,什么是测量?什么是自然测量?幼儿测量核心经验的内容包括哪些?(完成工作表单2)

(3)结合案例,小组讨论幼儿测量概念发展的轨迹与特点。(完成工作表单3)

(4)请大胆尝试并完成大班"有趣的测量"主题教育活动网络图的绘制。(完成工作表单4)

(5)大班"有趣的测量"主题教育活动总目标包含哪些内容?请你尝试完成总目标的设计。(完成工作表单5)

(6)针对大班幼儿计划开展"有趣的时间"主题教育活动,请你完成该主题教育活动的设计并进行评价。(完成工作表单6)

2.工作表单

工作表单1~工作表单6分别见表5-14~表5-19。

表 5-14 工作表单 1

工作表单1	数学认知教育活动的内容	姓 名		学 号	
		评分人		评 分	

1.结合案例，朵儿在进行什么活动？张老师依据什么开展"有趣的测量"主题教育活动？

（1）朵儿在进行 ＿＿＿＿＿＿＿＿＿＿＿＿＿＿＿＿＿＿＿＿＿＿＿＿＿＿。

（2）张老师依据 ＿＿＿＿＿＿＿＿＿＿＿＿＿＿＿＿＿＿＿＿＿＿＿＿

＿＿＿＿＿＿＿＿＿＿＿＿＿＿＿＿＿＿＿＿＿＿＿＿＿＿＿＿＿＿＿＿

＿＿＿＿＿＿＿＿＿＿＿＿＿。

2.结合案例，数学认知教育活动的内容是什么？

（1）分类、＿＿＿＿＿＿＿＿＿和＿＿＿＿＿＿＿＿＿＿。

（2）数、＿＿＿＿＿＿＿和数的 ＿＿＿＿＿＿＿＿ 。

（3）＿＿＿＿＿＿＿＿＿＿＿＿＿＿。

（4）量和 ＿＿＿＿＿＿＿＿＿＿＿ 。

（5）时间和 ＿＿＿＿＿＿＿＿＿＿ 。

表 5-15　工作表单 2

工作表单2	幼儿测量核心经验的内容	姓　名		学　号	
		评分人		评　分	

1.想一想，什么是测量？什么是自然测量？

（1）所谓测量，是把一个＿＿＿＿＿＿与一个＿＿＿＿＿＿进行比较，用某一个计量单位来测定某一个量，以得知这个量含有多少个计量单位或是计量单位的几分之一，测量得到的数值就叫作这个量的＿＿＿＿＿＿。

（2）自然测量是指利用身边常见的自然物，例如＿＿＿＿＿＿、＿＿＿＿＿＿、等，作为＿＿＿＿＿＿进行＿＿＿＿＿＿，仅仅是身边常见的＿＿＿＿＿＿，而不是利用如直尺、曲尺等标准工具进行的测量。

2.幼儿测量核心经验的内容。

（1）比较必须在＿＿＿＿＿＿前提下进行，即比较时计量单位的＿＿＿＿必须相等，且必须是＿＿＿＿＿＿和＿＿＿＿＿＿的。

（2）即使是一个物体，也有许多不同的＿＿＿＿＿＿可以被用于＿＿＿＿＿＿，＿＿＿＿＿＿是进行比较与测量的重要前提之一。

（3）计量单位的大小与测量出的数值之间存在反向关系，也就是说，＿＿＿＿＿＿越小，＿＿＿＿＿＿就越多。

表 5-16　工作表单 3

工作表单3	幼儿测量概念发展的轨迹与特点	姓　名		学　号	
		评分人		评　分	

1.结合案例，小组讨论幼儿测量概念发展的轨迹与特点。

（1）游戏和（　　　　　　）。

这一阶段可从出生延续至（　　　　　　）、（　　　　　　）岁，在不同个体身上会呈现一定的发展差异，一般来说，此阶段主要集中表现在（　　　　　）~（　　　　　）岁。

（2）比较。

这一阶段约从（　　　　　）岁延续至（　　　　　）、（　　　　　）岁。

（3）（　　　　　　　　　　　　　）。

这一阶段发生在（　　　　　）~（　　　　　）岁。

（4）认识到标准单位的（　　　　　　），并尝试使用（　　　　　　）。大约到（　　　　）岁以后进入该阶段。

2.案例中是如何体现幼儿测量概念发展轨迹与特点的？

表 5-17　工作表单 4

工作表单4	大班"有趣的测量"主题教育活动网络图绘制	姓　名		学　号	
		评分人		评　分	

主题教育活动网络图绘制。

环境创设

家园共育

区域活动

表5-18　工作表单5

工作表单5	大班"有趣的测量"主题教育活动总目标的设计	姓　名		学　号	
		评分人		评　分	

大班"有趣的测量"主题教育活动总目标的设计包含哪些内容？

（1）认知目标

引导幼儿学习（　　　　　　　　　　　　　　　　　　），帮助幼儿

（　　　　　　　　　）、（　　　　　　　　　）及（　　　　　　　　　）、

（　　　　　　　　　）等方面的感性经验，使幼儿逐步形成一些初步的数学概念，并在此

基础上发展幼儿的（　　　　　　　　　　　　）与（　　　　　　　　　）能力。

（2）情感与态度目标

培养幼儿对（　　　　　　　　　　　）的兴趣及（　　　　　　　　　　　）的

（　　　　　　　　　　　）性和（　　　　　　　　　　　）性，逐渐培养幼儿

（　　　　　　　　　）的习惯。

（3）操作技能目标

让幼儿学会（　　　　　　　　　）和（　　　　　　　　　　），在与材料的相互作用中

获得有关（　　　　　　　　　）概念的感性经验，培养幼儿做事（　　　　　　　　　）、

（　　　　　　　　　）、有条理、（　　　　　　　　　）等良好习惯。

表5-19 工作表单6

工作表单6	大班"有趣的测量"主题教育活动的设计及评价	姓 名		学 号	
		评分人		评 分	
授课时间			授课班级		大班
课程内容			授课教师		
活动准备					
活动目标 （分别标记 三维目标）	1. 2. 3.				
活动重难点	教学重点： 教学难点：				
活动过程	1.活动导入 2.活动过程 3.活动结束				
活动延伸					
活动反思					

续表

教学活动评价表

一级标准	二级标准	得分
教学准备 （1.5分）	目标准确、具体，适合本班幼儿，满足幼儿发展需要。（1分）	
	物质与经验准备充分、恰当，具体活动具有可操作性。（0.5分）	
教学过程 （6分）	教学目标达成意识强，贯穿教学过程始终。（1分）	
	活动组织有序，环节清晰，重点突出，时间安排合理。（1分）	
	充分而恰当地运用课件和教具。（0.5分）	
	语言简练、规范、富有感染力，易于幼儿理解。（1分）	
	提问准确易懂，具有启发性、引导性。（1分）	
	提供幼儿探讨、探索的机会，引导幼儿主动、创造性地学习。（1分）	
	关注个别幼儿，满足其合理需要。（0.5分）	
教师素质 （1分）	教态亲切自然，举止适宜，善于鼓励和调动幼儿的积极性。（0.5分）	
	教师能调控活动秩序，有灵活的教学机智和应变能力。（0.5分）	
活动效果 （1.5分）	幼儿具有良好的学习习惯和常规习惯。（0.5分）	
	幼儿在活动中情绪愉快、态度积极、参与意识强，各种能力在原有水平上得到提高。（1分）	
评价人		

3.反思评价

（1）通过对本任务的学习，你觉得幼儿数学认知教育活动还可以通过哪些主题开展？

_____

_____

_____

（2）请你对自己在本次任务中的学习情况进行评价。

课堂活动参与度　☆　☆　☆　☆　☆

小组活动贡献度　☆　☆　☆　☆　☆

学习内容接受度　☆　☆　☆　☆　☆

4.学习支持

1）测量

所谓测量，就是把一个待测定的量与一个标准的同类量进行比较。其中，用来作为计量标准的量，叫作计量单位。例如，"米"是长度计量单

关键概念

所谓自然测量，指利用自然物（如虎口、臂长、小棒、绳子、瓶子等）而非标准测量物（如尺等）作为测量工具来测量物体的长短、高矮、粗细等。

位，"千克"是质量计量单位。用某一个计量单位来测定某一个量，以得知这个量含有多少个计量单位或是计量单位的几分之一，测量得到的数值就叫作这个量的量数。同一个量，用不同的计量单位来测量，得到的量数也不同。测量是最有用的数学技能之一，在与真实生活情境相联系的背景下，测量能够给予幼儿充分操作的机会，积累解决数学问题的方法，灵活地运用数学经验，发展数学思维。测量是将事物的属性进行量化并赋予其数的形式的过程，从而使事物可以在同一维度上进行比较。可以进行量化比较的事物属性有容积、质量、长度等。虽然时间也是可以用数的形式来量化的，

但是时间不是事物的一种属性。对幼儿来说，了解时间的长度也是更为抽象和困难的。因此，这里主要讨论幼儿对长度、质量、容积等事物属性的测量。

（2）自然测量

幼儿通常进行直接测量，一般不使用常用的计量单位，仅是一种非标准测量，常称为自然测量。幼儿在自然测量的过程中包括两种逻辑活动。

首先，幼儿要把测量的整体划分为若干个小单元，知道整体是由若干个部分组成的；其次，还有一个逻辑相加，进行移位和替换的过程，即把每次测量的一部分和另一部分连接起来，从而建立测量工具和计量单位体系。如测量绳子的长度，以小棒为测量工具和计量单位，通过移动小棒来进行，测量的结果通常可以以一个具体的数值来记录，如6根小棒长。可见，通过自然测量可以使数和量紧密结合，能够加深幼儿对量的概念的理解，有利于初步培养幼儿解决简单的实际测量问题的兴趣和能力。

工作场景

这天下午，食堂为孩子们准备的水果是橙子，每个橙子都被切成了四瓣。给每个孩子分半个橙子，当分到清心时，他边举手边喊："我不想吃半球形，我想吃球形！"老师提问："为什么想吃球形？"他说：球形的大。老师接着问："一个球形的橙子从中间切开是几个半球形？"他答道："两个。"老师举起一个完整的橙子，边讲边示范："一个完整的橙子像个小球，老师从中间将它分成两半，每半个橙子就像一个半球形……"孩子们一边津津有味地吃着橙子，一边思考着老师所讲的数学知识。

3）测量核心经验

（1）核心经验要点一：比较必须在"均等的"前提下进行，即比较时计量单位的大小必须相等，且必须是不间断和没有重叠的。

首先，让幼儿理解测量所运用的计量单位必须是均等、不间断且不重叠交叉的。按照皮亚杰的观点，虽然量和数具有同构性，但是幼儿对量的认识往往要晚于对数的认识。幼儿在认识计量单位时，必须把它作为分割和有顺序位移的一种综合概念来建构，因此就造成了幼儿在掌握测量技能上的困难。小年龄幼儿进行测量往往是"目测"，通过感知来比较量的差异，当然是不精确的。随着年龄的增长，幼儿才有可能学习用工具进行测量（自然测量）。其次，让幼儿尝试用不同测量工具进行操作。在学习自然测量的教育活动中，教师应当尽可能创设环境和提供材料，尤其是要给幼儿提供多种不同的材料作为测量工具，让幼儿自己去感知和体验。当然无论是测量的对象还是测量的工具，教师都应当结合生活中可能遇到的有关测量问题，让幼儿在相对熟悉的情境中进行感知。

（2）核心经验要点二：即使是一个物体，可以有许多不同的属性可以被用于比较与测量。一个水桶有许多可测量的属性，如高度、质量、容积、周长等。因此，了解和确定被测物体的属性是进行测量的重要前提之一。一般来说，长度、容积和质量都适合让幼儿测量，其中长度的测量是最"显而易见"的，与量的比较有关，因此也常常被作为向幼儿介绍测量概念的起点。同时，物体的属性不同，测量工具和计量单位也不同，被测物体的属性会影响测量工具和计量单位的选择。如测量水桶的周长可使用以厘米为单位的卷尺，测量水桶的容积则应以升为单位。自然测量亦是如此，使用的测量工具应根据所测物体的属性而有所不同，测量大树的粗细可以用绳子、纸条等，测量桌子的长度则适合用小棍、铅笔、回形针等。

（3）核心经验要点三：计量单位的大小与测量出的数值之间存在反向关系，也就是说，计量单位越小，被测量的物体所包含的单位数量就越多。在幼儿逐渐积累了一些基于生活情境的有关测量的经验以后，教师要尝试在测量活动中引发幼儿对于测量工具和计量单位与测量结果之间关系的思考。同样的物体属性，测量工具的单位大小不同，测量结果的数值大小也不同，因此它们之间存在反向关系。如用小棒和木棍测量桌子的长度，小棒比木棍短，所测得的结果是小棒数值大（桌子有6根小棒长）、木棍数值小（桌子有4根木棍长）。

任务四　"好饿的毛毛虫"主题教育活动实施与评价

任务四PPT　　　"幼儿园里的科学梦"图片展示

1.任务描述

徐老师为增加班级小朋友们的数学认知经验，设计了"好饿的毛毛虫"主题教育活动。徐老师用游戏的方式调动幼儿参与活动的积极性，她带领幼儿一起模仿毛毛虫在草地上快乐地寻找食物。徐老师："现在我们是可爱的毛毛虫，毛毛虫们的肚子有点饿了吧？我们去找些食物吃。"小朋友们在草地上边爬边寻找食物，教师依次在草地上摆放食物图片（一个苹果、两只梨、三根香蕉、四颗葡萄、五片树叶）。每个幼儿都捡到了不同的食物图片。徐老师还准备了五个对应的盒子，盒子上分别画着苹果、梨、香蕉、葡萄、树叶，让小朋友把自己手里的食物图片放进对应的盒子里。徐老师开始提问："毛毛虫第一天吃了什么？第二天又吃了什么？第三天呢？"小朋友一边玩一边认识不同的水果，还学会了按照不同的种类对食物进行分类。当小朋友玩累的时候，徐老师让他们在原地休息。这时她说："毛毛虫吃饱了，它找到了一片树叶，趴在上面睡着了。醒来的时候，毛毛虫的脚不见了，长出了一对美丽的翅膀。毛毛虫变成了一只美丽的蝴蝶飞走了。"

（1）结合案例，请你思考，数学认知主题教育活动设计的方法有哪些？（完成工作表单1）

（2）根据案例，请想一想，数学认知主题教育活动组织与实施的支持性策略要点都有哪些？（完成工作表单2）

（3）想一想，什么是"集合与分类"？"集合与分类"核心经验包括哪些内容？列举一个有关于"集合与分类"的数学案例。（完成工作表单3）

（4）请思考并设计小班数学认知主题教育活动方案。（完成工作表单4）

（5）根据小班幼儿的年龄特点，思考如何组织与实施小班数学认知主题教育活动？（完成工作表单5）

（6）请你思考，如何对数学认知主题教育活动进行评价？（完成工作表单6）

2.工作表单

工作表单1~工作表单6分别见表5-20~表5-25。

表 5-20　工作表单 1

工作表单1	数学认知主题教育活动设计的方法	姓　名		学　号	
		评分人		评　分	

数学认知主题教育活动设计的方法。

（1）＿＿＿＿＿＿＿＿＿＿＿法。

＿＿＿＿＿＿＿＿法是指幼儿按一定的＿＿＿＿＿＿＿＿＿＿＿＿＿＿＿＿和＿＿＿＿＿＿＿＿＿＿＿＿＿、摆弄提供的材料，并在与材料相互作用的过程中获得数学知识和技能的一种方法。＿＿＿＿＿＿＿＿＿＿法是幼儿学习数学知识的基本方法。

（2）＿＿＿＿＿＿＿＿＿法。

＿＿＿＿＿＿＿法是指通过＿＿＿＿＿＿＿＿形式帮助幼儿学习数学知识、发展思维的一种方法。

（3）＿＿＿＿＿＿＿＿、＿＿＿＿＿＿＿＿＿法。

＿＿＿＿＿＿＿法是教师把＿＿＿＿＿＿＿＿＿＿＿＿＿＿＿＿和＿＿＿＿＿＿＿＿＿＿＿展示给＿＿＿＿＿＿＿＿＿＿看，或者通过示范的动作或选择的范例来说明所要介绍的知识、技能和规则，使幼儿明确需要做什么及怎样做的一种方法。＿＿＿＿＿＿＿＿＿＿＿法是教师用口语说明或通过教具、范例、学具向幼儿展示的一种方法。

（4）＿＿＿＿＿＿＿＿＿、＿＿＿＿＿＿＿＿＿＿法。

＿＿＿＿＿＿＿＿＿＿＿法是指幼儿在教师的引导下有目的地感知物体的数、量、形的特征的一种方法；＿＿＿＿＿＿＿＿＿＿＿法是指幼儿在教师的引导下，对两个（或两组）以上的物体进行比较，感知和找出它们在数、量、形等方面异同的一种方法。

表 5-21 工作表单 2

工作表单2	数学认知主题教育活动组织与实施的支持性策略要点	姓 名		学 号	
		评分人		评 分	

小组讨论数学认知主题教育活动组织与实施的支持性策略要点。

1.正式数学教育活动主要实施策略

（1）创设情境。

有（　　　　　　）性、（　　　　　　）性、（　　　　　　）性、（　　　　　　）性。

（2）鼓励交流讨论。

在活动（　　　　　　）中，在活动（　　　　　　）时。

（3）适时提问质疑：反问，（　　　　　　　　）。

2.非正式数学教育活动主要实施策略

（1）提供材料。

材料的（　　　　　　）性。

材料的（　　　　　　）性。

材料的（　　　　　　）性。

（2）"追随"幼儿。

充分（　　　　　　）幼儿，以幼儿为中心，以幼儿（　　　　　　）为核心。

（3）交流反馈。

鼓励幼儿与同伴进行（　　　　　　）和（　　　　　　），帮助和支持幼儿对自己的操作过程进行（　　　　　　）和（　　　　　　）。

表 5-22　工作表单 3

工作表单3	"集合与分类"核心经验的内容	姓　名		学　号	
		评分人		评　分	

1.想一想，什么是"集合与分类"？

集合是指 _____

_____。

分类是指 _____

_____。

2."集合与分类"核心经验要点。

（1）可以根据事物的属性对事物进行匹配、分类，组成不同的集合 _____。

（2）_____

_____。

（3）_____

_____。

3.列举一个有关于"集合与分类"的教育活动案例。

表 5-23　工作表单 4

工作表单4	小班数学认知主题教育活动方案设计	姓　名		学　号	
		评分人		评　分	

1.设计思路

小班幼儿具有动作发展快、喜欢模仿、以直觉行动思维为主的特点，大多数小班幼儿能够逐渐理解"1和许多"的概念，会比较5以内物品的多少，能对常见事物按照一个维度进行简单分类。依据小班幼儿的年龄特点，使幼儿在不断操作材料的过程中学习数学知识。

2.主题总目标

（1）感知5以内的数量。

（2）能按点卡匹配相应数量食物的图片。

（3）体验数学活动带来的乐趣。

3.活动设计

（1）开始部分。

游戏导入，激发幼儿的兴趣

_____

_____

（2）基本部分。

通过"寻找食物"教学环节让幼儿感知5以内的数量。

_____

通过欣赏故事来拓展幼儿对数量的认知。

_____

通过"点卡找朋友"让幼儿将点卡匹配相应数量的食物。

_____

（3）结束部分。

通过"毛毛虫变蝴蝶"教学环节让幼儿感受数学活动的乐趣。

表5-24　工作表单5

工作表单5	小班数学认知主题活动的组织与实施	姓　名		学　号	
		评分人		评　分	

根据小班幼儿年龄特点，幼儿教师应如何进行小班数学认知主题教育活动的组织与实施？

1.明确幼儿教育教学活动的特点

幼儿数学教育活动是有＿＿＿＿＿＿＿＿＿、有＿＿＿＿＿＿＿＿＿＿、有＿＿＿＿＿＿＿的活动。

幼儿数学教育活动具有＿＿＿＿＿＿＿＿＿＿＿＿＿＿、＿＿＿＿＿＿＿＿＿＿＿＿＿＿和的特点。

幼儿数学教育活动一般为＿＿＿＿＿＿＿＿＿＿＿，并在教师＿＿＿＿＿＿＿＿＿＿＿进行的活动。

2.明确数学认知主题教育活动的一般环节及常用的教学方法

（1）＿＿＿＿＿＿＿＿＿＿＿＿＿＿＿。

（2）＿＿＿＿＿＿＿＿＿＿＿＿＿＿＿、＿＿＿＿＿＿＿＿＿＿＿＿＿＿＿、

＿＿＿＿＿＿＿＿＿＿＿＿＿＿＿。

（3）＿＿＿＿＿＿＿＿＿＿＿＿＿＿＿＿＿＿＿＿＿＿＿＿＿。

＿＿＿＿＿＿＿＿＿＿＿＿＿＿＿＿＿＿＿＿＿＿＿＿＿。

表 5-25 工作表单 6

工作表单6	数学认知主题教育活动的评价	姓　名		学　号	
		评分人		评　分	

教学活动评价表

一级标准	二级标准	得分
教学准备 （1.5分）	目标准确、具体，适合本班幼儿，满足幼儿发展需要。（1分）	
	物质与经验准备充分、恰当，活动具有可操作性。（0.5分）	
教学过程 （6分）	教学目标达成意识强，贯穿教学过程始终。（1分）	
	活动组织有序，环节清晰，重点突出，时间安排合理。（1分）	
	充分而恰当地运用课件和教具。（0.5分）	
	语言简练、规范、富有感染力，易于幼儿理解。（1分）	
	提问准确易懂，具有启发性、引导性。（1分）	
	提供幼儿探讨、探索的机会，引导幼儿主动、创造性地学习。（1分）	
	关注个别幼儿，满足其合理需要。（0.5分）	
教师素质 （1分）	教态亲切自然，举止适宜，善于鼓励和调动幼儿的积极性。（0.5分）	
	教师能调控活动秩序，有灵活的教学机智和应变能力。（0.5分）	
活动效果 （1.5分）	幼儿具有良好的学习习惯和常规习惯。（0.5分）	
	幼儿在活动中情绪愉快、态度积极、参与意识强，各种能力在原有水平上得到提高。（1分）	
评价人		

3.反思评价

（1）通过本任务的学习，你认为在设定数学认知主题教育活动的目标时应注意哪些事项？

_____

_____

_____

（2）请你对自己在本次任务中的学习情况进行评价。

课堂活动参与度　☆　☆　☆　☆　☆

小组活动贡献度　☆　☆　☆　☆　☆

学习内容接受度　☆　☆　☆　☆　☆

4.学习支持

1）"集合与分类"核心经验概述

①集合：在数学中，某种具有相同属性的事物的全体称为集合。在日常生活中，人们经常会把同类事物归为一体，如把梨子、苹果、橙子归在一起，这就是水果的集合；把汽车、火车、飞机、轮船归在一起，这就是交通工具的集合。集合的归并是以对象所具有的共同属性为条件的。实际上，为了学习某些事物的名称，幼儿常常会在脑海里创建一些集合，比如关于"狗"的集合，就包括自己家的狗、邻居的狗、路边的狗，他们会把这三种不同地方的狗在头脑中汇合起来创建出一个有关"狗"的集合概念。集合是幼儿形成数概念系统的基础。用数字描述一个集合有"多少"是非常重要的，如有1个、7个或者100个，等等，它们是这个集合的元素的数量。在我们要指出"这里有多

> **政策法规**
>
> 《幼儿园教育指导纲要（试行）》指出教师要注重各领域之间、目标之间的相互渗透与整合，因此教师在考虑数学教育生活化的同时，还要适当考虑数学内容与其他领域内容之间的平衡与统整。

少个苹果"之前，必须先知道哪些是苹果，哪些不是苹果。一旦形成了关于苹果的集合概念，就会很自然地把它和梨子、橙子等区分开来，再数数它们有多少个。数数是以集合为基础的，认识集合的属性对幼儿的数学学习具有重要的影响。

②分类：指将一组事物按照特定的标准加以区分，并同时进行归类的过程。在很多情况下，幼儿都会自然地用到分类方法，如将一堆物品分成玩具和文具两类，把不同形状的积木加以区分摆放等。分类和集合是紧密联系在一起的两个概念，分类是对不同集合进行区分的过程，是建立在集合思想基础之上的。也就是说，集合是分类的基础，对集合先加以区分再进行合并就称为分类。概括地说，集合是对数学概念、数学思想的描述，分类则是对数学能力、数学活动的描述，但两者本质上是一体相连的。分类是贯穿幼儿思维发展全过程的核心能力，是幼儿科学领域学习与发展的重要参考指标。幼儿在数学学习资源丰富的活动室及日常生活环境中会碰到很多关于集合、分类（包括匹配）的活动，教师可借机让他们从不同角度对事物进行比较和区别，按照不同的属性对事物进行分类或归类。

2）"集合和分类"核心经验要点

可以根据事物的属性对事物进行匹配、分类，进而组成不同的集合，同样一组事物可以按照不同的方式进行分类，集合之间可以进行比较，以感知它们之间的关系。

在不同集合的比较中，如果数量接近，要想更准确地知道哪组数量更多，最好的办法就是数数。数数比目测更有效，是因为数数能排除视觉干扰，使幼儿更清晰地感知需要比较的不同集合中的每个组成部分。因此，在一个数学资源丰富的活动室里，教师常常会运用"什么是一样多"之类的问题去评估幼儿的数数和分类能力的发展情况。

随着幼儿相关经验的积累，教师还可以引导幼儿感知不同集合之间的关系。一般来说，两个集合间存在着包含或相等关系。由同时属于两个集合的元素所组成的集合称为两个集合的交集；所有属于两个集合的元素组成的集合称为两个集合的并集；由全集中所有不属于该子集的元素组成的集合称为补集；由属于一个集合而不属于另一集合的元素组成的集合称为差集。教师可以充分利用幼儿的日常生活经验，加以适宜的引导，帮助年龄稍大的幼儿尝试着理解基于实际生活情境的集合关系。

3）数学认知主题教育活动组织与实施的支持性策略要点

（1）正式数学教育活动主要实施策略

①创设情境。

生活性、挑战性、互动性、应用性。

②鼓励交流讨论。

在活动过程中。

在活动结束时。

③适时提问质疑

反问。

质疑。

（2）非正式数学教育活动主要实施策略

①提供材料

材料的丰富性。

材料的层次性。

材料的动态性。

②"追随"幼儿

充分关注和追随幼儿，以幼儿为中心，以幼儿自主探索为核心。

③交流反馈

鼓励幼儿与同伴进行互动和合作交流，帮助和支持幼儿对自己的操作过程进行表述和交流。

四、课证融通

本模块对应的幼儿教师资格证考试"保教知识与能力"模块的考试目标、内容与要求、真题见表5-26。

表 5-26　幼儿教师资格证考试"保教知识与能力"模块的考试目标、内容与要求、真题

内容体系
一、考试目标 具有指导与组织实施教育活动的知识和能力。理解幼儿园游戏的意义、作用与指导方法，能根据幼儿园教育目标和幼儿实际组织和实施教育活动。 二、考试内容与要求 1.掌握幼儿健康、语言、社会、科学、艺术等领域教育的基本知识和相应教育方法。 2.理解并整合各领域教育的意义和方法，能够综合地设计并开展教育活动。
三、真题。 论述题：试述经济发展和学前教育发展的关系。

五、阅读思享

推荐理由：

幼儿科学活动作为科学教育的重要组成部分，其重要意义是不言而喻的。幼儿园科学教育是幼儿在教师的引导下主动进行科学学习，亲自体验、感受并获得有关物质世界及其关系的感性认识和经验的过程。开展幼儿园科技主题活动，必须重视科技教育资源的收集和整理。由于幼儿自身发展尚不成熟，脱离其经验范围的教育教学活动便很难保证有最佳效果，但有了相关实物资源的支撑，幼儿才会在科技主题活动中获得亲身体验，进而激发科学兴趣，为其日后科学素养的提高奠定基础。

推荐阅读：

董旭花.幼儿园优秀科学活动设计88例.北京：中国轻工业出版社，2013。

模块六 爱国情怀主题教育活动

一、岗位能力模型

爱国情怀主题教育活动岗位能力模型见表6-1。

表6-1 爱国情怀主题教育活动岗位能力模型

模块	岗位能力描述	《幼儿园教师专业标准（试行）》	《幼儿园教育指导纲要（试行）》
爱国情怀主题教育活动	爱国教育有利于培养幼儿的民族归属感，有利于幼儿的人生观与价值观的形成。爱国教育是幼儿素质教育与道德教育的重要内容。幼儿阶段的爱国主义教育不是培养具体可行的爱国行为，而是通过各种感官刺激激发幼儿对社会、家乡及祖国的情感，增强其内心体验。 开展爱国教育的同时，应特别注重遵循幼儿的心理规律，采用情境化、游戏化、活动化、网络化等多种教学方法和教学手段，从幼儿最熟悉、最感兴趣的情境入手，让幼儿能形象具体地获得关于祖国的知识，并使之产生美好的情感体验	基本理念的要求： （二）师德为先 热爱学前教育事业，具有职业理想，践行社会主义核心价值体系，履行教师职业道德规范。 专业知识的要求： （七）通识性知识 32.具有一定的自然科学和人文社会科学知识	三、社会 （一）目标 5.爱父母长辈、老师和同伴，爱集体、爱家乡、爱祖国。 （二）内容与要求 7.充分利用社会资源，引导幼儿实际感受祖国文化的丰富与优秀，感受家乡的变化和发展，激发幼儿爱家乡、爱社会、爱祖国的情感。 （三）指导要点 1.社会领域的教育具有潜移默化的特点。幼儿社会态度和社会情感的培养尤应渗透在多种活动和一日生活的各个环节之中，要创设一个能使幼儿感受到接纳、关爱和支持的良好环境，避免单一呆板的言语说教

二、知识点与技能点

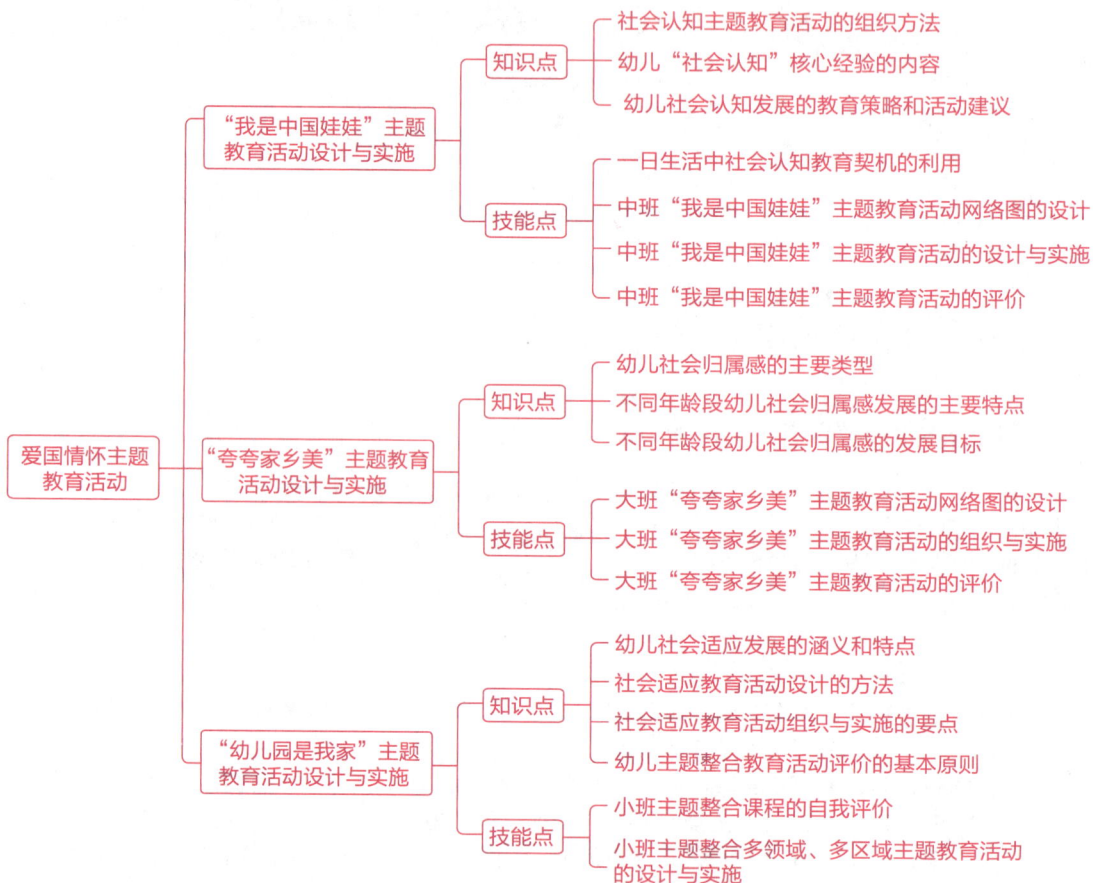

```
爱国情怀主题
教育活动
├─ "我是中国娃娃"主题
│  教育活动设计与实施
│  ├─ 知识点
│  │  ├─ 社会认知主题教育活动的组织方法
│  │  ├─ 幼儿"社会认知"核心经验的内容
│  │  └─ 幼儿社会认知发展的教育策略和活动建议
│  └─ 技能点
│     ├─ 一日生活中社会认知教育契机的利用
│     ├─ 中班"我是中国娃娃"主题教育活动网络图的设计
│     ├─ 中班"我是中国娃娃"主题教育活动的设计与实施
│     └─ 中班"我是中国娃娃"主题教育活动的评价
├─ "夸夸家乡美"主题教育
│  活动设计与实施
│  ├─ 知识点
│  │  ├─ 幼儿社会归属感的主要类型
│  │  ├─ 不同年龄段幼儿社会归属感发展的主要特点
│  │  └─ 不同年龄段幼儿社会归属感的发展目标
│  └─ 技能点
│     ├─ 大班"夸夸家乡美"主题教育活动网络图的设计
│     ├─ 大班"夸夸家乡美"主题教育活动的组织与实施
│     └─ 大班"夸夸家乡美"主题教育活动的评价
└─ "幼儿园是我家"主题
   教育活动设计与实施
   ├─ 知识点
   │  ├─ 幼儿社会适应发展的涵义和特点
   │  ├─ 社会适应教育活动设计的方法
   │  ├─ 社会适应教育活动组织与实施的要点
   │  └─ 幼儿主题整合教育活动评价的基本原则
   └─ 技能点
      ├─ 小班主题整合课程的自我评价
      └─ 小班主题整合多领域、多区域主题教育活动
         的设计与实施
```

素质目标

1. 了解幼儿阶段爱国主义教育的规律和特点，运用幼儿喜闻乐见和能够理解的方式培养其爱家乡、爱社会、爱祖国的情感。

2. 能帮助幼儿树立正确的人生观、价值观，具有良好的品德，弘扬民族精神，使其未来成为国家的有用之才。

三、工作任务

任务一 PPT　　　　小班"我是中国娃娃"
　　　　　　　　　活动设计案例

任务一　"我是中国娃娃"主题教育活动设计与实施

1.任务描述

幼儿园在每周一都要举行升旗仪式，幼儿只知道升旗仪式时需要立正、唱国歌，但并不理解为什么要这样做，也不知道国旗和国歌代表什么。针对这样的情况，王老师结合即将到来的国庆节，开展了主题为"我是中国娃娃"主题教育活动。

在这个主题系列活动中，王老师首先组织了"认识五星红旗"教育活动，让幼儿知道五星红旗是中国的国旗。他还通过课件，帮助幼儿认识国旗，了解国旗的红色和五颗五角星分别代表了什么，引导幼儿理解国旗的象征意义。最后王老师播放了一段奥运健儿夺冠时五星红旗冉冉升起的视频，让幼儿对祖国的直观感受和热爱祖国的情感紧密联系到一起。

（1）阅读案例，完成中班"我是中国娃娃"主题教育活动网络图的设计。（完成工作表单1）

（2）请你完成中班"我是中国娃娃"主题教育活动的设计。（完成工作表单2）

（3）以个人的形式进行教育活动模拟演练，并进行教育活动评价。（完成工作表单3、4）

（4）小组讨论幼儿社会认知主题教育活动的组织方法。（完成工作表单5）

（5）小组讨论幼儿"社会认知"核心经验的内容。（完成工作表单6）

2.工作表单

工作表单1~工作表单6分别见表6-2~表6-7。

表6-2　工作表单1

工作表单1	中班"我是中国娃娃"主题 教育活动网络图设计	姓　名		学　号	
		评分人		评　分	

1.＿＿＿＿＿＿；2.＿＿＿＿＿＿
3.聪明的阿凡提；4.我们的祖国辽阔

1.我是中国小娃娃；2.国庆大阅兵
3.＿＿＿＿＿＿；4.＿＿＿＿＿＿

社会

语言

科学

1.＿＿＿＿＿
＿＿＿＿＿；
2.＿＿＿＿＿
＿＿＿＿＿；

我是中国娃娃

健康

艺术

1.踩高跷；
2.小小旅行家

1.京剧脸谱；2.＿＿＿＿＿＿；
3.＿＿＿＿＿＿；4.大中国

表 6-3 工作表单 2

工作表单2	中班"我是中国娃娃"主题教育活动设计	姓 名		学 号	
		评分人		评 分	
授课时间		授课班级		中班	
课程内容		授课教师			
活动准备	不同肤色小朋友的图片，世界地图，中国地图				
活动目标	1.初步了解中国人与外国人在_____，及_____等方面的不同，知道自己是_____。 2.知道中国地域辽阔，_____，萌发做中国人的_____。				
活动过程	一、经验交流 1.初识不同肤色小朋友的图片，引导幼儿找出图片中的中国小朋友。 2.中国小朋友长什么样？除了中国小朋友还有谁？ 3.启发幼儿将中国小朋友与其他国家小朋友进行比较，说说他们的不同之处。 二、幼儿对活动材料的观察与操作 三、寻找并发现中国的地理位置 1.展示世界地图，以"中国娃娃在哪里"为主题，请幼儿在世界地图上寻找中国的位置。 2. 3. 四、感受祖国地域辽阔 1. 2.欣赏诗歌《我们的祖国真大》：我们的祖国真大。北方是冬爷爷的家，十月就飘大雪花。南方是春姑娘的家，一年四季都盛开鲜花。啊！祖国妈妈，你的孩子在同一个时间里，有的滑雪，有的游泳，有的围着火炉吃西瓜。				
活动延伸					
活动反思					

表 6–4　工作表单 3

工作表单3	教育活动模拟演练记录单	姓　名		学　号	
		评分人		评　分	

根据教育活动设计内容进行模拟演练

今天模拟演练的同学是：

教育活动设计中优秀的内容：

模拟演练的主题：

子主题：

划分领域：

适宜年龄段：

活动设计的具体内容：

1.活动导入：

2.活动过程：

3.活动结束：

4.活动延伸：

表 6-5　工作表单 4

| 工作表单4 | 教育活动评价表 | 姓　名 | | 学　号 | |
| | | 评分人 | | 评　分 | |

一级标准	二级标准	得分
活动目标 （15分）	根据《幼儿园教育指导纲要（试行）》《3~6岁儿童学习与发展指南》制定明确、具体的活动目标，领域核心目标突出，能有机结合幼儿情感、态度、能力、知识、技能等方面的发展需求	
	能促进幼儿正确社会认知、激发社会情感，形成良好的社会行为，在自我、人际关系和社会规范方面得到发展	
活动内容 （15分）	与活动目标相适应	
	贴近幼儿生活经验，符合幼儿的年龄特点	
	符合幼儿兴趣，满足发展需要	
	符合幼儿的体验和感受	
活动组织 （20分）	挖掘并利用多种教育资源，拓展教育活动空间	
	灵活运用集体教育活动，可采用游戏、参观、劳动等园内、园外多种活动途径，调动幼儿学习的主动性	
	根据目标及幼儿活动特点，选择集体、小组等组织形式进行教育活动，可体现过程性和连续性的特点	
活动过程 （30分）	围绕目标组织教育活动，活动过程安排合理	
	突出社会领域教育的特点，为每个幼儿提供能够获得体验和感受的活动机会和条件	
	注重幼儿的体验和感受，在活动过程中进行及时指导，使幼儿获得社会性发展	
	关注每个幼儿在活动中的表现和反应，及时、有效应答幼儿需要	
	用自身感染力与幼儿之间形成有效的师幼互动	
	充分发挥幼儿的主体性，调动幼儿活动的积极性，使幼儿在活动中获得有意学习的经验	
活动效果 （20分）	幼儿对活动感兴趣，积极主动参与活动，大胆表达自己的想法和表现自己	
	幼儿在社会认知、社会情感、社会行为等方面获得不同程度发展，在活动中获得新经验	
评价人		

表6-6　工作表单5

工作表单5	社会认知主题教育活动的组织方法	姓　名		学　号	
		评分人		评　分	

1.以语言传递信息为主的方法

以语言传递信息为主的方法是指教师主要用语言对幼儿进行讲解、劝说和指导等，以达到相应教育目的的方法。该方法主要包括_____、_____和_____。

2.以直接感知为主的方法

以直接感知为主的方法，是指教师所采取的通过对直观教具的演示、组织教学性参观或组织幼儿亲自参与某项活动，使幼儿利用各种感官直接感知客观事物或现象而获得发展的教育方法。这种方法的特点是具有直观性、形象性、具体性和真实性。

（1）示范法

示范法是教师所采取的一种通过呈现_____、_____等，或者通过自己的_____、_____、_____等为幼儿提供具体范例，或者是采用具有教育意义的_____，让幼儿通过观察获得感性认识，供幼儿模仿学习的方法。示范法能为幼儿提供丰富的感性材料，激发_____，提高幼儿_____的效果。

（2）参观法

参观法是教师所采取的一种根据社会教育的_____，组织幼儿对某个或_____进行实地观察、思考，以促使其获得相应的_____和_____的教育方法。例如，教师可以组织幼儿参观图书馆、消防队、邮局；在幼小衔接系列活动中，可以组织幼儿参观小学等。

（3）实践练习法

实践练习法是教师所采取的一种创造条件，组织幼儿参与某项活动，_____、_____或_____某种技能、行为方式、习惯的教育方法

表6-7　工作表单6

工作表单6	幼儿"社会认知"核心经验的内容	姓　名		学　号	
		评分人		评　分	

1.社会认知的定义

社会认知通常是指对_____、_____、_____、_____、

_____和_____的认知，以及对这些观点与社会行为的关系的

_____与_____。

2.幼儿社会认知发展的表现

幼儿社会认知发展表现在_____与_____两个方面，其中能力的提升

主要是指_____和_____的发展，知识的获得的主要表现是通过教育

获得了关于与其生活环境密切相关的_____、_____和_____及

其关系的相关知识。

3.社会认知的作用

社会认知是幼儿_____的基础，是幼儿_____的基础，是幼儿_____的

基础。

4.幼儿社会认知发展的年龄特点

（1）幼儿对自己心理状态的认知特征：3～4岁幼儿能认识到人的大脑中会_____，

4岁以后的幼儿能认识到_____决定行为。

（2）幼儿对他人想法与观念的认知特征：3～6岁幼儿从起初的不能站在他人的立场理解对方的

_____，到开始理解站在不同的立场就有_____，直到开始试图站在他人的

理解_____的观点。

（3）幼儿对社会事件和社会规则的认知特征：根据皮亚杰道德判断发展理论和柯尔伯格的相

关研究，幼儿对社会环境、事件和规则的认知受到_____的影响。

（4）幼儿对社会角色的认知特征：社会角色的认知是幼儿社会领域学习的重要内容之一，3～4

岁幼儿知道有不同的_____，对职业开始有了_____；4～5岁幼儿知道更

多的_____，并开始对不同社会角色形成_____；5～6岁幼儿对社会角色

有了更为全面和_____，并且对自己将来所要承担的_____有了基本的期望

3.反思评价

（1）请你思考，幼儿社会性发展的特点与影响因素有哪些？

（2）请你对自己在本次任务中的学习情况进行评价。

课堂活动参与度　☆　☆　☆　☆　☆

小组活动贡献度　☆　☆　☆　☆　☆

学习内容接受度　☆　☆　☆　☆　☆

4.学习支持

"祖国"的概念是抽象的，爱国主义教育又是一个由低级向高级逐步深化和升华的教育过程，幼儿时期是爱国主义教育的启蒙时期，只有结合新时代的特征和幼儿发展的特点，将爱国主义的种子播撒在幼儿的心田里，才能使幼儿的爱国情感从中得到诱发。

指导政策

中共中央、国务院印发的《新时代爱国主义教育实施纲要》指出，"爱国主义教育要坚持从娃娃抓起，做到润物无声，注重落细落小落实、日常经常平常。"如何在新的历史发展时期，根据社会、经济、文化发展的新需求，构建科学、合理的幼儿园爱国主义教育路径体系，使之既能满足社会需要，又符合幼儿的年龄特点，是当前迫切需要研究的重要课题，也是优化利用教育资源、尊重幼儿学习规律的需要。

教育幼儿爱父母长辈、老师和同伴，爱集体、爱家乡和爱祖国是《幼儿园教育指导纲要（试行）》规定的社会领域的教育内容之一。陈鹤琴先生认为教育首先要教人做人。他说："小时候有爱人的行为，到了成年也就会爱人民、爱祖国。"

1）幼儿社会教育的含义

幼儿社会教育是指以发展幼儿的情感——社会性为目标，以促进幼儿的自我意识、增进幼儿的社会认知、激发幼儿的社会情感、引导幼儿的社会行为、提高幼儿社会适应能力、培养幼儿良好的道德品质为主要内容的教育。幼儿社会教育是幼儿全面发展的重要组成部分，是由自我意识、社会认知、社会情感、社会行为技能、社会适应和道德品质等几方面构成的有机整体。

2）幼儿社会认知主题教育活动的内容

（1）交往与人际关系

人际关系是指幼儿在与周围人（家长、老师、同伴等）交往的过程中形成的相互关系。人际交往是幼儿社会认知学习的主要内容，是其社会性发展的核心内容，也是其社会性发展的基本途径。幼儿在与成人、同伴交往的过程中，不仅要学会如何与他人友好相处，而且要学会如何看待自己。对此教师可以从以下几个方面开展教育活动。

首先，培养幼儿关心、理解、尊重和赞赏他人的态度。

其次，促使幼儿乐意与人交往，学习互助、合作和分享，有同情心。

再次，帮助幼儿学习协调自己与他人的兴趣和想法，学会与他人友好相处。

最后，帮助幼儿在交往中做到自尊、自信、自主、不依赖他人。

（2）社会角色的认识

社会领域的学习目的就是更好地促进幼儿的社会化进程，社会化将一个自然人转化为一个适应了社会文化、参与社会活动、履行社会角色的社会人。其实在自我意识中，对"我是谁"问题的回答中肯定包含了社会角色。自我意识和人格的形成、发展，社会角色的获得既是社会化的目的，又是社会化的重要内容。幼儿对社会角色认知的教育可以从以下两方面进行。

①自己和他人在不同社会环境中所表现的不同角色。

②对社会上不同职业的人的认知。

例如，幼儿知道生活中有多种职业，他们认识职业首先就是从父母的职业开始，继而发展到身边的人、社会上的人。小班幼儿的认知需要具体化，因此，以角色游戏为依托帮助幼儿认识社会上不同的职业是最为理想的。

（3）社会环境

社会环境是指幼儿在生活中经常接触的一些社会组织形态、社会机构和其中的社会角色。幼儿接触的社会环境主要包括家庭、幼儿园、社区。同时，重大节日和重大社会事件等都是影响幼儿成长的重要社会环境因素。

①家庭：包括家庭的住址、电话；关于家庭中自我安全保护的知识；家里中主要的生活用品、娱乐工具和学习用具；家庭成员与幼儿、邻里的关系。

②幼儿园：包括幼儿园的名称、地址；幼儿园的环境和设施；集体活动的基本规范；幼儿所在的班级和小组；幼儿园的工作人员，以及他们与幼儿的关系。

③社区：包括社会主要机构的名称、工作人员、主要活动及其与人们生活的关系，社会的交通设施等。

④行政区：包括所在省、市、区（县）、街道（乡镇）、街（村）的名称，门牌号等。

⑤祖国：包括国名、国旗、国歌、国徽、首都，国家的人种特征、民族状况，主要的风景名胜，军队的组成等。

⑥世界知识：包括国家与国家交往的知识，关于世界和平的粗浅知识。

⑦重大节日和重大社会事件：包括重大节日的名称、日期、意义及庆祝方式，如春节、端午节、中秋节、教师节、儿童节、国庆节等；一些重大社会事件及其影响，如抗洪、防疫、大型运动会等。

（4）社会行为规范

社会行为规范是指幼儿在社会生活和交往中需要了解和掌握的各种行为准则。

①公共规则：遵守公共事务规则，如爱护公物，节约粮食和水电，保护植物、动物及环境等；遵守公共卫生规则，如不随地乱扔杂物、不随地吐痰等；遵守公共交通规则，如走人行道、看红绿灯等。

②集体规则：遵守集体活动的一般规则，如服从集体意见、遵守集体指令、愿意为集体服务等；遵守课堂活动规则，如保持安静、不影响他人、能同他人合作、敢于发表意见、注意倾听他人的意见等。

③交往规则：使用礼貌用语；对老师、长辈行鞠躬礼，礼貌待客，礼貌做客；注意倾听他人说话，不无故打断他人说话；会合作和谦让。

④基本道德准则：知道别人的和集体的物品不能占为己有；能够分清是非；能做到诚实、守信；能纠正自己的缺点和错误等。

3）幼儿社会认知发展的教育策略和活动建议

社会认知教育和认知教育有着非常多的共同点，从某种意义上说，可以将社会认知教育看作认知教育的一个组成部分，只不过其认知对象是自我、他人、群体及相互关系等。

（1）创设有利于开展社会认知教育的环境

幼儿园环境是幼儿园课程的一部分，极具教育价值。在社会领域的教育中，创设适宜的环境能大大提升幼儿的学习效率。通常，幼儿园可以设置不同内容的角色游戏区，从而让幼儿学习不同社会场所的规则。教师还可以结合主题活动创设主题墙，通过照片、图片等介绍社会事件、家乡风貌等。对于重大的社会事件，教师可以让幼儿一起参与环境创设，让幼儿收集相关图片、新闻等，并将这些资料带到幼儿园与大家一起分享。

（2）加强游戏活动，让幼儿在游戏活动中认知社会角色、规则及他人的立场和观点

游戏作为幼儿学习的主要形式，在社会认知教育中也发挥着重要作用。

第一，重视在游戏活动中渗透社会认知教育。在游戏中教师往往会比较容易忽略对幼儿进行社会认知教育，而是着重培养幼儿的行为习惯。例如，在游戏中，教师会重点观察幼儿是否遵守规则，而忽略对规则具体内容的介绍；在幼儿进行角色扮演时往往关注角色的行为，而忘记对不同职业进行事先或事后的讲解。

第二，拓宽视野，让幼儿在游戏中学习更多的社会知识。角色游戏是幼儿非常喜爱的游戏，尤其是小、中班幼儿。最常见的角色游戏就是娃娃家，幼儿在游戏中往往自发地模仿父母的角色，获得最初的关于家庭成员职责的社会认知。通常幼儿园的角色扮演涉及警察、医生、消防员、银行职员等角色，角色扮演可以让幼儿获得更多的社会知识。例如，可以开展"新闻小记者"游戏，每天请一名幼儿扮演记者，采集和播报前一天发生的社会事件。这种做法，既能让幼儿对记者这一职业有所认识，又及

时了解了社会事件。

第三，在设计游戏环节时加入与社会规则一致的游戏规则。幼儿要顺利开展游戏，必须遵守游戏规则，要遵守规则就必须对规则有所认知。例如，在社会场所，我们经常要等候，等候的时候应该不靠近目标位置，要与目标位置保持适当的距离，以防在该位置上的人员产生不安全感。教师可以将这些社会规则引入游戏。

当然，在游戏中，幼儿之间的相互作用有利于幼儿觉察他人的情绪，发现他人的行为，并由此推测他人的观点，从而更好地发展幼儿的社会性。

（3）重视随机教育对幼儿社会认知发展的作用

幼儿社会领域的学习本来就和幼儿的日常生活紧密联系，与生活情境、社会场所等密不可分，因此，在幼儿园一日活动或外出参观活动中有许多可以用来进行随机教育的情境。例如，带幼儿散步时，不仅可以引导幼儿观察动植物，还可以告诉幼儿帮助幼儿园整理草坪、修剪树枝的是园林工人，让幼儿认识一个新的职业。要做到这一点，教师应该具备社会认知的相关知识。除了要理解幼儿社会认知的发展规律外，教师还应具备关于社会规则、社会角色和社会事件的知识。教师只有具备了这些知识，才能在没有准备的前提下发现有利的时机，将相关的社会知识传递给幼儿。

总之，社会认知教育对于幼儿社会化有着重要作用，如果缺少对信念、想法、意识等心理活动的认识，缺少对他人观点的推测，缺少对社会规则的知觉与理解，缺少关于群体中人际关系的认知，那么幼儿是不可能快速发展成一个社会人的。

名人名言

爱国主义就是千百年来巩固起来的对自己的祖国的一种最深厚的感情，爱国主义思想感情能激励人们在战斗和劳动岗位上为祖国的独立自由、欣欣向荣而全力奋斗。

——列宁

任务二　"夸夸家乡美"主题教育活动设计与实施

任务二 PPT　　　　分享绘本《这里是中国 北京》

1.任务描述

迪迪跟随父母去旅游，回来的时候给小朋友带了孝感神龙麻糖。早晨自由活动时，吴老师请迪迪将麻糖分享给小朋友，小朋友尝了之后都说好吃。吴老师借此机会向小朋友介绍了麻糖的制作原料及产地，她还问小朋友是否品尝过其他的地方特色食品。很多小朋友饶有兴趣地讲述了自己品尝过的特色食品，有海南的芒果、新疆的哈密瓜、大连的红樱桃，还有北京的烤鸭……有的小朋友还说到了麦当劳和肯德基。原来幼儿对什么是地方特产存在一定误区。于是，吴老师接下来和小朋友一起讨论什么是地方特产。

吴老师先向幼儿提出了一个问题："我们刚才讲了那么多其他地方的特产，你们知道我们本地有什么特产吗？"一阵静默后，思思首先站起来发言："我们这儿有栗子。"嘉嘉说："我们这儿有蘑菇。"其他孩子也七嘴八舌地讲起来：我们这儿有山榛子、蒲公英、山野菜、鲤鱼、煤炭、木材……吴老师总结了小朋友们的交流情况："你们太棒了！我们的家乡也有许多特产，很多人到我们这儿来旅游，离开时都要买上榛子、山野菜、蘑菇等特产。每当有客人到来时，我们也会用这些地方特产招待他们。"听到吴老师的这些话，小朋友们的脸上洋溢着骄傲的笑容。

（1）请结合案例并根据教育活动目标和活动准备，完成大班"夸夸家乡美"主题教育活动的设计。（完成表单1）

（2）请认真观摩同学的教育活动模拟演练，并对教育活动进行评价。（完成工作表单2和工作表单3）

（3）小组讨论幼儿社会归属感的主要类型及其发展的主要特点。（完成工作表单4）

（4）小组讨论3~6岁幼儿社会归属感的发展目标是什么？（完成工作表单5）

2.工作表单

工作表单1~工作表单5分别见表6-8~表6-12。

表 6-8　工作表单 1

工作表单1	大班"夸夸家乡美"主题 教育活动设计	姓　名		学　号	
		评分人		评　分	

活动目标：

（1）能够结合已有的知识和经验，运用语言大胆连贯地介绍家乡。

（2）通过收集有关家乡的资料，进一步加深对家乡的了解和认识，激发爱家乡的情感。

（3）通过剪剪贴贴画画，提高动手制作能力。

活动准备：

（1）活动前请家长带领幼儿参观家乡的主要风景点、标志性建筑物，了解家乡的特产及名人。

（2）事先收集有关家乡土特产、名胜古迹、风俗景观的图片等。

（3）家乡风光介绍PPT或视频、家乡宣传画。

（4）剪刀、双面胶、油画棒、水彩笔。

（5）小旗、导游证若干。

活动过程：

（1）开始部分：

（2）基本部分：

（3）结束部分：

表 6-9　工作表单 2

工作表单2	教育活动模拟演练	姓　名		学　号	
		评分人		评　分	

大班"夸夸家乡美"主题教育活动模拟演练

1.模拟活动内容：大班"夸夸家乡美"主题教育活动。

要求：

（1）符合幼儿的年龄特点，符合相关领域的内容要求。

（2）时间控制在5分钟左右。

（3）活动具体内容可参考工作表单1，也可以自己设计相关领域的内容。

（4）教育活动要求制作相关PPT课件，做好相关的资料准备。对主题教育活动整体的设计进行说明，并选择主题下一项具体集体教育活动进行组织实施。

2.演练内容。

（1）选择内容：

（2）选择该内容的原因：

（3）幼儿该年龄段的特点：

表 6–10　工作表单 3

工作表单3	教育活动评价	姓　名		学　号	
		评分人		评　分	

教育活动评价表

一级标准	二级标准	得分
教学准备 （1.5分）	目标准确、具体，适合本班幼儿，满足幼儿发展需要。（1分）	
	物质与经验准备充分、恰当，具有可操作性。（0.5分）	
教学过程 （6分）	教学目标达成意识强，贯穿教学过程始终。（1分）	
	活动组织有序，环节清晰，重点突出，时间安排合理。（1分）	
	充分而恰当地运用课件和教具。（0.5分）	
	语言简练、规范、富有感染力，易于幼儿理解。（1分）	
	提问准确易懂，具有启发性、引导性。（1分）	
	提供幼儿探讨、探索的机会，引导幼儿主动、创造性地学习。（1分）	
	关注个别幼儿，满足其合理需要。（0.5分）	
教师素质 （1分）	教态亲切自然，举止适宜，善于鼓励和调动幼儿的积极性。（0.5分）	
	教师能调控活动秩序，有灵活的教学机智和应变能力。（0.5分）	
活动效果 （1.5分）	幼儿具有良好的学习习惯和常规习惯。（0.5分）	
	幼儿在活动中情绪愉快、态度积极、参与意识强，各种能力在原有水平上得到提高。（1分）	
评价人		

表 6-11　工作表单 4

工作表单4	幼儿社会归属感的主要类型及其发展的主要特点	姓　名		学　号	
		评分人		评　分	

1.幼儿社会归属感的主要类型。

幼儿的社会归属感主要包括_____、_____、_____、

和_____。幼儿最早期的归属感是_____，然后是

_____的归属感，并逐渐扩展到群体（班级等），这种情感强调归属_____或

_____（家乡、祖国等）。

2.幼儿社会归属感发展的主要特点。

（1）3~4岁幼儿社会归属感的主要特点：小班幼儿的社会归属感主要表现为对_____，

表现出对家庭的较为强烈的_____，如亲近和信赖长辈，他们大多知道自己的家住

在哪个社区。刚入园的幼儿是第一次离开父母的怀抱，第一次过_____，是幼儿从

_____的第一步，所以他们会经历进入新环境的_____。因此，要让刚入园的幼儿

尽快在幼儿园中找到_____，才能尽快_____，慢慢开始对幼儿园产生

归属感。

（2）4~5岁幼儿社会归属感的主要特点：主要的表现是其归属对象范围扩大至_____和

_____。从中班开始，幼儿产生对自己所在班级的_____，表现出喜欢自己所

在的_____和_____，十分愿意参加_____，当被老师和同伴认可

和接纳时感到特别愉快，反之则沮丧、失落。这一阶段幼儿的社会归属感主要和其_____密

切相关，开始在意老师和其他幼儿对于自己的_____。另外，中班幼儿对自己是什么地

方的居民，意识到并且知道自己是_____，认识_____，会跟唱_____。

幼儿对_____的深入认知是以后产生对_____、_____及

_____的重要基础。

（3）5~6岁幼儿社会归属感的主要特点：大班幼儿的社会归属感是对_____和对

_____，且表现出更多的_____和_____。大班幼儿愿意承

担集体的_____，喜欢_____，在意自己是否被老师和同伴_____。

这一阶段幼儿的社会归属感与_____和_____密切相关，他们开始关注

_____和自己在集体中的_____，而且也开始关注_____、

_____与自己的联系，为自己是_____而感到自豪

表6-12　工作表单5

工作表单5	3～6岁幼儿社会归属感的发展目标	姓　名		学　号	
		评分人		评　分	

```
                                        ┌─────────────────────┐
                                        │       3～4岁          │
                                        │ 1._____。    │
                                        │ 2.能感受到家庭生活的温 │
                                        │   暖，爱父母，亲近与信赖 │
                                        │   长辈。               │
                                        │ 3._____。    │
                                        └─────────────────────┘

┌──────────────┐                        ┌─────────────────────┐
│              │                        │       4～5岁          │
│ 3~6岁幼儿社会归 │                        │ 1.喜欢自己所在的幼儿园 │
│ 属感的发展目标  │                        │   和班级，积极参加集体活 │
│              │                        │   动。                │
└──────────────┘                        │ 2._____。    │
                                        │ 3._____。    │
                                        └─────────────────────┘

                                        ┌─────────────────────┐
                                        │       5～6岁          │
                                        │ 1._____。    │
                                        │ 2.能感受到家乡的发展变 │
                                        │   化并为此感到高兴。    │
                                        │ 3._____。    │
                                        │ 4._____。    │
                                        └─────────────────────┘
```

3.反思评价

（1）请你思考同伴交往对幼儿社会化发展的影响有哪些?

（2）请你对自己在本次任务中的学习情况进行评价。

课堂活动参与度　☆　☆　☆　☆　☆

小组活动贡献度　☆　☆　☆　☆　☆

学习内容接受度　☆　☆　☆　☆　☆

4.学习支持

《幼儿园教育指导纲要（试行）》（以下简称《纲要》）第四部分"关于幼儿园教育的评价"中明确了评价的功能是"了解教育的适宜性、有效性，调整和改进工作，促进每个幼儿发展，教育评价是提高

名人名言

最有价值的知识是关于方法的知识。

——达尔文

教育质量的必要手段"。《纲要》同时指出，"评价的过程，是教师运用专业知识审视教育实践，发现、分析、研究、解决问题的过程，也是其自我成长的重要途径。"所以，教育评价的根本目的是促进教师和幼儿的共同发展，而绝不是简单地区分优劣。

1）主题整合课程评价的功能

（1）反馈调节功能

评价者将评价的结果以科学的、适当的、具有建设性的方式反馈给被评价者，使被评价者客观地认识自己的教育教学行为，从而调节自己的教育教学行为，以最大限度地促进幼儿的发展。

（2）展示激励功能

主题活动评价把评价活动作为给被评价者提供展示自己才能的机会。评价者以积极的、多视角的评价方式，发现被评价者的亮点，挖掘其潜能，鼓励被评价者不断发展和提高。

（3）反思总结功能

主题活动评价强调被评价者的参与，被评价者参与评价将会克服被动性，有利于产生内在需要，能自觉地内省和反思，及时进行总结和调整。如能持之以恒，将能养成批判性反思和总结经验及教训的习惯，将会使个人终身受益。

（4）积极导向功能

主题活动评价的目的在于促进幼儿的发展，提高和改进教师的教学实践，把先进的教育思想、课程理念融入评价活动，并渗透到课改的各个环节，有利于通过评价促进教学方式的转变，促进教师自身的不断发展。

2）主题整合课程评价的基本原则

《纲要》指出，"课程要面向全体幼儿，使他们得到共同进步又不失个性特点的发展。要遵循幼儿身心发展的客观规律，确立科学合理的，以身体健康、行为习惯、经验智能、审美情趣、情感态度为价值取向的培养目标，使每个幼儿获得和谐的发展。"

（1）整合性原则

培养"完整儿童"已成为现代幼儿教育的新观念。所谓"完整儿童"是指一个全面发展、和谐平衡的儿童，是指其身体的、社会的、情感的、认知的和道德的整合性发展。因此，在实施主题教育活动过程中要做到观念整合，目标整合，资源整合，方法、形式及手段整合，最终达到幼儿发展的整合。

（2）发展性原则

发展性是新课程评价的最重要的特征。发展性评价将立足点放在幼儿和教师的未来发展方面，面向未来，考虑幼儿和教师的发展需求，重发展而非重功利，不仅要关注幼儿和教师的现实表现，更要重视全体幼儿和教师的未来发展，还要重视每个幼儿和每个教师在其已有水平上的发展，而不是放在评定一次活动的优劣上面。

（3）活动性原则

活动是幼儿心理发展的基础和源泉。在主题活动中，幼儿通过积极主动地与人交往、动手操作、实际接触主题环境中的各种事物和现象等，去体验、观察、发现、思考、积累和整理自己的经验。因此，在主题活动中，要把幼儿的主动体验贯穿于活动的全过程，能主动积极地动手、动口、动眼、动脑，让主题活动成为幼儿完全自主的活动。

3）主题整合课程评价的基本内容

①目的性：第一，教育计划是否考虑到各类课程的有机整合，教育活动的目标是否符合本班幼儿的实际，是否着眼于幼儿的现有水平；第二，目标指向既要全面，又要具有针对性。教师是否在观察幼儿、了解幼儿的基础上，确定幼儿的"最近发展区"；第三，教师是否准确把握《纲要》提出的教育目标，是否注重情感、态度、习惯、创新精神、创造能力等可持续发展目标的培养。在开展主题活动时，教师是否做到心中始终有大目标，及时调整小目标，不断接纳幼儿生成的新目标。

②整合性：第一，各领域内容是否有机地整合；第二，主题的内容是否以幼儿自身的兴趣、经验需要为出发点，不再局限于某一领域的单一教学；第三，是否通过方法、形式、资源的整合，以及各种教育教学手段的交互作用，促进主题活动更好地开展。

③挑战性：第一，在开展主题活动时，所选择的内容是否具有挑战性，是否创设有挑战性的环境和材料；第二，教师是否在观察、判断的基础上，提出了疑惑，鼓励幼儿有所反应，从而激发他们思维的火花，促使幼儿积极地探索，找寻结果，最终使幼儿的认知结构达到更高水平。

④灵活性：指导主题活动时，教师是否认真观察幼儿的探索过程，随时能够对幼儿在主题活动中衍生出许多的不确定因素进行积极应变，灵活地引导探索，灵活解决问题，灵活使用各种教育教学方法和手段，促进主题发展。

⑤开放性：第一，内容是否开放；第二，组织形式、时间、空间是否开放；第三，游戏材料的投放是否开放。

⑥主导性：第一，在个别幼儿的探索活动中，教师是否扮演观察者、倾听者的角

色，教师是否尊重幼儿的自主探索、自然发展，发挥幼儿学习的主动性与能动性；第二，在小组活动中，教师是否扮演合作者、支持者的角色，与幼儿一起运用已有的知识和经验，通过实际操作，获得新的知识和经验；第三，当幼儿遇到困难需要帮助时，教师是否扮演引导者、组织者的角色，组织幼儿集体讨论，并引导更多的幼儿共同参与和思考，或者向他们提出一些质疑和挑战，进而发掘幼儿的潜在能力，推动活动的发展。

⑦主体性：第一，在主题活动中是否能营造一种宽松、自由的环境，让幼儿敢于提出新的主题和新的问题；第二，幼儿是否能循着提出的问题线索尽兴探索、尽情表达，找到解决问题的方法和途径，在整个活动中真正体现幼儿是学习的主人。

⑧互动性：第一，在讨论问题时，幼儿是否能够正确理解教师提出的问题，然后再把问题传达给教师或其他的同伴；第二，教师能否根据发展的需要，与幼儿共同创设符合幼儿发展所需要的环境，使幼儿主动地学习，并通过环境积极地探索。

⑨发展性：第一，在设计主题时，横向上是否体现各级目标、活动内容之间的联系性和统一性，纵向上是否体现前一个活动和后一个活动的连续性和递进性；第二，在活动过程中，是否体现幼儿发现问题、理解问题、解决问题的探索过程；第三，教师是否通过对幼儿已有的经验的充分了解，制定出合理的、切实可行的教育目标，从而提升幼儿的能力。

⑩教育特色：第一，教育教学方法、手段是否新颖、独特；第二，教育教学方法、内容、组织形式是否新颖、独特。

4）幼儿归属感教育活动的策略和建议

对于幼儿来说，归属感是感觉到自己是家庭或幼儿园中的重要一员、被他人接受、被他人认为有价值及与他人成为一个整体的一种情感，是对自己所处的群体在思想上、感情上和心理上的认同和投入。幼儿的归属感主要包括集体归属感、民族归属感和国家归属感。幼儿归属感的培养应做到多种方式和途径相结合，专门性活动与渗透性活动相结合，社会、情感领域的活动与其他领域的活动相结合。

（1）注重情绪体验，帮助幼儿建立起对所属群体的积极情感

在幼儿归属感的培养中，首先要培养的是幼儿对于幼儿园的归属感及对班级的集

体感。让幼儿有集体感，就要幼儿在集体里感受到放松和快乐等正向情绪，这就要教师帮助幼儿尽快适应幼儿园的集体生活。教师在平时的教育中，应该引导幼儿学会与人交往、懂得分享，要培养幼儿的自信与谦让的品质，让幼儿在幼儿园成为一个受欢迎的人。良好的同伴关系会让幼儿在集体生活中感受到快乐，使幼儿之间渐渐形成彼此关心、互相帮助的友爱关系，让他们感受到集体就是一个温暖的大家庭。对于小班幼儿，教师要鼓励幼儿与教师和同伴进行礼貌互动；到了中班，教师要注意引导幼儿接纳别人的不同之处，认识和接纳别人的特点；教师要及时发现幼儿做得好的一面并对其进行公开表扬。例如，可以开展"迎接好朋友""夸夸好朋友""今天我想说"等活动；对于大班幼儿，教师要注意鼓励幼儿了解自己与他人的不同之处，树立自信心；引导幼儿发现同伴的优点并能用适当的语言表达出来；为幼儿创设接纳同伴不足的心理氛围，营造和谐班级环境；引导幼儿学习帮助同伴。

幼儿归属感的建立需要家园之间形成教育合力，家长对于幼儿园教育工作的支持会更好地促进幼儿归属感的形成。在帮助幼儿形成对幼儿园的归属感的过程中，首先，家长要经常向幼儿转达教师和其他小朋友对他的喜欢与关心。尤其是在幼儿因故（生病、幼儿园放寒暑假）不能上幼儿园时，家长更要设法让幼儿了解老师和同伴对他的思念，从而让他时刻体会到集体的温暖，进而对班级产生归属感。其次，家长要注意唤起幼儿在园的积极体验。每天幼儿回家后，家长可以问问他："今天幼儿园里发生了什么快乐的事情？你和哪个小朋友玩了什么有趣的游戏？你和老师说了些什么？老师给了你什么帮助？"家长经常这样问，既有利于幼儿感受幼儿园生活的乐趣，又有利于引导幼儿逐渐学会发现幼儿园和小朋友对他的"好"，进而更加向往幼儿园的生活。

（2）鼓励积极行为，帮助幼儿建立起对所属群体的责任感与集体荣誉感

在建立起幼儿对所属群体的积极情感的基础上，我们就可以通过"行动参与"来提升幼儿对集体的认同感。幼儿在为所属群体做出自己的贡献后，会逐渐形成对所属群体的责任感及集体荣誉感，而这些也是归属感的表现。

对这种深层次的归属感的培养，我们可以从家庭责任感的培养做起。教师可以帮助家长认识到培养幼儿家庭责任感的重要性，并向家长传授相应的策略。例如，家长可让幼儿参与制定家庭决策，并且多和幼儿待在一起。家长可以以家庭会议的形式与

幼儿一起讨论周末干什么、过生日该买什么礼物、午饭吃什么之类的简单问题，这样幼儿就能提出自己的想法。如果可能的话，尽量和幼儿一起就餐，同时记得要关掉电视和收音机，大家边吃边谈，以增进感情。此外，也可以让幼儿与家族成员相处，经常带他们去看望祖父母、堂兄妹、叔叔和婶婶等。尤其是在重要的节假日，如春节，可以举办一些家族活动，让幼儿体验到家族的温情和凝聚力。

在家庭责任感与自豪感的基础上培养幼儿对班级的集体荣誉感，也是幼儿归属感培养的重要内容。《3~6岁儿童学习与发展指南》指出，"吸引和鼓励幼儿参加集体活动，萌发集体意识。如幼儿园和班级里的重大事情的计划，请幼儿集体讨论决定。幼儿园应经常组织多种形式的集体活动，萌发幼儿的集体荣誉感。"在这个阶段，教师可以有意识地让幼儿知晓幼儿园和班级里的重大事情，并参与制订诸如外出春游等计划，或者请幼儿集体讨论并决定班级中的重要事情，以此来培育幼儿良好的集体意识。在日常的幼儿园生活中，教师可以组织一些以团队为单位的竞赛游戏，让幼儿对集体观念有直观的理解。这些团队活动能让幼儿懂得"集体力量大"的道理。例如，通过与别的团队进行竞赛活动，幼儿会懂得个人与集体的关系，会渐渐明白自己是集体中的一名成员，自己在集体中不能随心所欲，必须受到集体规则的约束。大班幼儿已经在幼儿园度过了两年时光，具有更加丰富的社会生活经验，他们的思维、语言、行动、情感等各方面的能力都有突飞猛进的发展，他们积极地认识和影响周围的环境及事物，渴望成为自己和环境的主人。这种主体意识和自主行为的养成正是大班幼儿归属感培养的关键所在。教师可在幼儿园一日生活的各个环节，时刻关注、激发和培养每个幼儿的主体意识和自主行为，使他们真正成为班级的主人，从而建立对班集体深层次的归属感。

（3）设计专门性活动和渗透性活动，萌发幼儿爱家乡、爱祖国的情感

专门性活动是指幼儿园常规的社会领域的集体教育活动，具有有目的、有计划、有组织的特点，可以保证社会领域教育目标的达成。渗透性活动是指在一日生活的各个环节、其他领域教育活动中有机地渗透归属感教育。《纲要》以及《3~6岁儿童学习与发展指南》中都提到，可以在社会领域活动中进行专门性的归属感教育，也可以在其他领域活动中渗透归属感教育。

　　首先，教师可以设计一些专门性活动，让幼儿直接了解、感知周围的环境。例如，教师可以和幼儿一起外出游玩，一起观看有关的电视节目等；和他们一起收集有关家乡、祖国各地的风景名胜、著名的建筑、独特物产的图片等，在观看和欣赏的过程中激发幼儿的自豪感和热爱之情。这些活动让幼儿认知所处环境的特征，了解自己所生活的社区、城市和国家的特征，进而萌发对家乡及国家和民族的归属感。此外，教师还可以结合当地情况，充分合理地利用乡土资源开展有关家乡归属感的专门性活动。

　　其次，教师可以在幼儿园一日活动与其他领域活动中有机地渗透归属感教育。例如，可以通过阅读活动让幼儿了解中华民族的悠久历史和优秀的传统文化，如古代的四大发明及一些推动历史前进的英雄人物的事迹等；通过画报和地图告诉幼儿中华民族是一个多民族的大家庭，让幼儿知道在这片土地上生活着一些和自己生活习惯、衣着服饰、饮食文化、居住环境不相同的人，而这些人有一个共同的名字——中国人。

　　归属感的培养要注重幼儿对所属群体的情感体验、行为参与和认知提升。只有从知、情、行三方面入手，全方位地开展归属感教育，才能有效地培养幼儿对家庭、幼儿园、家乡及祖国与民族的归属感。

任务三 "幼儿园是我家"主题教育活动设计与实施

任务三 PPT

1.任务描述

最近小（一）班转来了一位新朋友，名字叫朋朋。为了让朋朋尽快适应新环境，王老师让班里能力较强的文文坐在朋朋的旁边。文文也非常关心这位新来的小朋友。点心时间，她会教朋朋如何排队取点心；户外活动时，她会和朋朋一起玩游戏；盥洗时，她会教朋朋洗手……

有一天，文文因生病没来幼儿园。下午点心时间，朋朋拿了两根香蕉后找到王老师，说："老师，我想帮文文留着香蕉，等她明天来吃。"王老师心里一阵感动，问："朋朋，为什么帮文文留呢？"朋朋回答："因为文文很喜欢我。"

在班级里，王老师特别注重创设让幼儿互相关心的环境，让他们真正体验到来自同伴的关爱。例如，每月第一周的周五为班级当月过生日的小朋友过集体生日，小朋友们会自制贺卡送给小寿星，并互相祝福；第二周的周五是自制美食活动日，小朋友们共同制作小馄饨、三明治等美食，经常三五个孩子一组，共同准备材料、制作美食、分享美食；第三周的周五是社会日活动，孩子们聚在一起说一说这个月自己做过哪些好事，得到过哪些帮助，需要感谢哪些人和事；第四周的周五是美化环境日，孩子们用自己的双手美化班级、幼儿园环境，如捡垃圾、扫落叶、照顾植物等。在日常生活中可以鼓励孩子互相结对，如让能力互补的孩子结对，让他们共同进步。

（1）小组讨论，完成小班"幼儿园是我家"主题教育活动网络图的设计。（完成工作表单1）

（2）小组讨论，完成小班"幼儿园是我家"多领域、多区域整合主题教育活动网络图的设计。（完成工作表单2）

（3）阅读材料，完成小班主题整合课程自我评价表。（完成工作表单3）

（4）阅读材料，小组讨论幼儿社会适应教育活动组织与实施的要点。（完成工作表单4）

（5）小组讨论，完成小班"幼儿园是我家"主题教育活动教案的设计。（完成工作表单5）

（6）小组讨论幼儿社会适应能力发展的含义与特点。（完成工作表单6）

2.工作表单

工作表单1~工作表单6分别见表6-13~表6-18。

表6-13　工作表单1

工作表单1	小班"幼儿园是我家"主题教育活动网络图设计		姓　名		学　号	
			评分人		评　分	
主题名称	主题	幼儿园是我家				
	子主题	1.开心宝宝　2.手拉手做朋友				
主题背景分析	新生刚入园时,他们因对新的环境感到陌生而产生紧张、恐惧感,甚至出现哭闹不肯入园的情况。如何缓解幼儿的紧张心理、如何让幼儿尽快适应幼儿园的新环境就成为教师应攻克的第一个课题					
主题目标	1.认识并乐意亲近老师、保育员和小朋友,乐意上幼儿园。 2.乐意参加集体活动,感受集体活动带来的乐趣,缓解入园焦虑。 3.学习相应的行为规则,逐渐适应幼儿园生活。 4.喜欢和同伴一起游戏,体验共同游戏的快乐。 5.在玩玩具和游戏中学习等待、轮流与分享,并学习关心他人					

表 6-14　工作表单 2

工作表单2	小班"幼儿园是我家"多领域、多区域整合主题教育活动网络图设计	姓　名		学　号	
		评分人		评　分	

表6-15 工作表单3

工作表单3	主题整合课程自我评价表	姓 名		学 号	
		评分人		评 分	

主题整合课程自我评价表

评价内容	A	B	C
1.能够认真准备教育活动计划,对教育过程有充分的思考			
2.活动目标符合班级幼儿的年龄特点和实际水平			
3.活动目标描述清晰、具体明确、可操作性强			
4.活动内容符合班级幼儿的年龄特点和实际水平			
5.活动内容贴近幼儿生活			
6.活动内容符合幼儿兴趣			
7.教育活动具有一定的挑战性			
8.物质准备能满足教育活动的需要			
9.幼儿有充分的与活动内容相关的经验准备			
10.在教育活动过程中能认真落实教育目标			
11.活动过程思路清晰、层次清楚			
12.活动过程体现《幼儿园教育指导纲要(试行)》《3~6岁儿童学习与发展指南》所倡导的精神			
13.活动过程能兼顾不同发展水平的幼儿			
14.活动组织形式与教育内容相协调			
15.教育方法与本班幼儿年龄特点相适宜			
16.教育活动过程具有启发性			
17.教师能根据幼儿的反应适时调整教育活动			
18.教师能用适宜的方法突出重点、突破难点			
19.幼儿在学习过程中积极主动、思维活跃			
20.幼儿在学习过程中有进步、有收获			

表6-16　工作表单4

工作表4	幼儿社会适应教育活动组织与实施的要点	姓　名		学　号	
		评分人		评　分	

1.教师应根据＿＿＿＿＿＿＿＿＿＿的目标、内容和幼儿实际选择恰当的形式，灵活地导入活动，激发幼儿参与活动的＿＿＿＿＿＿＿＿＿＿。

2.师幼活动应始终围绕＿＿＿＿＿＿＿＿＿＿进行。

3.以多种形式让幼儿参与活动，调动幼儿的＿＿＿＿＿＿和＿＿＿＿＿＿＿＿，让幼儿真正成为＿＿＿＿＿＿＿＿＿＿。

4.教师的提问要尽量明确，符合幼儿的＿＿＿＿＿＿＿和＿＿＿＿＿＿＿，能激发幼儿的＿＿＿＿＿＿＿＿＿＿。

5.教师应尽量避免使用＿＿＿＿＿＿＿＿＿＿。

6.要重视一日生活活动中的＿＿＿＿＿＿，尽可能多地为幼儿提供与同伴＿＿＿＿＿＿，提供了解＿＿＿＿＿＿＿、在＿＿＿＿＿＿＿了解社会及其关系的机会。

7.要重视其他学科领域中的＿＿＿＿＿＿＿＿＿＿。

8.要重视环境在幼儿＿＿＿＿＿＿的潜移默化的作用：教师应该充分利用幼儿园的＿＿＿＿＿＿、＿＿＿＿＿＿＿＿，创设与幼儿＿＿＿＿＿＿和＿＿＿＿＿＿相匹配的物质环境和心理环境

表 6-17　工作表单 5

工作表5	小班"幼儿园是我家"主题教育活动教案设计	姓　名		学　号	
		评分人		评　分	

　　设计意图：幼儿入园后，周围的环境引起幼儿极大的兴趣和好奇，在幼儿的眼里，幼儿园有好玩的玩具、和蔼的老师和许多同龄的小伙伴，很多幼儿表现出极大的热情走入这个环境，还有部分幼儿怕生、胆怯，融入幼儿园环境较慢。所以为了帮助初入园的幼儿尽快熟悉幼儿园生活，特设计"幼儿园是我家"主题教育活动。这一主题教育活动涉及健康、语言、社会、科学、艺术五大领域的内容，从不同角度促进幼儿情感、态度、能力、知识、技能等方面的发展

　　主题教育活动提要如下：

　　一、美丽的幼儿园：在该主题下将通过"看看周围有什么"和"幼儿园真好玩"活动，让幼儿尽快地熟悉幼儿园的环境，愿意参加幼儿园的各项活动。

　　二、幼儿园是我家：在该主题下将通过"幼儿园像我家"和"音乐游戏：找朋友"活动培养幼儿爱幼儿园、爱老师、爱同伴的情感和适应集体的能力。

　　三、我爱幼儿园：该主题活动是主题系列活动的升华，通过"故事：高高兴兴上幼儿园"和"歌曲：我上幼儿园"活动，让幼儿获得想上幼儿园的积极情感体验，萌发爱幼儿园的情感

　　一、活动名称及领域：

　　二、活动目标：

　　三、活动准备：

　　四、活动过程：

　　五、活动延伸：

　　六、活动反思：

表6-18　工作表单6

工作表6	幼儿社会适应能力发展的含义与特点	姓　名		学　号	
		评分人		评　分	

1.社会适应能力的含义

社会适应能力发生在幼儿_____过程中，由于这种能力的发展，幼儿才由出生时的_____逐渐转变成_____、_____，并以自己独特个性对社会施加影响的_____。社会适应能力的发挥主要由_____、_____和_____三部分组成。即幼儿亲自参加的各种交往活动是推动其_____的最根本的动力，具体包括幼儿社会行为发展中的_____、_____、_____及_____。

2.幼儿社会适应能力发展的特点

幼儿社会适应能力的发展与其_____、_____密切相关。当幼儿的自我意识还停留在生理自我的水准上，还没有转向社会自我时，是无法真正适应社会的。幼儿自发的社会行为，如_____、_____和_____要到3～6岁才会真正出现，因为随着他们认知水平的逐渐提高，特别是_____、_____的提高，各种社会行为也有了发展。在园幼儿社会行为的特点如下：幼儿亲社会行为主要指向_____，极少数指向教师；幼儿亲社会行为指向_____和_____的次数存在年龄差异，小班幼儿指向同性同伴、异性同伴的次数接近，而中大班的幼儿亲社会行为指向_____的次数不断增多，指向_____的次数不断减少；_____最为常见，其次是_____和_____，安慰行为和公德行为较少发生

3.反思评价

（1）请你思考，影响幼儿社会性发展的因素有哪些？

（2）请你对自己在本次任务中的学习情况进行评价。

课堂活动参与度　☆　☆　☆　☆　☆

小组活动贡献度　☆　☆　☆　☆　☆

学习内容接受度　☆　☆　☆　☆　☆

4.学习支持

幼儿社会领域的学习与发展过程是其社会性不断完善并奠定健全人格基础的过程。人际交往和社会适应是幼儿社会学习的主要内容。幼儿社会教育活动的设计与指导，有助于幼儿社会领域教育目标的最终实现。

辩一辩

请同学自行查找并搜集相关资料，以"幼儿是否有必要进行社会适应方面的学习"为主题分为正方和反方进行辩论。

1）社会适应教育活动设计的原则

①目标性原则：社会适应教育活动必须有明确而具体的目标。对于幼儿园社会教育活动的设计，第一应做到"心中有目标"，第二应注意"处处体现目标"，目标的表述要具体、明确、精练，具有较强的可操作性和可检测性。

②针对性原则：一是要针对幼儿的实际情况，适合其年龄特点，适合具体个别差异；二是要针对社会教育领域的内容，围绕幼儿自我意识、人际交往、社会环境、社会规范等方面来设计。幼儿处在人生起步阶段，是非判断和辨别能力差，而好奇性和

模仿力却特别强，所以一定要告诉幼儿应该做什么及具体如何做，以免误导幼儿。

③活动性原则：社会适应教育活动的设计要注重实践，通过师幼互动、幼儿间交互、幼儿与事物相互作用的操作活动，构建幼儿的认知结构，体验和理解幼儿自我与他人的相互关系和情感，在现实的社会生活和社会情境中感知、积累、探索，最后使幼儿适应社会、融入社会。

④全体性原则：社会适应教育活动要面向全体幼儿。班级老师要了解班级中所有幼儿的情况，如知识基础、智力水平、行为习惯、性格意志、学习兴趣、学习态度等。贯彻全体性原则就是在教育活动设计及实施的过程中充分了解幼儿的个体差异，尊重幼儿的个体差异，让每个幼儿在社会教育领域的学习和发展水平得到全面提高。

⑤综合性原则：幼儿社会适应教育活动的设计以幼儿的感受和实际生活为基础，并利用一定的教育资源和教育手段，结合幼儿的能力水平、兴趣爱好，多层次、多学科、多角度地对幼儿进行教育，以促进幼儿的全面发展。

⑥趣味性原则：幼儿社会适应教育活动的设计应该创设轻松、自由的氛围，充满趣味，以激发幼儿浓厚的学习兴趣，调动幼儿学习的积极性。

2）社会适应教育活动设计的流程

①确立目标：根据《幼儿园教育指导纲要（试行）》《3~6岁儿童学习与发展指南》中幼儿社会适应教育的要求，制定合适的目标。

②选择内容：根据教育目标和教育计划，以及本班幼儿的兴趣和需要，选择合适的内容。

③设计过程：精心设计活动环节，巧妙安排活动方式，有针对性布置活动环境。

④拟定方案：确定活动名称、活动目标、活动准备、活动过程。

⑤总结评价：针对目标的达成情况，以及活动过程中幼儿和教师的表现进行评价。

3）幼儿社会适应教育的年龄阶段目标

年龄阶段目标就是将幼儿社会教育总目标落实到幼儿具体的年龄阶段，是各个年龄阶段幼儿社会教育应达到的目标的具体表述。幼儿社会领域的学习与发展过程是其社会性不断完善并奠定健全人格基础的过程。人际交往和社会适应是幼儿社会学习的主要内容，也是其社会性发展的基本途径。《3~6岁儿童学习与发展指南》根据3~4岁、

4~5岁、5~6岁幼儿的年龄特点，由易到难、由具体到抽象，从人际交往和社会适应性两个方面提出了具体目标。在本任务中，幼儿社会适应的具体目标见图6-1。

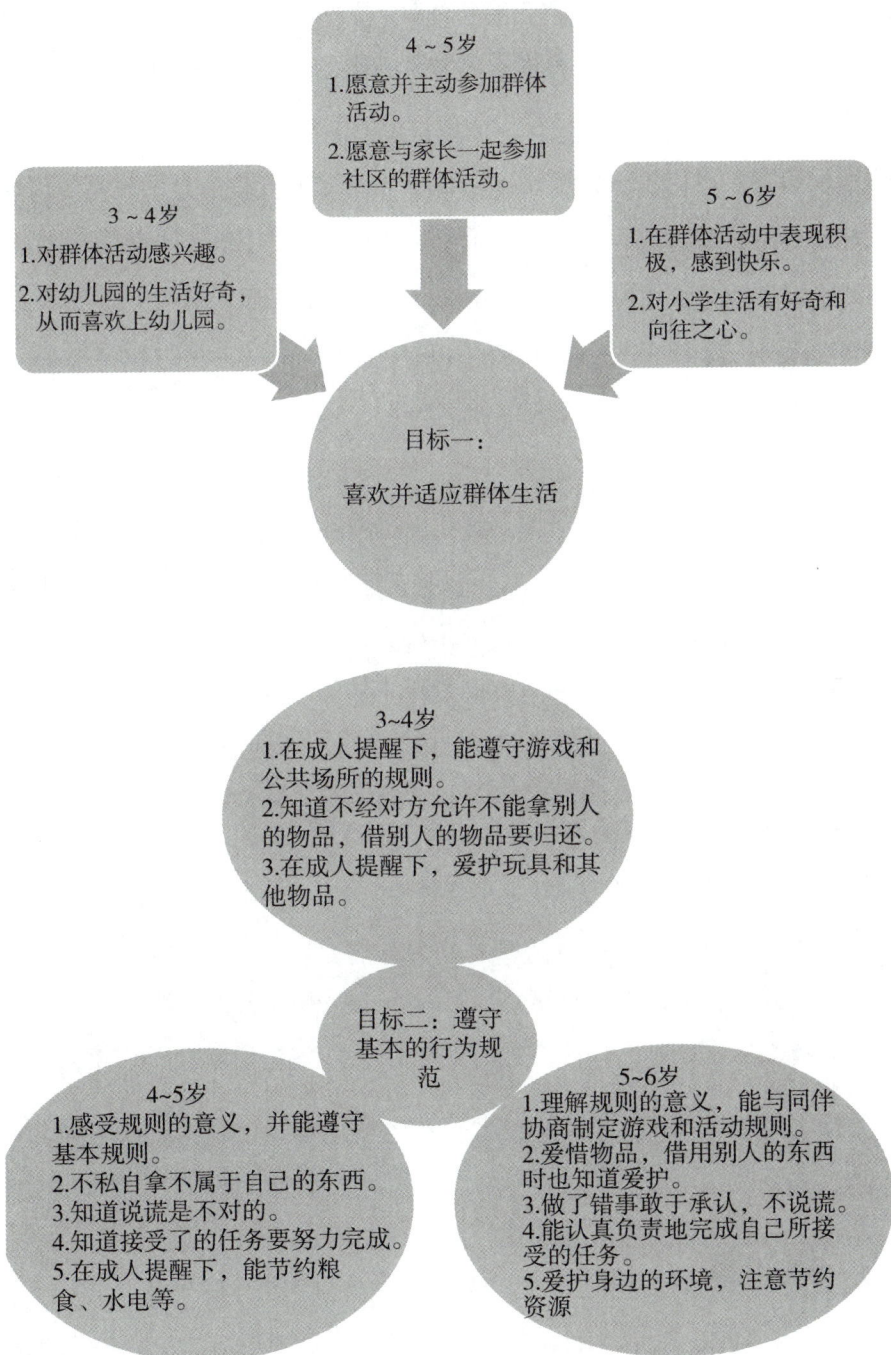

4~5岁
1.愿意并主动参加群体活动。
2.愿意与家长一起参加社区的群体活动。

3~4岁
1.对群体活动感兴趣。
2.对幼儿园的生活好奇，从而喜欢上幼儿园。

5~6岁
1.在群体活动中表现积极，感到快乐。
2.对小学生活有好奇和向往之心。

目标一：
喜欢并适应群体生活

3~4岁
1.在成人提醒下，能遵守游戏和公共场所的规则。
2.知道不经对方允许不能拿别人的物品，借别人的物品要归还。
3.在成人提醒下，爱护玩具和其他物品。

目标二：遵守基本的行为规范

4~5岁
1.感受规则的意义，并能遵守基本规则。
2.不私自拿不属于自己的东西。
3.知道说谎是不对的。
4.知道接受了的任务要努力完成。
5.在成人提醒下，能节约粮食、水电等。

5~6岁
1.理解规则的意义，能与同伴协商制定游戏和活动规则。
2.爱惜物品，借用别人的东西时也知道爱护。
3.做了错事敢于承认，不说谎。
4.能认真负责地完成自己所接受的任务。
5.爱护身边的环境，注意节约资源

图 6-1　幼儿社会适应的具体目标

303

4）一日生活中社会适应教育的渗透

《幼儿园教育指导纲要（试行）》明确提出，"社会领域的教育与其他领域不同之处在于其具有潜移默化的特点。"因此，幼儿社会认知、社会态度和社会情感的培养尤其应当渗透于幼儿园一日生活的各个环节和各种活动之中。社会是幼儿园五大领域教育中重要的课程领域之一，任何一个领域的教育内容都或多或少包含（涉及）社会教育所关注的目标和内容，幼儿对自然的认识和理解、对现实世界中各种关系的认知、对文学作品和艺术作品的欣赏和热爱等，无不与社会教育的目标和内容紧密相关。社会领域课程的内容常常与幼儿日常生活联系在一起，社会认知、社会情感与社会行为只有在日常的生活和游戏中才能生动地体现出来。

知识链接

　　杜威指出："爱好活动是幼儿的天性，幼儿具有强大的潜在动力，教育必须尊重和利用这种动力。"杜威主张从做中学，教学就是让幼儿有活动的机会，要求幼儿亲自接触具体事物，运用各种感官去感知事物，再根据所获取的感性知识去思考并解决问题，这种方法有利于培训幼儿初步的观察、分析、解决问题的能力。

（1）社会适应教育在区域活动和游戏活动中的渗透

幼儿园区域活动又称区角活动、活动区活动，是指教师根据幼儿的兴趣和游戏特征创设一定的情境，将活动空间划分为多个区域，并投放相应的活动材料，让幼儿以个别或小组的方式，自主选择活动区域，通过自主探究、操作与学习，在获得游戏体验的同时，获得身体、认知、情感及社会性等方面的全面发展的一种活动类型。对幼儿而言，它是一种开放性的、低结构性的活动，幼儿以自己的兴趣、需要、意志为导向自主活动，活动的内容、时间、节奏、顺序及活动的伙伴、规则等都可由幼儿自己决定或与同伴协调决定，在摆弄与操作、探索与发现、交流与询问等过程中实现和生成活动。在这个过程中，幼儿的社会性会自然而然地得到飞速的发展。

对幼儿而言，另外一种自主性较高的活动类型就是游戏活动。游戏是幼儿最喜爱的活动之一，游戏是培养幼儿良好个性的重要途径之一，游戏活动中蕴藏着幼儿发展的各种需要和丰富的教育契机，幼儿可以在游戏中了解不同的社会环境，熟悉不同的社会角色，掌握不同的社会规则，提升社会交往的各种技能，产生符合规范的社会行为，形成良好的个性和社会情感。区域活动和游戏活动主要的渗透方式是通过环境的渲染和熏陶及制定活动规则来进行的。

①通过合理规划区域环境进行渗透。

区域环境作为一种隐性课程，在幼儿园的教育活动中起着至关重要的作用。幼儿园的环境是幼儿每天都会接触到的，对幼儿的社会适应性发展有着潜移默化的影响。对于处在身心快速发展，对一切都好奇、好问的幼儿来说，环境的影响更大、更强，效果更明显。例如，针对幼儿责任意识的养成，创设养殖区，种植常见植物或盆景，饲养幼儿喜欢的小动物，让幼儿对动植物进行常规照料，并负责记录动植物的生长变化，形成初步责任意识和关爱生命的情怀；再如，为了避免区域人数过多而影响活动质量，在区域的入口处设计相应数量的图标，提示幼儿该活动区域可容纳的人数，通过设计幼儿能够接受的、不同类型的活动规则，引导幼儿注意自己的一言一行。区域环境的创设还可以根据幼儿的社会适应教育内容来设计。教师要注意引导幼儿主动参与环境创设，幼儿在参与环境创设的过程中，抓住表达自己想法的机会，能更进一步理解社会教育的内容，同时在与环境的互动中体会交往的乐趣及归属感。

②通过制定游戏活动规则进行渗透。

游戏活动是实施社会适应教育的重要手段，游戏活动中社会适应教育的渗透主要体现在让幼儿学会在游戏中遵守规则、去自我中心、学会与他人分工合作等方面。例如，在表演游戏活动中，幼儿要学会互相协商去解决角色分配问题，在角色分配时能够不争不抢；娃娃家游戏活动中能和同伴一起做游戏，学会照顾别人，不抢其他幼儿手里的物品，游戏结束后，把物品放回原处；角色游戏中学习处理不同角色间的人际关系，能够互换角色；结构游戏中幼儿能形成认真仔细、团结协作、不怕困难的良好品质。在游戏活动中，幼儿自由分组、交流，养成协商分工、团结合作的良好品质，幼儿可以按照自己的兴趣、爱好选择游戏活动，从而获得集体教育活动无法提供的经验。由于区域活动和游戏活动都是幼儿自主性较高的活动，教师的组织和指导主要体现在规则的制定和遵守上，和幼儿一起制定相应的游戏规则，引导幼儿严格遵守游戏规则。

（2）社会适应教育在日常生活中的渗透

幼儿的社会适应性学习有很强的随机性，其中有相当一部分学习过程和学习结果不发生在专门的教育活动中，而是存在于现实生活中。幼儿园是幼儿生活的第二环境，幼儿在这里要学会学习、学会做人、学会生活。因而，要充分发挥幼儿园的小型社会功能，有效地促进幼儿社会化，需要把社会适应教育内容渗透到幼儿的日常生活当中，以日常生活的各个环节为抓手，各个环节之间的转换过程可以作为培养幼儿规则意识的重要契机来利用，把入园和离园、用餐和吃水果点心、如厕和盥洗、午睡、整理床铺和个人的生活物品等生活情境都作为教育内容的重点。在培养幼儿生活常规教育中，教师要互相配合，按照生活的常规顺序培养幼儿有序而整洁的好习惯。对于人际交往和社会适应的渗透，有的是一天之内多次重复，有的是日复一日的重复，以促进幼儿早日养成良好的习惯。

四、课证融通

本模块对应的幼儿教师资格证考试"保教知识与能力"模块的考试目标、内容与要求、真题见表6-19。

表6-19　幼儿教师资格证考试"保教知识与能力"模块的考试目标、内容与要求、真题

内容体系
一、考试目标 了解教育评价的基础知识，能够运用评价知识对教育活动进行反思，改进教育工作。
二、考试内容与要求 1. 了解幼儿园教育评价的目的与方法，能对教育工作进行评价与反思。 2. 能够利用评价手段发现教育活动中出现的问题，并及时提出改进建议。
三、真题 论述题：如何在一日生活中实现社会教育目标？【2017年上半年幼儿园教师资格证考试真题】

五、阅读思享

推荐理由：

教育活动设计是为了支持幼儿更有效地学习而预先对活动所进行规划和组织，创设一个更有效的活动系统可以说是其根本目的。因此，对教师引起、维持和促进幼儿学习的所有行为的关注及研究是幼儿园教育活动设计的基本内容与任务之一。

推荐阅读：

叶亚玲.幼儿园教育活动设计.上海：复旦大学出版社，2014。

模块七　社会实践主题教育活动

一、岗位能力模型

社会实践主题教育活动岗位能力模型见表7-1。

表 7-1　社会实践主题教育活动岗位能力模型

模块	岗位能力描述	《幼儿园教师专业标准（试行）》	《幼儿园教育指导纲要（试行）》
社会实践主题教育活动	幼儿园社会实践活动是教师或家长带领幼儿到社会中亲自参观或体验，让幼儿初步了解人类与自然和社会生活的关系。 社会实践活动分为两部分：一部分是亲近自然，让幼儿走进自然，在大自然的怀抱中感受自然给我们的馈赠，感受个体与自然的关系；另一部分是走进社会，将自己学习到的社会规则、礼仪进行实际运用。 幼儿教师要能够根据社会实践主题内容，组织家长和幼儿进行亲子活动，开展主题教育活动的同时促进亲子关系的和谐发展	（三）幼儿保育和教育的态度与行为 12.重视环境和游戏对幼儿发展的独特作用，创设富有教育意义的环境氛围，将游戏作为幼儿的主要活动。 13.重视丰富幼儿多方面的直接经验，将探索、交往等实践活动作为幼儿最重要的学习方式。 （六）幼儿保育和教育知识 30.掌握观察、谈话、记录等了解幼儿的基本方法和教育心理学的基本原理和方法	幼儿园应为幼儿提供健康、丰富的生活和活动环境，满足他们多方面的需要。 引导幼儿参加各种集体活动，体验与教师、同伴等共同生活的乐趣，帮助他们正确认识自己和他人，树立与他人合作的态度，学习初步的人际交往技能。在共同的生活和活动中，以多种方式引导幼儿。 认识、体验并理解基本的社会行为规则，学习自律和尊重他人

二、知识点与技能点

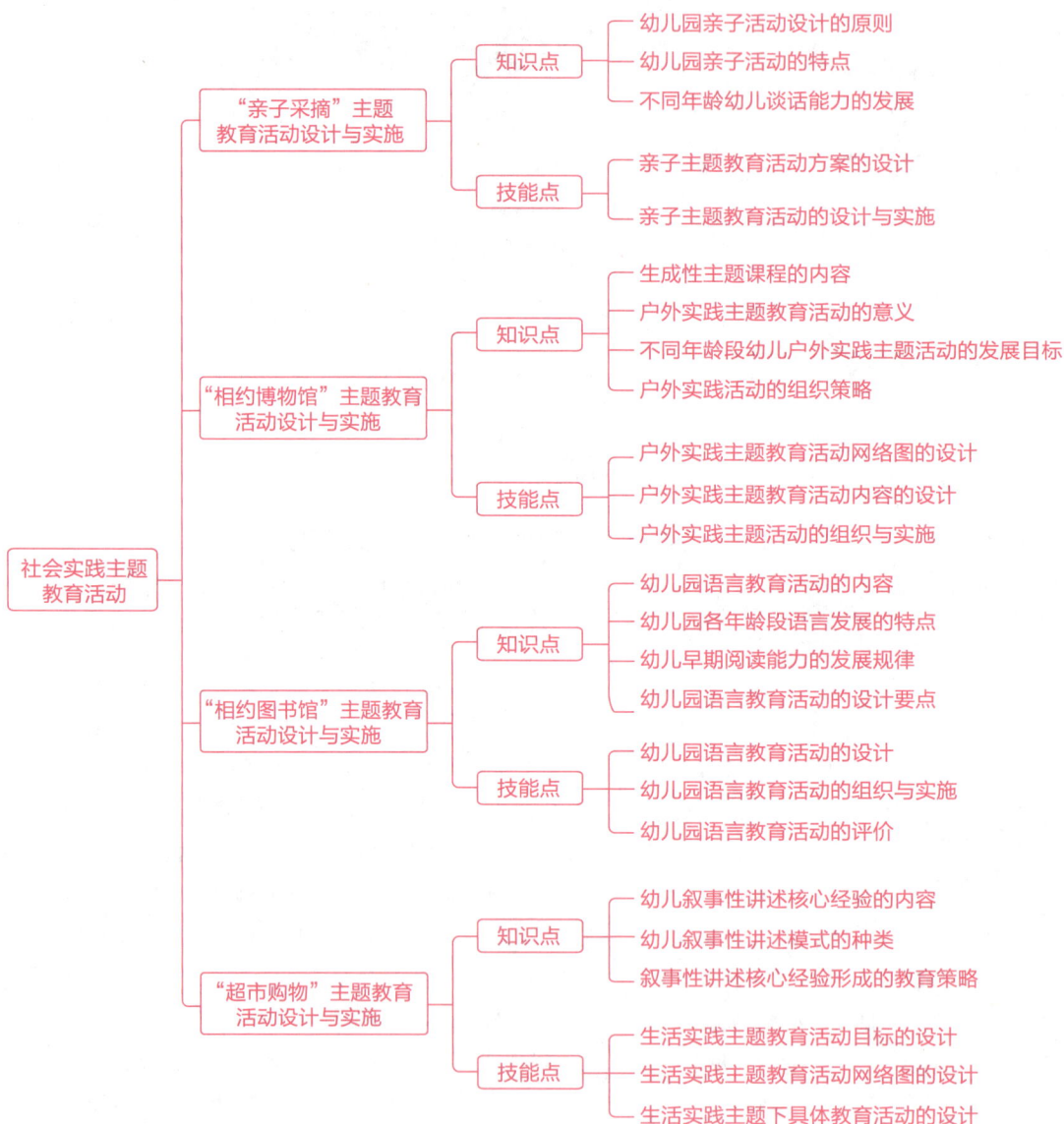

社会实践主题教育活动

"亲子采摘"主题教育活动设计与实施

知识点
- 幼儿园亲子活动设计的原则
- 幼儿园亲子活动的特点
- 不同年龄幼儿谈话能力的发展

技能点
- 亲子主题教育活动方案的设计
- 亲子主题教育活动的设计与实施

"相约博物馆"主题教育活动设计与实施

知识点
- 生成性主题课程的内容
- 户外实践主题教育活动的意义
- 不同年龄段幼儿户外实践主题活动的发展目标
- 户外实践活动的组织策略

技能点
- 户外实践主题教育活动网络图的设计
- 户外实践主题教育活动内容的设计
- 户外实践主题活动的组织与实施

"相约图书馆"主题教育活动设计与实施

知识点
- 幼儿园语言教育活动的内容
- 幼儿园各年龄段语言发展的特点
- 幼儿早期阅读能力的发展规律
- 幼儿园语言教育活动的设计要点

技能点
- 幼儿园语言教育活动的设计
- 幼儿园语言教育活动的组织与实施
- 幼儿园语言教育活动的评价

"超市购物"主题教育活动设计与实施

知识点
- 幼儿叙事性讲述核心经验的内容
- 幼儿叙事性讲述模式的种类
- 叙事性讲述核心经验形成的教育策略

技能点
- 生活实践主题教育活动目标的设计
- 生活实践主题教育活动网络图的设计
- 生活实践主题下具体教育活动的设计

素质目标

1.通过本模块内容的学习，让学生了解幼儿园社会领域的教育目标，理解社会实践教育对幼儿的重要性。

2.不断加强学生社会实践主题教育活动的组织与实施能力，培养学生成为新时代的"四有"好老师。

三、工作任务

任务一PPT

亲子游戏"齐心协力吃果果"

任务一　"亲子采摘"主题教育活动设计与实施

1.任务描述

马上就到了大一班"幼儿园小广播"的时间了，李老师这次采用了"亲子访谈"的形式来做这期节目。李老师请西西和她的妈妈作为此次节目的嘉宾，在广播正式开播前，李老师请西西和妈妈进行彩排，并对她们进行了相关指导，指出在交流中要注意亲子之间的互动、眼神交流。经过老师的指导，西西和妈妈就"亲子采摘"为话题展开交谈，她们说到了小朋友们最喜欢的地方，哪些地方印象最深刻……西西和妈妈你一句我一句地交流着，西西的语言能力也得到加强，活动在一首轻快的儿歌声中结束了，西西高兴地和妈妈拥抱在一起，妈妈脸上也露出了欣慰的笑容。

（1）阅读案例，幼儿园亲子活动设计的原则有哪些？案例中李老师组织的亲子活动运用了哪些原则？（完成工作表单1）

（2）结合案例分析幼儿园亲子活动有哪些特点？案例中体现了幼儿园亲子活动的什么特点？（完成工作表单2）

（3）小组讨论不同年龄段幼儿谈话能力发展情况，任意选择一个年龄段，并根据该年龄段幼儿谈话能力的特点设计语言领域三维目标。（完成工作表单3）

（4）小组合作完成中班"亲子采摘"主题教育活动的内容设计。（完成工作表单4）

（5）小组合作，完成大班"亲子采摘"主题教育活动方案的设计。（完成工作表单5）

（6）结合工作表单5中大班"亲子采摘"主题教育活动内容模拟一场主题谈话活动。（完成工作表单6）

2.工作表单

工作表单1~工作表单6分别见表7-2~表7-7。

表7-2 工作表单1

工作表单1	幼儿园亲子活动设计的原则	姓 名		学 号	
		评分人		评 分	

1.亲子活动设计的原则。

（1）适宜性——是指亲子活动的组织者要根据幼儿的_____和_____，确定符合幼儿发展需要的活动目标。亲子活动的_____一定要符合幼儿发展的需要，具有指导性和可操作性。

（2）适度性——是指亲子活动的内容选择要_____、适度。根据幼儿年龄的特点，活动要注意_____，集体活动与分散活动相结合，时间不宜过长，在集体活动中也可以穿插一些自由放松的活动。

（3）_____——是指亲子活动的专业人员，要有_____、有计划、有组织地面对家长及看护者，开展_____育儿的具体指导活动。通过指导他们与幼儿之间进行共同游戏和交流，传播教育幼儿的新观念，使他们进一步体验教育的原则和方法在实践中的应用价值，提高他们科学育儿的水平和能力。

（4）互动性——是指在亲子活动中，应该注意调动家长和幼儿参与的_____。一方面要注意家长和幼儿之间的互动，另一方面要注意组织者与家长之间的互动。

（5）_____——组织者不仅要在有限的时间内对家长进行必要的_____和讲解，同时要考虑活动的指导性向家庭延伸，每次活动后要对家长提出回到家中应继续完成的任务。亲子活动的方式应该是开放的、不受时间和地点限制的，可以根据季节不同适当安排室内或室外活动

2.阅读案例，分析案例中李老师组织亲子活动运用了哪些原则？

表7-3　工作表单2

工作表单2	幼儿园亲子活动的特点	姓　名		学　号	
		评分人		评　分	

1.幼儿园亲子活动的特点。

（1）多元_____。

幼儿园亲子活动的主体一般包括_____、_____、_____三类，只有三类主体的角色明确，并发挥各自相应的作用，才能实现亲子活动的预期目标。

教师作为专业人员，既要清楚地认识到亲子活动与幼儿园其他教育活动的不同，又要清楚地认识到自己在亲子活动中的特定角色。在幼儿园亲子活动中，教师是活动的设计者、_____、_____。

家长作为最为关键的主体，其参与_____、参与_____、参与程度直接影响亲子活动的效果，也决定着亲子活动是否能持续、有效地开展下去。在幼儿园亲子活动中，家长是亲子活动的_____、_____、_____。

幼儿是亲子活动的主人，幼儿园亲子活动的开展应以幼儿的发展为_____，幼儿是最重要的参与者，更是最重要的成长者。

（2）多向互动性。

幼儿园亲子活动的_____，决定了其互动的_____。首先是亲子之间的互动；其次是家长与家长之间的交流，如可以分享彼此的育儿经验，进而融洽关系；最后是教师与家长的互动，借助亲子活动增进双方的了解，更好地形成教育的一致性。幼儿园亲子活动为教师、家长和幼儿搭建一个交流的平台，通过多元主体的多项互动，最终达成相互了解、相互沟通，促进彼此间的关系和发展的目标。

（3）全面教育性。

亲子活动是幼儿园教育教学活动的重要_____部分，是实现家园共育的重要载体，因此，从内容到方法都应是为促进幼儿全面发展服务的。亲子活动既可以是促进幼儿认知发展的活动，也可以是促进幼儿社会性发展的活动。

2.案例中的亲子活动体现了亲子活动的哪些特点？

表 7-4 工作表单 3

工作表单3	不同年龄段幼儿谈话能力发展情况	姓　名		学　号	
		评分人		评　分	

1.小班幼儿谈话能力发展情况。

小班幼儿因为与班级中的伙伴还不是很熟悉，加之认知经验有限，因此谈话中表达的_____不强烈。他们不善于有意识地倾听他人的讲话，对他人的讲话还不能很好地理解，对教师的提问往往只能做_____的回应

2.中班幼儿谈话能力发展情况。

随着中班幼儿认知经验的丰富，他们在谈话中表达和表现的积极性明显提高，开始能集中注意_____成人和同伴的谈话，但这种情况难以持久。

中班幼儿未能较好地掌握谈话的规则，在谈话过程中往往迫不及待地打断教师或同伴的发言。中班幼儿的谈话开始能围绕谈话的_____进行，但是表现为对主题的横向展开，在谈话中缺乏与同伴进行多方、多循环的互动。

在这个阶段，幼儿谈话能力发展的个体差异较为明显，有些幼儿发展较好，而有些幼儿却滞后于大多数幼儿?

3.大班幼儿谈话能力发展情况。

大班幼儿的谈话能力明显提高，主要表现为幼儿能逐渐完整_____谈话对象的意思，逐步掌握谈话的规则，知道轮流谈话、举手发言、适时插话。

在谈话过程中开始有意识地运用_____、质疑等方式证明自己的观点，谈话中语句_____明显增加，_____出现得更为频繁。幼儿在谈话中能较为密切地围绕主题进行，并会主动回应、质疑、反驳成人或同伴的观点，通过初步思考提出新的观点，促使谈话主题深入发展。在谈话过程中，幼儿开始采用肢体语言、声音和表情等方式

4.请你在3~6岁中任选一个年龄段，根据该年龄段幼儿谈话能力的特点设计语言领域三维目标。

表 7-5　工作表单 4

工作表单4	中班"亲子采摘"主题教育 活动设计	姓　名		学　号	
		评分人		评　分	

1.中班"亲子采摘"主题教育活动的目标。

2.中班"亲子采摘"主题教育活动网络图设计。

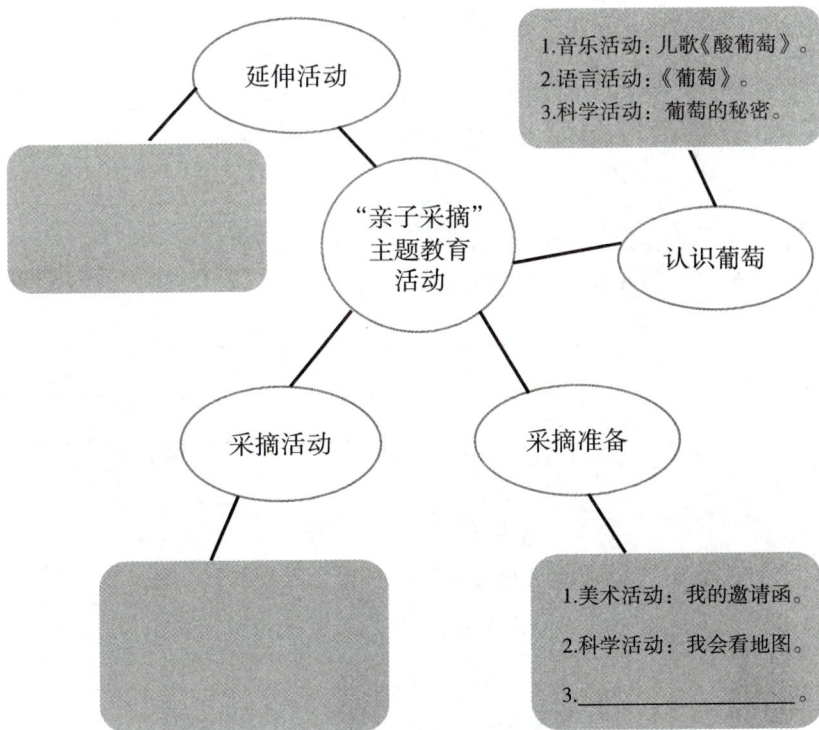

延伸活动

1.音乐活动：儿歌《酸葡萄》。
2.语言活动：《葡萄》。
3.科学活动：葡萄的秘密。

"亲子采摘"
主题教育
活动

认识葡萄

采摘活动

采摘准备

1.美术活动：我的邀请函。

2.科学活动：我会看地图。

3._____。

表7-6　工作表单5

| 工作表单5 | 大班"亲子采摘"主题教育活动方案设计 | 姓　名 | | 学　号 | |
| | | 评分人 | | 评　分 | |

大班"亲子采摘"主题教育活动方案

班级：大二班	时间：20××年××月××日	地点：果蔬采摘基地
活动意图		在金色的秋季，组织"亲子采摘"主题教育活动，为幼儿提供走进大自然、亲近大自然的机会。从前期了解有关葡萄的知识和准备自己出游的物品，通过看地图、找标志找到葡萄园，到亲自进行采摘，帮助幼儿掌握基本的生活技能和生活常识，同时体验亲子活动的乐趣
参加人员		1.班级幼儿及随同家长。 2.班级全体教师及保育老师。 3.＿＿＿＿＿＿＿＿＿＿＿＿＿＿＿＿＿＿＿＿
活动准备		1.教师和家委会成员提前实地考察葡萄园。 2.设定行车路线。 3.联系车队并安排车辆。 4.＿＿＿＿＿＿＿＿＿＿＿＿＿＿＿＿。 5.安全教育及采摘时提前制定规则要求。 6.给幼儿提前分组。 7.＿＿＿＿＿＿＿＿＿＿＿＿＿＿＿＿。 8.＿＿＿＿＿＿＿＿＿＿＿＿＿＿＿＿。 9.＿＿＿＿＿＿＿＿＿＿＿＿＿＿＿＿
活动流程		1.早××点从幼儿园出发，前往果蔬采摘基地。 2.组织幼儿分组寻找葡萄园（交代任务）。 （1）幼儿乘坐大巴车并在采摘园的路口下车。 （2）＿＿＿＿＿＿＿＿＿＿＿＿＿＿＿＿。 （3）教师宣布采摘活动的任务，并发放地图。 （4）幼儿分组进行讨论，研究地图。 （5）＿＿＿＿＿＿＿＿＿＿＿＿＿＿＿＿。 （6）找到位置后，统一进行采摘活动

活动流程	3.了解葡萄的生长环境，认识葡萄品种。 4.＿＿＿＿＿＿＿＿＿＿＿＿＿＿＿＿，体验采摘的乐趣。 5.亲自品尝。 6.＿＿＿＿＿＿＿＿＿＿＿＿＿＿＿＿＿＿＿＿＿＿。 7.合影留念。 8.组织幼儿集合，＿＿＿＿＿＿＿＿＿＿＿＿＿＿，让幼儿根据来时的路线找到回去的路线，并找到大巴车。 9.乘车返回幼儿园，结束亲子采摘活动

家长邀请函设计	亲爱的家长：
	
	您好！
	
	秋高气爽、风景宜人。在这丰收的季节里，大自然赋予我们取之不尽的源泉。为了＿＿＿＿＿＿＿＿＿＿＿＿＿＿＿＿＿＿＿＿＿，大二班组织小朋友和家长进行"亲子采摘"主题教育活动，感受秋天的收获，拓展孩子们的视野，体验收获的喜悦。
	
	（1）＿＿＿＿＿＿＿＿＿＿＿＿＿＿＿＿＿＿＿。
	
	（2）＿＿＿＿＿＿＿＿＿＿＿＿＿＿＿＿＿＿＿。
	
	（3）＿＿＿＿＿＿＿＿＿＿＿＿＿＿＿＿＿＿＿。
	
	温馨提示：
	
	（1）请大家在家吃早餐。
	
	（2）每位小朋友由一位家长陪同即可，共同参与活动。
	
	（3）＿＿＿＿＿＿＿＿＿＿＿＿＿＿＿＿＿＿＿。
	
	（4）＿＿＿＿＿＿＿＿＿＿＿＿＿＿＿＿＿＿＿。
	
	（5）＿＿＿＿＿＿＿＿＿＿＿＿＿＿＿＿＿＿＿。
	
	（6）＿＿＿＿＿＿＿＿＿＿＿＿＿＿＿＿＿＿＿。
	
	（7）若遇雨天，活动将会延期，请关注通知。
	
	期待与您共同度过温馨、美好的一天。
	
	                      ×× 幼儿园
	
	          20××年××月××日

表 7-7　工作表单 6

工作表单6	根据"亲子采摘"主题教育活动内容模拟谈话	姓　名		学　号	
		评分人		评　分	

核心经验：初步运用谈话策略，能够采用多种辅助手段帮助幼儿交流和表达，能围绕主题发起、修补和维持谈话。

⬇

1.主动发起谈话，确定谈话主题"亲子采摘"。

2.引导幼儿使用表情、动作、语气、目光等方式辅助表达。

3.围绕主题开展谈话。

⬇

初始阶段

1.随机或偶然参与到他人的谈话中。

2.会借助动作、表情、图画等方式来辅助自己的表达。

3.谈话过程中，主题不稳定，谈话中常常更换主题。

稳定阶段

1.主动通过观察、表达自己意见等方式参与到他人的谈话中。

2.通过提问、提议等方式主动发起谈话。

3.有意识地运用动作、姿势、表情等方式辅助表达。

4.谈话过程中主题较稳定，能围绕一个主题开展谈话。

拓展阶段

1.会与陌生人主动发起谈话。

2.谈话过程中初步采用解释、补充等方式对自己的表达方式进行修补。

3.会通过观察对方的理解程度，采用追问、重复、回忆以往经验的方式帮助表达和交流。

3.反思评价

（1）你认为亲子活动的组织有必要吗？为什么？

（2）请你对自己在本次任务中的学习情况进行评价。

课堂活动参与度　☆　☆　☆　☆　☆

小组活动贡献度　☆　☆　☆　☆　☆

学习内容接受度　☆　☆　☆　☆　☆

4.学习支持

1）幼儿园亲子活动的类型

（1）节日类亲子活动

节日是人类为适应生产和生活的需要而共同创造的一种民俗文化，是世界民俗文化的重要组成部分。很多节日流传至今，它们对人们的生产和生活产生了深远的影响。当然，它们也影响着正在成长中的幼儿。因此，不管是结合中国传统的民俗节日还是多元文化的西方节日来开展亲子活动，对幼儿的全面发展都有着事半功倍的效果。例如，国庆节时可开展"歌唱祖国演唱会""我走长征路""民族歌舞大联欢"等活动；妇女节、母亲节、父亲节时可开展"我给妈妈洗洗脚""爸爸带我打水仗"等活动。

（2）季节类亲子活动

春夏秋冬，四季更替。感知大自然的变化，体验不同季节人们的生活和生产方式，了解四季中身体健康的维护方式，欣赏和表现四季之美，是季节类亲子活动特有的教育价值。春天，可以开展亲子春游、亲子种植、亲子摄影大赛等活动；夏天，组织亲子玩水、亲子装饰扇子等活动；秋天，可以开展秋游、采摘、制作树叶创意手工等活动；冬天，北方可以开展冰雪运动会，南方可以开展亲子运动会等活动。

（3）课程类亲子活动

根据课程的不同，课程类亲子活动可分为结合主题的亲子活动和体现领域的亲子活动。一般来说，常见的亲子活动如下：

一是健康类亲子活动，如专门的亲子运动会、结合运动主题的亲子运动游戏等；

二是语言类亲子活动，如亲子阅读、亲子表演、亲子讲故事、亲子访谈等；

三是科学类亲子活动，如科学小游戏、科学小实验等；

四是艺术类亲子活动，如亲子打击乐器制作、亲子环保小制作等。

轻松一下

亲子游戏——贴鼻子

玩法：将家长的眼睛蒙上，原地转三圈，请小朋友用语言指挥家长，将鼻子贴到动物的准确位置即获成功；规则：家长要将眼睛蒙好不能偷看，幼儿只能用语言指挥。

2）幼儿园亲子活动的策略

（1）选点要新颖

亲子活动若要吸引家长倾情支持、幼儿全身心投入，其主题的选择最为重要。在选择主题时，可以借鉴比较成功的亲子活动案例，再根据自己的实际情况进行翻新。但选择一些创新性的主题更为重要，如国庆活动时，融革命传统教育于亲子活动中；举办园庆活动时，请家长和幼儿一起设计幼儿园吉祥物，可以更深度地理解幼儿园的办园理念，增进对园所的归属感。

（2）设计要详细

设计一个详细的活动方案是保证亲子活动质量的关键。详细的亲子活动方案主要包括活动名称、活动目标、活动时间、活动地点、参加人员、活动准备、活动内容、活动流程等。在方案中最为核心的是活动内容和活动流程，要做到让参加活动的所有人都知道做什么、怎么做和什么时候做，在详细的活动方案中特别需要考虑以下细节的落实：

①做好通知。

·途径：一个活动，能够及时、准确地将通知传达给家长是至关重要的，主要的方式有手机短信、微信、网站等，也可制作海报张贴出来，还可以发放传统的纸质通知等。通知的内容应简洁明了，主要告知家长本次活动的时间、地点、主要内容及需要家长配合的工作和相关注意事项等。通知用语要亲切，忌使用强硬、武断的用语。

②做好准备。

·安全：开展亲子活动时，每位幼儿至少有一名家长参加，以保证幼儿的安全。幼儿和家长人数较多时，应根据活动类型、内容和形式考察幼儿园内外环境，选择一个安全且适宜的场地，是亲子活动开展的前提。

·材料：开展亲子活动时，为了保证幼儿和家长能够充分地进行自主选择，所需的材料要丰富、易得、安全，特别是需要家长准备的材料，应尽可能较易获取，如纸盒、挂历、瓶子、水果、干果等。

③人员分工。

·教师：开展亲子活动时，需对所有的相关人员进行明确分工。如全园性亲子活动，从园长、中层管理人员、班级教师，到保安、保洁人员等，都需要明确自己的工作任务、工作要求和工作范围。如果是一个班级的亲子活动，则由主班教师统筹做好三名教师的分工，齐心协力地完成亲子活动的组织和实施。

·家长：亲子活动时，教师不仅要面对幼儿，还要面对家长，因此，明确告诉家长在亲子活动时需要做什么、怎么做，能帮助家长更为顺利、有效地参加活动。必要时也可对家长进行分工，如有的家长主持活动、有的家长负责照相、有的家长做示范动作等。

④控制次数。

对于家长来说，希望能有更多的机会了解幼儿园的活动，了解自己孩子在群体中的发展水平，但同时由于工作繁忙，如果经常参加亲子活动也有一定的负担。因此，建议每个学期开展2~4次亲子活动是比较适宜的，这当中包括全园性的、年级组和班级等不同规模的亲子活动，也包括工作日和休息日的亲子活动。

（3）实施要容易

不同类型、不同主题的亲子活动在实施过程中要遵循看得懂、做得到的原则，以提高活动的可操作性。看得懂，不仅指家长看得懂，更指幼儿看得懂，所以活动的内容一定要符合幼儿的年龄特点和学习能力。小班的亲子活动更多地围绕动作发展进行，如亲子运动会、亲子环保制作等；大班的亲子活动更多地围绕认知发展进行，如亲子小实验、亲子绘本制作、亲子游学活动等。做得到，是指活动的目标符合幼儿的发展水平，避免目标过高或过低，造成家长和幼儿对活动感到有压力或缺乏兴趣。

（4）效果要明显

评价一个亲子活动效果的好坏，一要看幼儿是否开心且有发展；二要看家长是否觉得有趣且有积极性；三要看教师是否认为易行且有价值；四要看幼儿园的投入是否有意义。

轻松驿站

亲子沟通小技巧

向孩子问开放型的问题，可以提高他们的思考能力和表达能力，而且由于回答是自由的，因此可以反映出孩子的个性与特点。举个例子来说，孩子从幼儿园回来，你问他："今天的饭好吃不好吃？"你得到的答案很可能就是"好吃"或"不好吃"的其中一个，孩子很可能就不再给你提供更多的内容了。但是如果你问他："今天的菜哪个最好吃？"孩子就会认真回想和考虑以后再回答你的问题了。

任务二　"相约博物馆"主题教育活动设计与实施

任务二PPT

"参观博物馆"图片展示

1.任务描述

为了让幼儿感受祖国历史文化的悠久与繁荣，感受家乡的变化和发展，激发幼儿爱祖国、爱家乡的情感，在11月29日上午，幼儿园举行了以"相约博物馆"为主题的户外实践活动。大班的幼儿在老师的带领下参加了本次活动。这次活动不仅丰富了幼儿的历史知识，更是对幼儿社会领域教育的一次真正意义上的实践。博物馆之旅，让幼儿了解了这座城市的历史文化，了解了本地的风土人情，还了解了本地的古建筑和历史人物，既让幼儿增长了知识，也开阔了幼儿的视野。幼儿在实践中不仅近距离地了解了家乡的历史，领略了家乡文化的魅力，同时还唤起了幼儿热爱家乡、热爱祖国、保护文物的美好情感。

（1）幼儿园预设课程与生成性课程有什么区别？主题生成性课程的内容有哪些？（完成工作表单1）

（2）户外实践主题教育活动对幼儿社会能力发展具有什么意义？幼儿园还可以开展哪些户外实践主题教育活动？请尝试写出几个主题教育活动的名称。（完成工作表单2）

（3）不同年龄段幼儿户外实践主题活动的发展目标是什么？（完成工作表单3）

（4）幼儿户外实践活动是幼儿园教育活动的重要组成部分，户外实践活动的组织策略有哪些？（完成工作表单4）

（5）请设计大班"相约博物馆"主题教育活动网络图。（完成工作表单5）

（6）小组讨论并合作设计大班"相约博物馆"主题教育活动。（完成工作表单6）

2.工作表单

工作表单1~工作表单6分别见表7-8~表7-13。

表 7-8　工作表单 1

工作表单1	主题生成性课程的内容	姓　名		学　号	
		评分人		评　分	

1.幼儿园预设课程与生成性课程有什么区别?

幼儿园预设课程＿＿＿＿＿＿＿＿＿＿＿＿＿＿＿＿＿＿＿＿＿＿

＿＿＿＿＿＿＿＿＿＿＿＿＿＿＿＿＿＿＿＿＿＿＿＿＿＿＿＿＿＿

＿＿＿＿＿＿＿＿＿＿＿＿＿＿＿＿＿＿＿＿＿＿＿＿＿＿＿＿＿＿

＿＿＿＿＿＿＿＿＿＿＿＿＿＿＿＿＿＿＿＿＿＿＿＿＿＿＿＿＿＿。

幼儿园生成性课程＿＿＿＿＿＿＿＿＿＿＿＿＿＿＿＿＿＿＿＿＿＿

＿＿＿＿＿＿＿＿＿＿＿＿＿＿＿＿＿＿＿＿＿＿＿＿＿＿＿＿＿＿

＿＿＿＿＿＿＿＿＿＿＿＿＿＿＿＿＿＿＿＿＿＿＿＿＿＿＿＿＿＿

＿＿＿＿＿＿＿＿＿＿＿＿＿＿＿＿＿＿＿＿＿＿＿＿＿＿＿＿＿＿。

2.主题生成性课程的内容。

（1）幼儿教育的目标与任务。

（2）＿＿＿＿＿＿＿＿＿＿＿＿＿＿＿＿＿＿＿＿＿＿＿＿＿＿＿。

（3）幼儿共同生活中的矛盾与冲突。

（4）＿＿＿＿＿＿＿＿＿＿＿＿＿＿＿＿＿＿＿＿＿＿＿＿＿＿＿。

（5）＿＿＿＿＿＿＿＿＿＿＿＿＿＿＿＿＿＿＿＿＿＿＿＿＿＿＿。

（6）＿＿＿＿＿＿＿＿＿＿＿＿＿＿＿＿＿＿＿＿＿＿＿＿＿＿＿。

（7）＿＿＿＿＿＿＿＿＿＿＿＿＿＿＿＿＿＿＿＿＿＿＿＿＿＿＿

表7-9　工作表单2

工作表单2	户外实践主题教育活动的意义	姓　名		学　号	
		评分人		评　分	

1.结合幼儿园举行的"相约博物馆"主题教育活动，请想一想，户外实践主题教育活动对幼儿社会能力发展具有什么意义？

_____

_____

_____

_____

_____

_____

_____。

2.幼儿园还可以开展哪些户外实践主题教育活动呢？请尝试写出几个主题教育活动的名称。

表 7–10　工作表单 3

工作表单3	不同年龄段幼儿户外实践主题活动的发展目标	姓　名		学　号	
		评分人		评　分	

1.请小组结合案例进行讨论，并为案例中的户外实践主题活动设计活动目标。

根据大班幼儿年龄段的特点，我认为本次户外实践主题活动的目标是：

（1）＿＿＿＿＿＿＿＿＿＿＿＿＿＿＿＿＿＿＿＿＿＿＿＿＿。

（2）＿＿＿＿＿＿＿＿＿＿＿＿＿＿＿＿＿＿＿＿＿＿＿＿＿。

（3）＿＿＿＿＿＿＿＿＿＿＿＿＿＿＿＿＿＿＿＿＿＿＿＿＿

2.请小组结合案例讨论，如果中班年龄段幼儿也进行案例中的户外实践主题活动，请你为中班设计该项户外实践主题活动的目标。

根据中班幼儿年龄段的特点，我认为本次户外实践主题活动的目标是：

（1）＿＿＿＿＿＿＿＿＿＿＿＿＿＿＿＿＿＿＿＿＿＿＿＿＿。

（2）＿＿＿＿＿＿＿＿＿＿＿＿＿＿＿＿＿＿＿＿＿＿＿＿＿。

（3）＿＿＿＿＿＿＿＿＿＿＿＿＿＿＿＿＿＿＿＿＿＿＿＿＿

表 7-11　工作表单 4

工作表单4	户外实践活动的组织策略	姓　名		学　号	
		评分人		评　分	

1.幼儿户外实践活动是幼儿园整体教育活动的重要组成部分，户外实践活动的组织策略有哪些？

（1）＿＿＿＿＿＿＿＿＿＿＿＿＿＿＿＿＿＿＿＿＿＿＿＿＿＿＿。

（2）＿＿＿＿＿＿＿＿＿＿＿＿＿＿＿＿＿＿＿＿＿＿＿＿＿＿＿。

（3）＿＿＿＿＿＿＿＿＿＿＿＿＿＿＿＿＿＿＿＿＿＿＿＿＿＿＿。

（4）＿＿＿＿＿＿＿＿＿＿＿＿＿＿＿＿＿＿＿＿＿＿＿＿＿＿＿

＿＿＿＿＿＿＿＿＿＿＿＿＿＿＿＿＿＿＿＿＿＿＿＿＿＿＿＿＿

2.幼儿教师在组织户外实践活动过程中应注意哪些事项？

表 7–12　工作表单 5

工作表单5	大班"相约博物馆"主题教育活动 网络图设计	姓　名		学　号	
		评分人		评　分	

相约博物馆

环境创设	

区域活动	

家园共育	

表 7-13　工作表单 6

工作表单6	大班"相约博物馆"主题教育活动设计	姓　名		学　号	
		评分人		评　分	
授课时间		授课班级		大班	
课程内容		授课教师			
活动准备	经验准备：_____ _____。 物质准备：_____ _____				
活动目标 （分别标记 三维目标）	1. _____。 2. _____。 3. _____。				
活动重难点	教学重点：_____ _____。 教学难点：_____ _____				
活动过程					
活动延伸					
活动反思					

3.反思评价

（1）通过本任务的学习，你对户外实践教育活动有什么新的了解？

（2）请你对自己在本次任务中的学习情况进行评价。

课堂活动参与度　☆　☆　☆　☆　☆

小组活动贡献度　☆　☆　☆　☆　☆

学习内容接受度　☆　☆　☆　☆　☆

4.学习支持

1）主题生成性课程的内容来源

（1）幼儿教育的目标与任务

在生成性课程中，一再强调尊重幼儿在活动中的主体地位，是因为生成性课程是在师幼互动过程中，通过

政策法规

《幼儿园教育指导纲要（试行）》中明确指出："开展丰富多彩的户外游戏和体育活动，培养幼儿参加体育活动的兴趣和习惯，增强体质，提高对环境的适应能力。""保证幼儿每天有适当的自主选择和自由活动时间。"

教师对幼儿的需要和感兴趣的事物进行价值判断，从而不断调整活动，以促进幼儿更加有效地学习课程的发展过程，是一个动态的师幼共同学习，共同建构对世界、对他人、对自己的态度和认识的过程。生成性课程最大的特点是活动的生成点与幼儿的兴趣紧密相连，活动的展开以幼儿内在的需要作为动力，课程常常表现为"计划不及变化快"，这与教师中心课程有着本质区别。同时，在生成性课程中，一方面要尊重幼儿的兴趣需要，另一方面要重视教师的支持、帮助、引导，这也是生成性课程与儿童中心课程之间的本质区别。因此，从根本上来讲生成性课程的内容是师幼共同建构的课程。那么，生成性课程的内容从哪里来？教师引导幼儿发展的依据是《幼儿园教育指

导纲要（试行）》（以下简称《纲要》），《纲要》中"幼儿教育的目标与任务"是生成性课程内容的来源。但是，对于把幼儿的教育目标与任务作为依据的课程来说，不能把《纲要》中的内容"拿来"就用。要实现这一转化，教师一方面要对幼儿教育的目标与任务熟记于心，另一方面要了解本班每位幼儿的发展水平与学习特点，从而找到两者之间的差距与中间的桥梁，进而提供蕴含着教育目标的活动材料与相关情景，激发幼儿的兴趣，使其萌发主动学习的愿望。如此，就可以把幼儿的发展目标转化为他们的兴趣与需要，生成有价值的课程。

（2）幼儿当前的兴趣与需要

"兴趣是最好的老师"，因此我们可以把幼儿当前的需要与兴趣作为生成性课程的一个重要来源。不同年龄、不同性别、不同性格特征的幼儿表现自己兴趣的方式有很大的差别，但是他们也有着共同的、最突出的外在表现形式——热衷于一件事，即不断发现一些问题、并尝试解决问题。从幼儿的兴趣出发生成课程时，往往会出现这样的情况：有的幼儿对这个问题感兴趣，有的幼儿对那个问题感兴趣，这时教师怎么办？首先教师需要对幼儿的兴趣进行价值判断，判断的标准就是幼儿教育的目标。教师根据幼儿教育的目标判断，确定幼儿的哪些兴趣更有利于他们的终身学习与个性发展，再为幼儿指定和提供活动的时间、空间、材料，同时要借助自身的参与来为这一活动做宣传，以吸引更多的幼儿投入到活动中来。

（3）幼儿共同生活中的矛盾与冲突

幼儿每天生活在一起，由于个性不同，发生一些矛盾和冲突是不可避免的。很多教师为此而苦恼，殊不知，一些问题的出现恰恰为我们提供了开展教育的契机。其实只要教师是个有心人，

名人名言

"小孩子生来就是好玩的，是以游戏为生命的。"

——陈鹤琴

解决问题时能透过表面看到实质中蕴含的教育价值，幼儿生活中的问题与冲突，就会成为生成性课程的内容来源。

（4）幼儿身边的人和事

《纲要》指出："教师应善于发现幼儿感兴趣的事物、游戏和偶发事件中所隐含的教育价值，把握时机，积极引导。"这就使得在课程内容选择上有了较大的随机性和灵

活性，为生成性课程提供重要的理论依据。幼儿每天都会接触一些人，这些人在年龄、性别、职业、性格、爱好等方面存在许多差别，在交往中可传递给幼儿的信息涉及方方面面。

（5）社会热点问题

一些社会热点问题往往会引起幼儿的关注，比如重大体育比赛、极端天气等。他们会围绕这些话题去探究原因，去参与评论。现在，各种广告充斥着幼儿的生活，甚至一定程度上影响幼儿的生活。他们频繁地将广告语运用在一日生活的各环节中，比如喝水时，幼儿会说："农夫山泉有点甜。"抹护肤霜时，幼儿又会说："要想皮肤好，早晚用大宝。"表现出了对广告的浓厚兴趣，但广告知识的匮乏，又影响着他们对广告的理解和判断，于是这个社会热点问题便成了生成性课程的内容来源。活动过程中教师要密切注意幼儿的兴趣，以便抓住机会，为幼儿的深入学习提供支撑，实现生成性课程内容的教育价值。在幼儿与多方面互动生成课程的过程中，生成的课程能否持续性发展，还需要教师具有熟练的教育技巧，寻找刺激幼儿产生新难题的激发点，使幼儿能更积极地学习，产生强烈地参与动力，并在生成性课程中迸发出自己的潜力。

（6）动植物与自然规律

变幻莫测的自然现象，千姿百态的动植物，这些都会激起幼儿的好奇心和求知欲。因此，教师要以幼儿为本，从幼儿角度出发，帮助他们建构认知体系，积累经验，而不是进行机械化的识记。生成性课程的最大优点就是能够调动幼儿学习的积极性，让幼儿学得更主动、更有效，从而有利于发挥幼儿的主体性。

工作场景

在户外活动中，我为幼儿提供了用纸壳制作的"履带"，就是将纸壳裁成宽窄不一、长短不一的长条，然后粘贴起来，像坦克的履带。开始时，孩子们趴在里面向前爬行。在休息时，航航发现履带还可以坐着后退移动。元元和珂珂则是两人钻进去共同爬行。后来，孩子们将履带变成"土洞"，玩起打地鼠游戏。再后来将球、轮胎加进来，边拍球边滚动轮胎边移动履带……花样越来越多。

（7）意外或突发之事

在实施计划的过程中，如果有意外或突发事件发生，教师应抓住教育契机，快速判断突发事件的教育价值。如果该事件存在着有意义的教育因素，那么课程就生成了。因此"意外或突发之事"也可以成为生成性课程的内容来源。对突发或意外事件的利用，对教师的专业水平提出了更高的要求，因为它要求教师能在很短时间内对眼前事件的教育价值做出判断，并确定下一步的行动方案。不过，当教师难以在短时间内进行价值判断，或者虽然意识到价值的存在却无法明确下一步活动的思路或框架时，可以先让幼儿就此事充分发表看法。这样做，既可满足幼儿主动参与的愿望，又可争取到一定的时间进行周密的思考，从而逐步形成下一步活动的计划。在活动过程中，幼儿表现出极大的学习积极性和自主性，他们学习和自我学习的潜能得到真正的发挥。生成性课程的内容来源是丰富而广泛的，只要教师做一个有心人，就会从幼儿身边的活动中发现它。在幼儿的日常生活中，在幼儿与周围人、事、物互动的过程中还隐藏着丰富的教育契机。在某个场合、某个时间或某个特定的情境下发现它的时候，作为教师一定要珍惜，因为这些教育的机会可能会稍纵即逝。教师要利用自己的智慧去捕捉教育契机并且不断实践，这样才能促进幼儿身心的全面发展。

2）幼儿园社会实践主题活动的意义

幼儿阶段是人的社会性发展的关键期，幼儿虽然对社会、对自然、对周围的一切都没有全面、系统的了解，但是他们又对这一切有着浓厚的兴趣，喜欢亲自去体验社会、感受社会，从而去适应社会。因而，社会教育是幼儿全面发展的重要组成部分之一。《纲要》提出："引导幼儿了解自己的亲人及与自己生活有关的各行各业人们的劳动；引导幼儿实际感受祖国文化的丰富与优秀，感受家乡的变化与发展；引导幼儿了解、体验并理解基本的社会行为规则。"

（1）社会实践活动蕴含着丰富的教育资源

在幼儿的眼中，世界是多姿多彩的。社会、自然给幼儿提供了良好的学习环境，而"实践"赋予了幼儿探究事物的武器。当幼儿去超市购物时，他们不但知道了商品的分类方式，还知道了商品条码的作用及购物流程。在户外实践主题活动中，幼儿在充满激情的状态下，在最真实的环境中，用眼、用手、用心去获得最直接的感受，不知不觉中接受了教育。自然和社会中所蕴含的教育资源是多元的、广博的，不是在封闭的活动室里让幼儿看几幅图片或者进行假装游戏所能替代的。自然和社会是教育者的百宝箱。

（2）社会实践活动是发展幼儿社会交往水平、培养独立性和意志品质的最佳途径

当今的家庭结构使幼儿处在简单、孤立、封闭的环境中，缺少与他人、同伴、群体、社会沟通交往的机会，而户外社会实践主题活动则创造了良好的环境和机会，为幼儿提供了充分表达自己和交往的机会，让幼儿在实践中学会沟通，学会理解他人，满足自我需要，和他人友好相处。例如，在参观消防队时，幼儿大胆地与消防员叔叔交流，主动请教自己好奇和关注的问题，幼儿在互动中获得了更全面的消防知识与经验。该项活动使幼儿在不知不觉中体验到了分享、交往的快乐。

（3）户外社会实践活动为幼儿良好情感的发展提供了丰富的养分

我们利用户外社会实践主题活动中丰富多元的教育资源，注重培养幼儿良好的情感，让他们体验关心、协助他人的幸福，享受爱他人与被爱的幸福。当幼儿去敬老院给爷爷奶奶献花，给行动不便的爷爷奶奶扣衣服扣子、梳头发时，敬老院里充满了浓浓的祖孙关爱温情。这样的活动，既给敬老院的老人带来了快乐，也让幼儿在活动中学会了如何关心老人、尊敬老人，相信爱的种子一定会深扎在幼儿的心中。

任务三　"相约图书馆"主题教育活动设计与实施

任务三PPT　　　手指游戏"爱读书"

1.任务描述

星期一下午，朱老师带领中班小朋友来到了幼儿园的图书室。图书室的图书可真多啊！有老师看的书，也有小朋友看的书。随后，朱老师和小朋友挑选了自己喜爱的图书，刚回到活动室，孩子们就七嘴八舌地议论开了。小花说："刚才在图书室都没有挑到我喜爱的恐龙绘本！"云梦问："什么地方比我们幼儿园的图书室还要大，书比我们图书室还要多呢？"豆豆笑眯眯地说："那我们可以去绘本馆呀，绘本馆的书最多了。"小朋友们你一言我一语，表达出了对绘本馆强烈的好奇心，他们很想知道绘本馆到底是什么样子的、绘本馆有多少人、绘本馆有几层楼、绘本馆有多少书、怎样分类等。

带着这些问题，周末朱老师和家长志愿者带领中班小朋友，来到了雨滴绘本馆进行参观，并寻找答案。在绘本馆还听了"大卫，不可以"绘本故事，小朋友跟着老师一起做大卫的各种动作，玩得特别开心。

（1）请你结合案例思考，案例中的活动属于哪一种语言教育活动？语言教育活动的分类有哪些？具体内容是什么？（完成工作表单1）

（2）幼儿园各年龄段语言发展的特点是什么？案例中的活动是否适合中班幼儿？为什么？（完成工作表单2）

（3）幼儿早期阅读的内容包括哪些？绘本阅读属于早期阅读吗？在进行早期阅读的时候应注意哪些事项？（完成工作表单3）

（4）幼儿园一般会设计哪些语言教育活动？如何进行幼儿语言教育活动设计？（完成工作表单4）

（5）案例中的朱老师采用了什么形式组织与实施语言教育活动？幼儿园一般如何组织与实施语言教学活动呢？（完成工作表单5）

（6）怎样设计幼儿户外实践主题中的语言教育活动？如何对中班幼儿户外实践主题中的语言教育活动进行评价？（完成工作表单6）

2.工作表单

工作表单1~工作表单6分别见表7-14~表7-19。

表7-14　工作表单1

工作表单1	幼儿园语言教育活动的内容	姓　名		学　号	
		评分人		评　分	

1.请你结合案例思考，案例中的活动属于哪一种语言教育活动？

2.语言教育活动的分类有哪些？

（1）谈话活动。

（2）＿＿＿＿＿＿＿＿＿。

（3）文学作品学习活动。

（4）＿＿＿＿＿＿＿＿＿＿。

（5）＿＿＿＿＿＿＿＿＿

3.根据幼儿园语言教育活动的分类，分析幼儿园语言教育活动的具体内容是什么。

（1）专门的语言教育内容。

① ＿＿＿＿＿＿＿＿＿＿＿＿＿＿。

② ＿＿＿＿＿＿＿＿＿＿＿＿＿＿。

③ ＿＿＿＿＿＿＿＿＿＿＿＿＿＿。

④ ＿＿＿＿＿＿＿＿＿＿＿＿＿＿。

⑤ ＿＿＿＿＿＿＿＿＿＿＿＿＿＿。

（2）渗透的语言教育内容。

① ＿＿＿＿＿＿＿＿＿＿＿＿＿＿＿＿＿＿＿＿＿＿。

② ＿＿＿＿＿＿＿＿＿＿＿＿＿＿＿＿＿＿＿＿＿＿。

③ ＿＿＿＿＿＿＿＿＿＿＿＿＿＿＿＿＿＿＿＿＿＿。

④ ＿＿＿＿＿＿＿＿＿＿＿＿＿＿＿＿＿＿＿＿＿＿

表 7-15　工作表单 2

工作表单2	幼儿园各年龄段语言发展的特点	姓　名		学　号	
		评分人		评　分	

1.幼儿园各年龄段语言发展的特点是什么？

小班：＿＿＿＿＿＿＿＿＿＿＿＿＿＿＿＿＿＿＿＿＿＿＿＿＿＿＿＿

＿＿＿＿＿＿＿＿＿＿＿＿＿＿＿＿＿＿＿＿＿＿＿＿＿＿＿＿＿＿＿＿

中班：＿＿＿＿＿＿＿＿＿＿＿＿＿＿＿＿＿＿＿＿＿＿＿＿＿＿＿＿

＿＿＿＿＿＿＿＿＿＿＿＿＿＿＿＿＿＿＿＿＿＿＿＿＿＿＿＿＿＿＿＿

大班：＿＿＿＿＿＿＿＿＿＿＿＿＿＿＿＿＿＿＿＿＿＿＿＿＿＿＿＿

＿＿＿＿＿＿＿＿＿＿＿＿＿＿＿＿＿＿＿＿＿＿＿＿＿＿＿＿＿＿＿＿

2.案例中的活动是否适合中班幼儿？为什么？

＿＿＿＿＿＿＿＿＿＿＿＿＿＿＿＿＿＿＿＿＿＿＿＿＿＿＿＿＿＿＿＿

＿＿＿＿＿＿＿＿＿＿＿＿＿＿＿＿＿＿＿＿＿＿＿＿＿＿＿＿＿＿＿＿

＿＿＿＿＿＿＿＿＿＿＿＿＿＿＿＿＿＿＿＿＿＿＿＿＿＿＿＿＿＿＿＿

＿＿＿＿＿＿＿＿＿＿＿＿＿＿＿＿＿＿＿＿＿＿＿＿＿＿＿＿＿＿＿＿

＿＿＿＿＿＿＿＿＿＿＿＿＿＿＿＿＿＿＿＿＿＿＿＿＿＿＿＿＿＿＿＿

表7-16　工作表单3

工作表单3	幼儿早期阅读	姓　名		学　号	
		评分人		评　分	

1.幼儿早期阅读能力的发展规律。

（1）＿＿＿＿＿＿＿＿＿＿＿＿＿＿＿＿＿＿。

（2）＿＿＿＿＿＿＿＿＿＿＿＿＿＿＿＿＿＿。

（3）＿＿＿＿＿＿＿＿＿＿＿＿＿＿＿＿＿＿

2.绘本阅读属于早期阅读吗?

＿＿＿＿＿＿＿＿＿＿＿＿＿＿＿＿＿＿＿＿＿＿＿＿＿＿＿＿＿

＿＿＿＿＿＿＿＿＿＿＿＿＿＿＿＿＿＿＿＿＿＿＿＿＿＿＿＿＿

＿＿＿＿＿＿＿＿＿＿＿＿＿＿＿＿＿＿＿＿＿＿＿＿＿＿＿＿＿

＿＿＿＿＿＿＿＿＿＿＿＿＿＿＿＿＿＿＿＿＿＿＿＿＿＿＿＿＿

3.在进行早期阅读的时候应注意哪些事项?

＿＿＿＿＿＿＿＿＿＿＿＿＿＿＿＿＿＿＿＿＿＿＿＿＿＿＿＿＿

＿＿＿＿＿＿＿＿＿＿＿＿＿＿＿＿＿＿＿＿＿＿＿＿＿＿＿＿＿

＿＿＿＿＿＿＿＿＿＿＿＿＿＿＿＿＿＿＿＿＿＿＿＿＿＿＿＿＿

＿＿＿＿＿＿＿＿＿＿＿＿＿＿＿＿＿＿＿＿＿＿＿＿＿＿＿＿＿

表 7-17　工作表单 4

工作表单4	幼儿园语言教育活动的设计要点	姓　名		学　号	
		评分人		评　分	

1.幼儿园一般会设计哪些语言教育活动？

_____

_____

_____

2.如何进行幼儿语言教育活动设计？

（1）导入活动。

（2）_____。

（3）理解故事内容时提问的运用。

（4）_____。

（5）_____

表 7-18　工作表单 5

工作表单5	幼儿园语言教育活动的组织与实施	姓　名		学　号	
		评分人		评　分	

1.案例中的老师采用了什么形式组织与实施这个语言教育活动？

2.幼儿园一般要如何组织与实施语言教学活动呢？

（1）遵循符合主题、科学的绘本选材原则。

_____原则、_____原则、_____原则、

_____原则。

（2）探寻丰富的组织形式。

_____、_____、_____、

_____ 。

（3）采用适宜的指导策略。

_____、_____、_____

表 7-19　工作表单 6

工作表单6	中班幼儿户外实践主题中的语言教育活动的设计与评价	姓　名		学　号	
		评分人		评　分	

1.怎样设计幼儿户外实践主题中的语言教育活动？

（1）创设游戏情境，引发幼儿兴趣。

（2）_____。

（3）_____。

（4）_____

2.如何对中班幼儿户外实践主题中的语言教育活动进行评价？

（1）对幼儿语言学习行为的评价。

（2）_____

3.反思评价

（1）通过本任务内容的学习，结合幼儿园现状，你对幼儿语言教育活动的组织与实施有什么新的想法？

_____
_____
_____

（2）请你对自己在本次任务中的学习情况进行评价。

课堂活动参与度　　☆　☆　☆　☆　☆

小组活动贡献度　　☆　☆　☆　☆　☆

学习内容接受度　　☆　☆　☆　☆　☆

4.学习支持

在语言教育活动中，幼儿教师应注重为幼儿提供舒适的语言学习环境，让幼儿在自由、轻松的氛围中相互交流，共同感受语言的魅力，从而提高语言表达能力。

政策法规

《幼儿园教育指导纲要（试行）》将幼儿教育的内容按幼儿学习活动的范畴划分为五大领域，同时又明确指出，"教育活动内容的组织应充分考虑幼儿的学习特点和认识规律，各领域的内容要有机联系，相互渗透，注重综合性、趣味性、活动性，寓教育于生活、游戏之中。"

1）幼儿语言教育活动的设计

（1）活动目标的确定

活动目标的确定是活动设计的首要环节，它将影响整个教育活动的方向，对教师在教育活动中的言语、行为起着指引作用，对活动结束后的反思与评价起着指导作用。教师应该根据幼儿的语言发展水平来确定活动的具体目标，然后根据目标选择教学内容，进而选择合适的教学方法。为了保证活动目标的导向作用，教师在确定活动目标时应该注意以下几个方面：

· 教师要着眼于幼儿的语言发展，以幼儿的现有发展水平为立足点。

· 具体活动的目标应该与幼儿园语言领域的总目标、各年龄阶段目标相一致。即具体活动的目标由总目标逐级分解而来，使目标由大到小，由概括到具体。

· 活动目标应该做到全面、准确、具体，避免"大而空"情况的出现。活动目标的内容应该包含幼儿的倾听方面、阅读方面、表述方面、文学作品欣赏方面等。

· 目标的设置应考虑语言教育活动的类型。不同类型的语言教育活动，各自所要实现的目标是有所偏重的。例如，文学作品学习活动主要是向幼儿展示成熟的语言，提高幼儿对语言多样性的认识，鼓励幼儿创造性地运用语言；讲述活动则是偏重于培养幼儿感知、理解讲述对象的能力，独立构思与清晰完整地表述的意识与能力，掌握对语言交流情绪度的调节能力。

案例链接

案例故事"鼠宝宝做客"（小班）

鼠宝宝去奶奶家做客，它敲敲门说："奶奶，请开门，我来了。""啊，宝宝来了，欢迎欢迎，快请进！"鼠奶奶请鼠宝宝吃花生。"唔，花生真香！"鼠奶奶请鼠宝宝吃饼干。"唔，饼干真香！"吃完花生和饼干，再喝一杯牛奶吧！"谢谢奶奶，我要回家了。再见！"鼠宝宝走了。奶奶叹了一口气，奶奶一个人好孤独啊。"笃笃笃——"鼠宝宝又回来了。"奶奶，我有水果糖，很甜的，给你吃！"鼠宝宝说。鼠奶奶顿时开心地笑了，一把抱住了鼠宝宝。

案例分析：

针对以上故事，教师在小班开展此项活动时，可以制定目标如下：

①了解鼠宝宝去奶奶家做客的情节，并能用语言表达；

②感受故事中的祖孙情，体验奶奶爱宝宝、宝宝爱奶奶的情感；

③掌握人际交往中的基本礼貌用语，具有初步的交际能力。

（2）选定活动主题，主题是所有活动的核心

活动主题名称不仅是名称本身，而应该是围绕这个名称所展开的所有活动的核心思想的体现。教师在设计主题名称时，应该抓住幼儿语言发展的要素，使得主题能鲜明地表达将要开展的活动的中心思想，使得自己、幼儿和家长能更好地理解主题并参

与活动。例如，"三个和尚"这一主题的含义渗透于谚语"一个和尚挑水喝，两个和尚抬水喝，三个和尚没水喝"之中。在"三个和尚"主题活动中，教师没有利用谚语字面意思与幼儿探讨该主题意思，而是通过戏剧表演等一系列教育活动，让幼儿以戏剧符号表达的方式，用自己的身体和心灵，感悟、体验、发现这一谚语的深刻内涵，进而在教师引导下逐步理解主题语义的生动性和丰富性。活动充分发挥了戏剧在意义理解与意义创造方面的双重功效，鼓励幼儿用戏剧符号理解意义和表达意义，从而实现对语义的深刻理解。

（3）选择活动内容，活动内容是语言教育活动目标的具体化，是实现教育目标的手段

活动的目标与内容并没有明确的先后关系，两者是相互依存的。幼儿缺少社会经验，语言能力也受其年龄限制。对于不同年龄段的幼儿，由于其身心发展水平不同，设计的教育内容就应结合幼儿不同年龄段的特点，灵活运用多种教育手段。在天广地阔的生活空间里教师应引导幼儿仔细观察、认真思索，加深对周围事物的认识和理解，进而激发学习的兴趣。

2）幼儿语言教育活动的设计案例

案例：家是什么（大班）

（1）活动目标

①使幼儿萌发爱家爱亲人的情感。

②幼儿敢于在集体面前大胆交流自己的经验。

③幼儿能够理解散文内容，了解借用物体表达心中感受的方法。

（2）活动准备

①利用歌曲"让爱住我家"，创设温馨的情境。

②利用"家是什么"课件，创设视听结合的情境。

（3）活动过程

①利用温馨的情境感受家的美好的相关问题。

A.从歌曲里你听到了什么？

B.你喜欢家吗？说说你喜欢家的理由。

小结：每个人都有自己的家，家里的每样物品都让我们感到亲切。今天我们就来

听一首有关"家"的儿童散文诗。

②初步感知散文内容的相关问题。

A.这首散文诗题目是什么？散文里说家是什么？

B.灯有什么用途？屋檐是什么？有什么用处？床是用来做什么的？

③进一步理解散文内容，为什么说家是一盏灯？（明亮和安全）一个屋檐？（遮风挡雨）一张柔软的床？（放松、舒服）一轮太阳？（温暖、快乐）。

小结：家是一个温暖舒服，能够避风挡雨的地方，是让我们身心放松，为我们带来快乐的地方。

④再次感受家的温馨，理解家的含义

A.今天我把这首优美的散文诗制作成图谱，先自己试着来说一说，看看谁能看懂这些小标志？谁想来试着说一说？

B.这么温馨、甜美的散文诗，我们朗诵的时候应该注意什么？（语速舒缓、声音优美、注意停顿）。

C.我们一起来朗诵一遍。

附：家是什么？家，是一盏灯、一个屋檐、一张柔软的床。有了灯，不再害怕夜晚没有星星和月亮；有了屋檐，不再担心风吹和雨打；有了床，累了、困了，可以睡上甜甜的觉，做个美美的梦。家是什么？家，是一轮太阳。爸爸妈妈欢乐的笑容，合成一缕缕温暖的阳光。

3）语言教育活动方案的设计要点

语言教育活动方案一般包括活动名称、活动目标、活动准备、活动过程、活动延伸和活动评价六大部分。

①活动名称就是教育活动的名字。活动名称要清楚地指出语言教育活动的类型，适用于幼儿的年龄阶段，具体的内容是什么。活动名称一定要符合幼儿的认知水平和特点，新颖有趣，要简单概括地反映教育活动的主要目的和内容。

②活动目标要陈述清楚本次活动要达到的目的，注意表述简明、清楚，活动的重点应该放在幼儿语言能力的发展上，要用特定的术语描述幼儿在活动前后的变化，以便于检测。

③活动准备是指在活动之前，教师和幼儿应该做好的准备，包括物质方面的准备、知识和经验方面的准备。物质方面的准备，如活动需要的多媒体设备、图片、音像资料，有的活动需要一定的场景布置等；知识和经验方面的准备，主要是针对幼儿而言。

④活动过程一般包括导入部分、展开部分和结束部分。

A.导入部分的作用是吸引幼儿的注意力，抓住幼儿的兴趣，营造良好的活动氛围。导入部分的常见形式：设置疑问导入，以图示开始；情境表演导入，以游戏开始，等等。

B.展开部分是整个教育活动的主体环节，教师在活动方案的设计中要着重说明如何引导幼儿积极参与到活动中，如何具体落实活动的目标，发展幼儿相应的技能。展开部分可以分为三个阶段展开内容。第一个阶段：教师面向全体幼儿，综合运用讲解、演示、游戏等多种方式，启发幼儿进行思考。第二个阶段：在教师引导下，幼儿通过小组讨论发现问题，寻找线索，探讨解决问题的办法，并在教师的引导下让幼儿进行个别发言。第三个阶段：在教师的组织下，提供一定的生活场景，让幼儿进行实践，掌握相关的技能和技巧。

C.在结束部分，教师应该注意引导幼儿对活动中获得的经验进行归纳，分享情感体验，深化活动的效果，教师和幼儿共同对活动进行总结。

⑤活动延伸是指活动结束后，教师准备通过哪些途径使得幼儿在活动中获得的经验得以延续和巩固。如开展某一活动后，让幼儿在班级语言角开展区角活动。

⑥活动评价是在活动结束后进行的，主要是教师根据制定的评价指标对本次活动进行评价和反思，分析成功之处和存在的不足。教师要适时组织幼儿进行活动总结，引导幼儿归纳出自己在活动中的感受、收获和认识，同时教师进行适当的点评，帮助幼儿学习总结经验、提升其认知水平。

4）幼儿园语言教育活动的主要类型

·谈话活动。

·讲述活动。

·文学作品学习活动。

·早期阅读活动。

·听说游戏活动。

5）幼儿早期阅读活动的特点

· 早期阅读活动需要丰富的阅读环境。

· 早期阅读活动与讲述活动紧密相连。

· 早期阅读活动应具有整合性的特点。

· 早期阅读活动时教师通常提供具有表意性质的阅读材料。

· 早期阅读活动具有鲜明的文化和语言背景。

任务四 "超市购物"主题教育活动设计与实施

任务四PPT

大班"超市购物"活动设计案例

1.任务描述

李老师发现班级中很多幼儿对"超市"感兴趣，于是她设计了大班"超市购物"主题教育活动，该活动是需要家园配合共同完成的。星期五放学的时候，李老师给班级的小朋友们布置了一个小任务：请大家制作家庭成员需要采购的物品清单，在家长的陪同下利用周末时间去超市，独立完成采购任务，还要在下周入园后与大家分享自己的购物经历。

回家后，乐乐很兴奋地跟妈妈说了这项任务，在妈妈的指导下制作了采购清单。乐乐和妈妈在星期六下午一起去了超市。星期一李老师请小朋友们分享超市购物的经历，还为此专门设计了"我想说"环节。

轮到乐乐分享的时候，乐乐站起来说："首先，我和妈妈制作了一份购物清单——爸爸想要一个牙刷，妈妈想要一条毛巾，奶奶想要韭菜和鸡蛋，爷爷想要一些橘子，我想要一个蛋糕。制作好了清单，在周六的下午，我和妈妈拿着清单去了超市，我按照清单找到了每个人需要的物品。可是我还想要一辆玩具汽车和一包夹心饼干，但妈妈给我的钱只能购买其中的一样，怎么办呢？最后我决定不要蛋糕了，买了一个我最爱的玩具汽车，我好开心啊！"乐乐说完，李老师和小朋友们为他鼓起了掌。

（1）阅读案例，分析案例中的乐乐是怎样分享自己的购物经历的？属于哪一种讲述模式？（完成工作表单1）

（2）结合案例小组讨论幼儿叙事性讲述模式的种类。（完成工作表单2）

（3）小组讨论并整理发展幼儿叙事性讲述核心经验的教育策略。（完成工作表单3）

（4）小组合作完成大班"超市购物"主题教育活动总目标及主题教育活动网络图的设计。（完成工作表单4、5）

（5）完成大班"超市购物"主题教育活动具体设计。（完成工作表单6）

2.工作表单

工作表单1~工作表单6分别见表7-20~表7-25。

表7-20 工作表单1

工作表单1	分析案例	姓 名		学 号	
		评分人		评 分	

1.案例中的乐乐运用哪种讲述方式分享了他的购物经历？

2.叙事性讲述核心经验的内容。

叙事性讲述是一种_____叙事能力，指用口头语言把人物的_____、行为或事情发生、发展、变化讲述出来，要说清楚人物、时间、地点、事件和事件发生的原因，并且应明确事情发生、发展的_____。

叙事性讲述从形式上来说主要分为两种：一是按照第一人称"_____"的口气，把事情经历和个人见闻讲给别人听；二是以_____叙事，讲述"他"经历的事情。幼儿园开展叙事性讲述活动，是为了有目标、有计划、有组织地帮助幼儿提高口语叙事能力

表 7-21　工作表单 2

工作表单2	幼儿叙事性讲述模式的种类	姓　名		学　号	
		评分人		评　分	

1.幼儿叙事性讲述模式的种类。

（1）＿＿＿＿＿＿模式。

对事件的时间、地点、人物分辨不清，使他人难以理解，常见于4岁以下幼儿的叙事。

（2）＿＿＿＿＿＿模式。

语言少或只叙述两个连续的事件，常见于4岁幼儿的叙事。

（3）＿＿＿＿＿＿模式。

讲述时常从一件事跳跃到另一件事，中间遗漏了一些重要事件。

（4）＿＿＿＿＿＿模式。

只按时间顺序讲述事件，没有带情感色彩的实际评价，这种模式在每个年龄阶段都会出现。

（5）以高潮结尾的模式。

讲述的故事有高潮结尾，＿＿＿＿＿＿＿解决方法，常见于5岁幼儿的叙事。

（6）古典模式。

故事中＿＿＿＿＿＿高潮、＿＿＿＿＿解决方法，具有完整的叙述结构，常见于6岁以上幼儿的叙事。

（7）＿＿＿＿＿杂模式。

上述不同讲述模式混杂在一起

2.小组讨论，分析案例中的乐乐运用了哪种叙事性讲述模式？

表 7-22　工作表单 3

工作表单3	发展幼儿叙事性讲述核心经验的教育策略	姓　名		学　号	
		评分人		评　分	

1.发展幼儿叙事性讲述核心经验的教育策略。

（1）在日常_____中引发幼儿叙事。

在幼儿园的一日生活中，教师与幼儿之间不断地进行着_____与交流，即使在最普通的日常谈话中也可以为幼儿创造叙事的机会。教师针对某一个叙事话题与幼儿进行交谈，不仅让幼儿有机会学习教师的叙事语言，同时为幼儿提供了运用叙事语言的_____，为促进幼儿叙事性讲述经验的发展奠定了基础。

（2）_____支持幼儿在游戏中叙事。

叙事首先出现在_____游戏中，伴随及指导着游戏进行，随后其最终独立出来发展为口头或书面的故事。角色游戏是幼儿运用叙事语言的重要情境，教师可为幼儿创设主题丰富的角色游戏情境，并适当地引导与支持幼儿进行游戏，为幼儿创造游戏叙事的机会。

（3）_____鼓励幼儿在同伴或集体面前叙事。

叙事性讲述要求在独自构思后，对事件或故事进行有组织的、完整的表达，是一种在相对正式的语境中进行自我独白的表现形式。教师还可以将幼儿与家长合作的图画书投放在语言活动区，鼓励幼儿给同伴们讲述自己制作的图画书的内容。

（4）开展叙事性讲述_____活动。

叙事性讲述集体教学活动是一种有目的、有计划地培养幼儿叙事语言能力的教育活动，是幼儿园语言教育的重要方式。与其他活动相比，叙事性讲述集体教学活动是最为正式的一种

2.案例中的李老师采用了哪些支持策略？

表7-23　工作表单4

工作表单4	大班"超市购物"主题教育活动总目标设计	姓　名		学　号	
		评分人		评　分	

1.设计意图

　　超市是我们生活中经常光顾的社会场所之一，它为我们的生活带来诸多便利，其中也蕴含着很多教育契机。例如，超市中的货物是怎样分类摆放的，超市中商品的价格是怎样录入电脑中的，每件商品上都有什么样的信息，超市中的工作人员是如何分工的，在超市中购物应该注意哪些安全事项，在超市中购物的流程是什么样的，应遵守超市中什么样的规则等。随着大班幼儿能力的提高和生活经验的不断丰富，把他们带到超市中进行真实的生活体验并在真实的场景中开展学习，从而让他们获得更多的感受和经验

2.主题教育活动总目标

（1）参观超市，了解_____。

（2）能独立购物，体验购物的程序及规则，丰富生活经验，提高交往能力。

（3）能够将本次购物活动完整地讲述给他人听。

（4）在活动中，激发表现欲望，增强_____

表 7-24　工作表单 5

工作表单5	大班"超市购物"主题教育活动网络图设计	姓　名		学　号	
		评分人		评　分	

1.设计思路

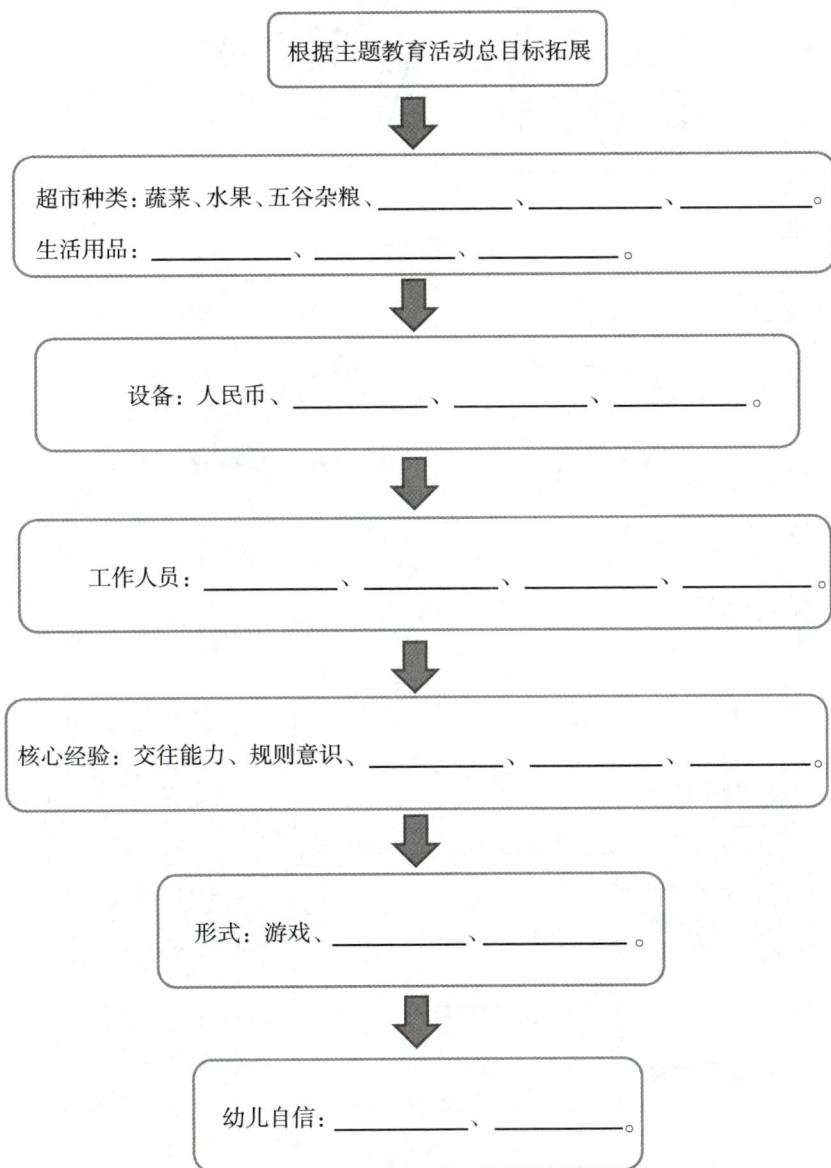

根据主题教育活动总目标拓展

超市种类：蔬菜、水果、五谷杂粮、＿＿＿＿＿、＿＿＿＿＿、＿＿＿＿＿。

生活用品：＿＿＿＿＿、＿＿＿＿＿、＿＿＿＿＿。

设备：人民币、＿＿＿＿＿、＿＿＿＿＿、＿＿＿＿＿。

工作人员：＿＿＿＿＿、＿＿＿＿＿、＿＿＿＿＿。

核心经验：交往能力、规则意识、＿＿＿＿＿、＿＿＿＿＿、＿＿＿＿＿。

形式：游戏、＿＿＿＿＿、＿＿＿＿＿。

幼儿自信：＿＿＿＿＿、＿＿＿＿＿。

2.主题教育活动网络图绘制

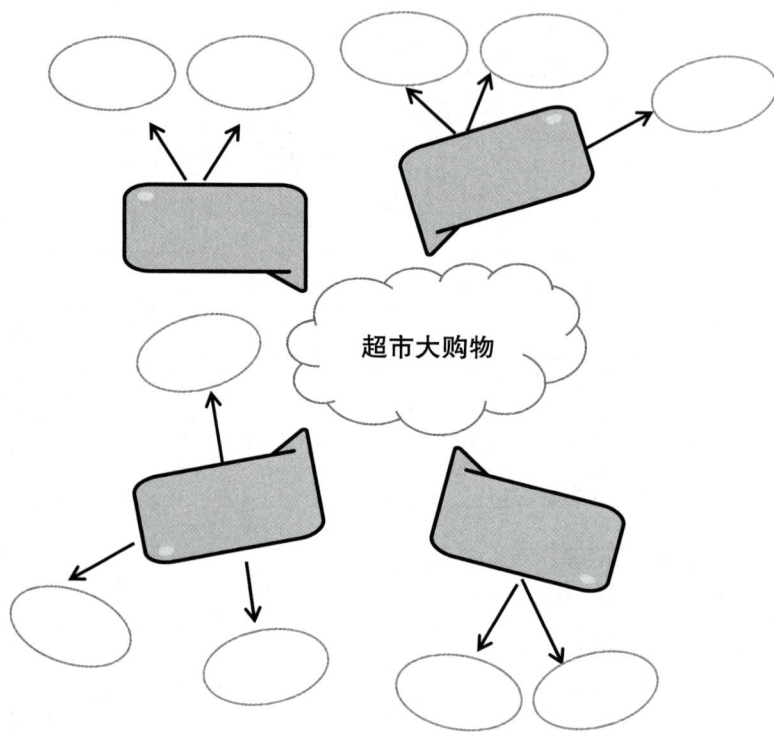

超市大购物

环境创设	
区域活动	
家园共育	

表 7-25　工作表单 6

工作表单6	大班"超市购物"主题教育活动具体设计	姓　名		学　号	
		评分人		评　分	
授课时间	25~30分钟	授课班级		大班	
课程内容	认识人民币	授课教师			
活动准备	经验准备：_____ _____。 物质准备：_____ _____				
活动目标	1.知道人民币在生活中的作用，爱护人民币。 2.认识不同面值的人民币并能正确辨认。 3.运用10以内的钱币进行找付，能进行简单的兑换				
活动重难点	教学重点：_____ _____。 教学难点：_____ _____				
活动过程					
活动延伸					
活动反思					

3.反思评价

（1）社会实践活动是幼儿园必不可少的，可是家长经常会担心社会实践活动的安全问题，如果你是幼儿教师，该如何与家长沟通这个问题呢？

_____

_____

_____

（2）请你对自己在本次任务中的学习情况进行评价。

课堂活动参与度   ☆   ☆   ☆   ☆   ☆

小组活动贡献度   ☆   ☆   ☆   ☆   ☆

学习内容接受度   ☆   ☆   ☆   ☆   ☆

4.学习支持

1）叙事性讲述核心经验与幼儿发展

（1）叙事是幼儿了解与表达世界的基本方式

叙事是人类的重要活动，是人类建构自我及整个世界的基本思维模式，人们用故事形式组织经验，以记载历史。虽然叙事可以通过多种媒介进行，如画画、摄影、舞蹈等，但语言是最清楚、最明确的叙事表达方式。对于幼儿来说，口语叙事是其接触和运用最多、最频繁的一种表达方式。人们在谈论日常事件时，虽然没充分意识到它是一个有开始、发展和结尾的故事，但只要有相关背景和说明，人们大部分的谈论其实都是叙事性的。因而幼儿自出生之日起就生活在叙事的世界中，叙事是幼儿了解社会的途径，幼儿通过听他人叙事及自己叙事并参与社会文化活动，反过来社会文化通过叙事也塑造了幼儿对经验的思维与记忆方式。从这一角度来说，幼儿的口语叙事不仅仅是一种语言能力，还是一种思维方式，是幼儿了解与表达世界的基本方式。

（2）叙事是幼儿语言综合能力水平的反映

从幼儿的语言能力发展上来看，口语叙事反映的是一种复杂的语言综合运用能力。幼儿在叙事时要具备多重语言能力，如能选择运用基本的字词、正确的语法、适当的连接词及清楚的指称用语等，并且要在脱离语境的情况下对听者所不了解的事物进行清楚的描绘。一般而言，幼儿在初学语言时都需要依赖当时情境所能见到的事物进行叙述，如"这本书""那个娃娃"。随着认知与语言能力的发展，幼儿逐渐能够借助玩具、图画等凭借物，对不在眼前的事物进行回忆、想象和表达。如幼儿在角色游戏中一边拿着玩具小勺喂娃娃一边说"宝宝吃饭"，或者一边翻看图画书一边说"毛毛虫饿了"等，这些都表明幼儿已初步具有了脱离语境叙述的能力。在学前阶段，幼儿的口语叙事能力获得较快发展，但整体水平仍然不高，往往到7岁以后的学龄阶段，幼儿完全脱离语境而直接运用语言符号进行独立叙事的能力才开始获得较快的发展，如幼儿这时可以直接运用口头语言较完整、较清楚地叙述故事。幼儿叙事能力的发展反映出其语言综合能力的水平，也正因为如此，研究者往往通过对幼儿叙事水平的评估，考量其语言能力的发展状况，或者诊断是否有语言发展障碍。

（3）幼儿脱离语境的口语叙事能力与其日后的读写能力有着密切的联系

研究表明，学前儿童的叙事能力与其在小学阶段的读写能力和学业表现有很大关系，即学前阶段叙述能力较强的幼儿在小学时读写能力多半较强；反之，则较弱。叙事性讲述更强调在较为正式场合中的独白，因而独立构思讲述内容、对语境和听众具有敏感性等经验也是幼儿发展叙事性讲述的语言能力必不可少的。

名人名言

带孩子去旅游、去爬山、去逛公园、去看电影，这都是夸奖孩子最适当的方式。

——张石平

2）幼儿社会环境与规范认知

社会认知是个体对他人、自我、社会关系、社会规则等社会客体和社会现象及其关系的感知、理解的心理活动。社会认知主要包含社会环境认知与社会规范认知两个方面，社会环境认知和社会规范认知两者之间是相互关联、不可分开的。

首先，社会认知总是在具体环境中进行的，社会环境对幼儿的认知结果有巨大的影响。美国社会心理学家巴克指出，对象周围的"环境"常常会引起人们对其社会行为的联想，从而影响我们的社会认知，幼儿也不例外。例如，在图书馆、电影院等公众场所，人们一定要保持安静，尽量不要大声喧哗，以免影响他人。以此为评判标准，幼儿很容易判断出在公共场所用手机大声通话是不合适的社会行为。

其次，对社会环境的认知，也会伴随对这个环境的社会规范的认知。考虑到幼儿思维具有具体形象的特点，对社会规范的学习更应该强调在社会环境中进行，还要注重规范的直观性、情境性和易操作性。

幼儿对社会环境的认知，主要包括对家庭、幼儿园、社会机构、家乡、民族和自己国家及世界其他一些国家的认知。

（1）对家庭的认知

幼儿对家庭的认知是逐步发展的，从对父母及家庭成员的认知到对家用物品的认知，以及从基本日常生活规范的认知到家庭规范的认知。如引导幼儿了解家庭主要成员的姓名、职业、出生年月或属相等，激发幼儿对家庭的热爱和关心；知道家庭地址、电话号码、家庭中的主要设施，学会自我保护；知道家庭中常见的一些生活用品和家用电器的名称、用途和功能，培养幼儿的自我服务能力；知道热爱、尊重和关心父母及长辈，能够为他们做一些力所能及的事等。幼儿园应组织以家庭为认知内容的社会教育活动，从小培养幼儿对家庭的责任感，使幼儿了解对父母应尽的义务。

（2）对托儿所、幼儿园的认知

托儿所、幼儿园是幼儿参与社会生活的第一个集体机构，也是一个需要他们充分认知的重要社会环境。对幼儿园或托儿所的认知主要包括知道自己幼儿园、班级的名称及所在班级教师的姓名等；知道园内其他教师和工作人员的姓名、他们所从事的主要工作，以及他们的劳动与自己的关系等；知道幼儿园内外的主要环境、主要设施和相关的行为规范等。

（3）对社会机构的认知

幼儿的生活离不开一定的社会机构，如医院、邮局、商场、超市、餐厅、理发店、银行、消防站、动物园、公园、影剧院、博物馆等。幼儿通常会在幼儿园角色游戏活动中再现这些机构中的情景和情节。此外，幼儿还需认识飞机、火车、公共汽车、地铁、轮船等公共交通工具；认识清洁车、救护车、消防车、车站、机场等公用设施；参观工厂、医院、超市等场所，知道它们的名称及功能；了解各种职业人群的主要工作及与自己的关系等。

（4）对家乡、国家与民族的认知

帮助幼儿从小建立对家乡、国家与民族的初步认知，激发幼儿爱家乡、爱祖国的情感，培养幼儿的民族荣誉感。这主要包括知道自己的家乡、民族、祖国的名称及在地图上的大致方位；知道首都、国旗、国徽、国歌等；知道家乡及祖国的风景名胜、著名建筑、风土人情、风俗习惯及主要的生活方式等；了解国家和民族的重大节日，如春节、清明、端午节、中秋节、国庆节、重阳节等；知道与自己关系密切的主要节日，如三八妇女节、五一劳动节、六一儿童节、教师节、父亲节、母亲节等。

（5）对重大社会事件的认知

对重大社会事件的认知，是幼儿了解社会、关心社会的一个重要途径。这主要包括了解社区、家乡和国家及世界近期的一些重大活动，如2022年举办的北京冬季奥运会、家乡的环境治理和环境保护活动等；了解国家和世界范围内发生的战争和重大灾害等。

（6）对社会规范的认知

社会规范是指与社会要求相符的从事社会活动、处理社会关系必须遵循的一般要求和行为准则。首先，社会规范是个体社会行为的价值标准，是用以衡量个体行为的社会参照及做出判断的依据；其次，社会规范是由一定的社会组织提出的，是依据社会组织自身的利益需要及价值观确定的，具有鲜明的社会制约性；最后，社会规范随社会历史条件及社会组织的变更而变化，具有鲜明的历史性。所谓社会规范的认知学习是指对社会规范的伦理准则知识，包括规范必要性知识、规范本身的内容与执行规范的程序性知识的学习，以及对各种行为"好"与"坏"的判断。社会规范认知主体通过观念上的接受，扫除意义上的障碍，从而构建一种社会认知图式，来指引个体在特定情境中的社会行为。

幼儿在不同的社会环境中会接触各种社会规范，他们要想成为合格的社会成员，就必须了解和理解这些社会规范。幼儿对社会规范的认知主要来源于三个方面：一是父母、教师的影响，如父母经常告诫幼儿"不能往楼下乱扔垃圾""吃饭时不能用筷子在盘子里乱翻""乘车时要有次序地上下车"等；二是同伴互动，如一个幼儿抢夺别人的玩具，会受到同伴的批评；三是法律和道德规定，如遵守公民文明行为规范、法律规则、交通规则等。需要幼儿了解的社会规范主要包括基本道德规范、文明礼貌行为规范、公共场所行为规范、群体活动规范、人际交往规范。

3）大班"参观超市"主题教育活动设计

【活动目标】

①体验购物的快乐。

②尝试根据自己的意愿购买商品，运用10以内加法记录商品的总价。

③感知货币在生活中的应用。

【活动准备】

经验准备：认识钱币，掌握10以内的加法运算；制订购物计划，合理使用10元钱；了解超市的规则和安全事宜，了解带有小数点的商品标签。

材料准备：记录纸、笔。

【活动流程】

①熟悉超市的环境，带领幼儿步行进入社区超市。

A.教师：我们一起到超市里面看一看，看看各种商品都摆放在哪里。

B.教师与幼儿共同参观超市，熟悉商品摆放的位置。

C.引导幼儿熟悉超市的出口，以便结账时能够找到。

轻松驿站

去超市，让幼儿了解常见的消费方式，认识水果、蔬菜、日用品；看标价，让幼儿学会自己买东西；找零钱，可以培育金钱消费观，合理规划货币用途；去消防站参观，看看消防车、器材，增加消防知识；去乡村见识农民伯伯如何播种、收割粮食，再到做成餐桌上的食物，让幼儿从小明白食物来之不易，养成节约粮食的习惯，也能拓展生活的知识面；郊游，可以陶冶幼儿的素养，了解人文文化，亲近自然，并学会融入社会。

②购物

A.请幼儿根据自己的购物清单，在超市里寻找自己所要购买的商品。

B.教师巡回指导。

C.教师指导幼儿做好购物记录，运用10以内的加法进行商品总价的累加。

D.适时提醒幼儿，购买商品不要超出10元钱的范围。

E.引导幼儿在购买商品时，关注商品的相关信息，如成分构成、生产日期、保质期等。

③结账。

A.教师引导购物结束的幼儿，到超市出口处排队结账。

B.引导幼儿在找付钱款的时候注意清点钱币。

C.教师指导幼儿在购物结束后，按照购物小票清点自己所购物品是否准确。

④分享活动。

鼓励幼儿大胆地分享自己所购商品的种类和价格。

【实施建议】

①在购物过程中，可以将幼儿进行分组，使其在购物活动中进行协商、合作，促进交往能力的发展。

②如果在数学活动中已经学习过20以内的加减法，可以让幼儿带20元钱进行购物，把20以内的加减法运用到实际的购物中，从而促进幼儿数学能力的提升。

资料链接

亲爱的家长：

　　您好！

　　超市是我们生活中经常光顾的社会场所之一，它为我们的生活带来诸多的便利，其也蕴含着很多教育契机。幼儿园xx班级，将在xxxx年xx月xx日，带领孩子们走进社区超市，让孩子们根据自己的意愿进行购物，并体验购物带来的快乐。

　　温馨提示：

　　（1）幼儿在家吃早餐；

　　（2）早上xx点xx分准时在班级集合；xx点xx分，准时出发前往超市。

　　（3）家长请给孩子准备一张10元钱，放在幼儿衣物的口袋里，嘱咐幼儿妥善保管。

　　（4）此次活动秉承自愿参加的原则。

　　希望孩子们购物愉快！

四、课证融通

本模块对应的幼儿教师资格证考试"保教知识与能力"模块的考试目标、内容与要求、真题见表7-26。

表7-26 幼儿教师资格证考试"保教知识与能力"模块的考试目标、内容与要求、真题

内容体系
一、考试目标 熟悉婴幼儿生理与心理发展的基本规律、年龄阶段特征、个体差异及其影响因素的相关知识，熟悉了解幼儿的基本方法并能够运用这些知识了解幼儿。 二、考试内容与要求 1.能根据教育目标和幼儿的兴趣需要和年龄特点选择教育内容，确定活动目标，设计教育活动方案。 2.掌握幼儿健康、语言、社会、科学、艺术等领域教育的基本知识和相应教育方法。
三、真题 叙述教师对幼儿游戏的指导策略。【2018年幼儿园教师资格证考试真题】

五、阅读思享

推荐理由：

幼儿园社会教育有其特定的目标和内容体系，幼儿社会性发展有其自身的规律，这就决定了幼儿园社会教育必须采取一些符合幼儿和社会教育特点的方法。要改进幼儿社会教育，重要的一环则在于培训教师，让教师掌握先进的教学理念，在教学中注重培养和发挥幼儿的主体性，让幼儿主动学习，并帮助幼儿不断调整原有经验，经过幼儿自己的思考、实践，达到知识的内化。在幼儿社会教育中，教师对幼儿要持有温暖、关爱、支持、接受和尊重的态度，教师要有意识地以自身的积极情感影响幼儿。

推荐阅读：

但菲.幼儿社会性发展与教育活动设计[M].北京：高等教育出版社，2008。

模块八 ☺ 艺术与多元文化主题教育活动

一、岗位能力模型

艺术与多元文化主题教育活动岗位能力模型见表8-1。

表 8-1　艺术与多元文化主题教育活动岗位能力模型

模块	岗位能力描述	《幼儿园教师专业标准（试行）》	《幼儿园教育指导纲要（试行）》
艺术与多元文化主题教育活动	幼儿艺术与多元文化教育，旨在帮助幼儿感知多元艺术的有趣，提高幼儿感受、欣赏和创造自然美、艺术美、生活美和社会美的能力。 作为幼儿教师要理解并掌握艺术领域、体育特色、人际交往等多元化的教育内容，还要对主题课程的综合性有整体性的把握，进而能够设计适合不同年龄段幼儿的多元艺术文化教育活动并组织实施	（七）通识性知识 32.具有一定的自然科学和人文社会科学知识。 34.具有相应的艺术欣赏与表现知识。 （十三）沟通与合作 55.使用符合幼儿年龄特点的语言进行保教工作。 56.善于倾听，和蔼可亲，与幼儿进行有效沟通。 58.与家长进行有效沟通合作，共同促进幼儿发展	（五）艺术 2.在艺术活动中面向全体幼儿，要针对他们的不同特点和需要，让每个幼儿都能得到美的熏陶。对有艺术天赋的幼儿要注意发展他们的艺术潜能。 3.提供自由表现的机会，鼓励幼儿用不同艺术形式大胆地表达自己的情感、理解和想象，尊重每个幼儿的想法和创造，肯定和接纳他们独特的审美感受和表现方式，分享他们创造的快乐

二、知识点与技能点

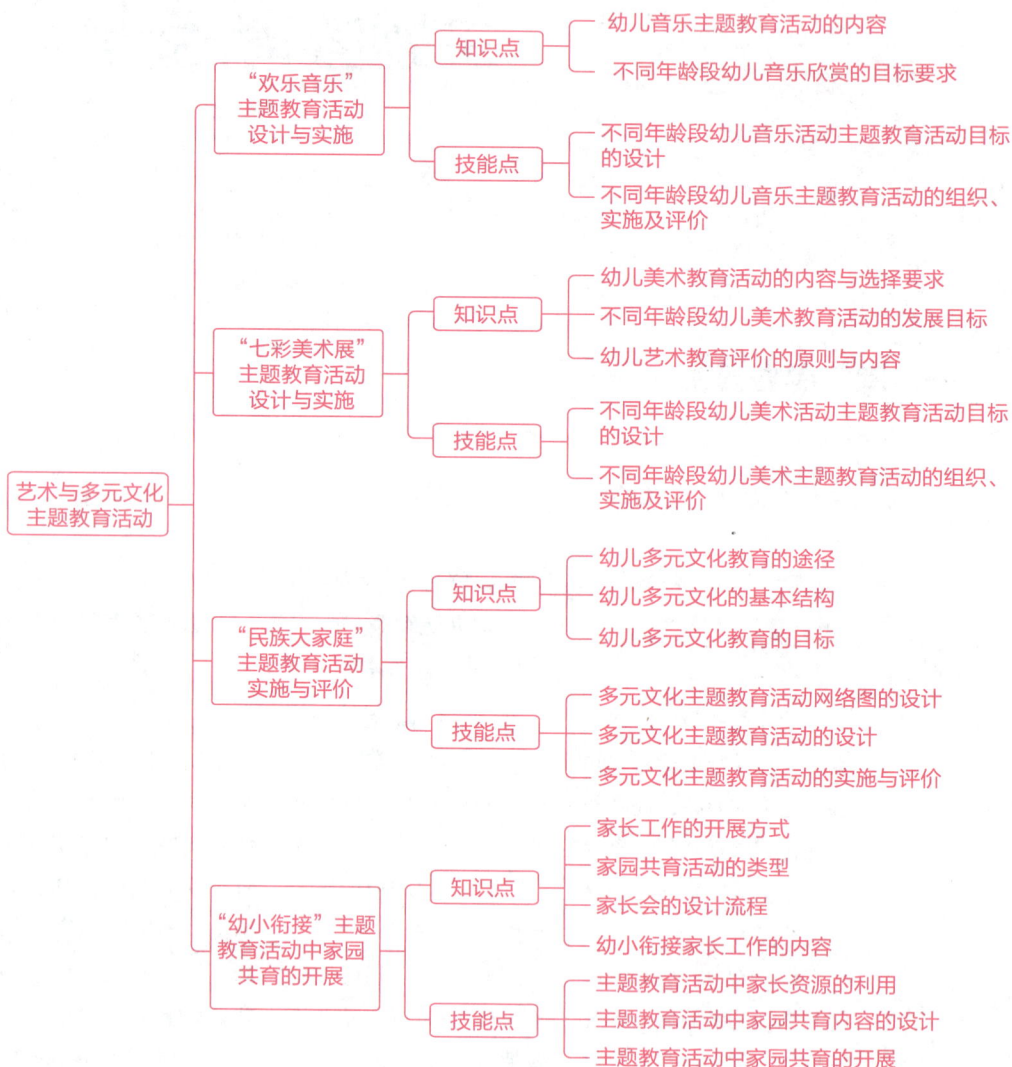

艺术与多元文化主题教育活动

- "欢乐音乐"主题教育活动设计与实施
  - 知识点
    - 幼儿音乐主题教育活动的内容
    - 不同年龄段幼儿音乐欣赏的目标要求
  - 技能点
    - 不同年龄段幼儿音乐活动主题教育活动目标的设计
    - 不同年龄段幼儿音乐主题教育活动的组织、实施及评价

- "七彩美术展"主题教育活动设计与实施
  - 知识点
    - 幼儿美术教育活动的内容与选择要求
    - 不同年龄段幼儿美术教育活动的发展目标
    - 幼儿艺术教育评价的原则与内容
  - 技能点
    - 不同年龄段幼儿美术活动主题教育活动目标的设计
    - 不同年龄段幼儿美术主题教育活动的组织、实施及评价

- "民族大家庭"主题教育活动实施与评价
  - 知识点
    - 幼儿多元文化教育的途径
    - 幼儿多元文化的基本结构
    - 幼儿多元文化教育的目标
  - 技能点
    - 多元文化主题教育活动网络图的设计
    - 多元文化主题教育活动的设计
    - 多元文化主题教育活动的实施与评价

- "幼小衔接"主题教育活动中家园共育的开展
  - 知识点
    - 家长工作的开展方式
    - 家园共育活动的类型
    - 家长会的设计流程
    - 幼小衔接家长工作的内容
  - 技能点
    - 主题教育活动中家长资源的利用
    - 主题教育活动中家园共育内容的设计
    - 主题教育活动中家园共育的开展

素质目标

1.通过本模块的学习，让学生意识到对幼儿进行艺术与多元文化教育的重要性。

2.引导学生感受中国传统文化，坚定文化自信。

三、工作任务

任务一 PPT

"欢乐音乐"活动设计案例

任务一　"欢乐音乐"主题教育活动设计与实施

1.任务描述

孩子们盼望的儿童节就快要到了，幼儿园计划开展"六一"系列教育活动。小美老师和小朋友们一起积极准备节目，小美老师根据班级小朋友的特长和爱好，设计了两个节目：一个是大合唱，另一个是律动舞蹈。离儿童节还有一个月的时间，小美老师组织班级的小朋友开始了紧张的排练。班里的米多嗓音特别甜美，大家一致推选米多为领唱。可是平时活泼的米多，在大家面前唱歌时总是感觉紧张，声音也很小。小美老师着急地说："米多，你要大声点，用你最响亮的声音唱出来！"于是，在第二次彩排时，米多用很大的声音喊唱着，大家都觉得米多的歌声不再那么的悦耳了，米多难过极了！

班里的另一个节目律动舞蹈，小美老师按照男生女生分开排练的形式，先是进行分解动作的详细讲解，再用顺口溜的方式帮助小朋友们记住动作要领，很快班里的小朋友就学会了律动舞蹈，可是大合唱的节目可怎么办呢？

（1）结合案例，小组讨论，如何培养幼儿的审美能力？案例中的小美老师是如何培养幼儿的审美能力的？（完成工作表单1）

（2）结合案例小组讨论，分析幼儿音乐教育活动的具体内容都有哪些？（完成工作表单2）

（3）结合案例小组讨论，分析幼儿创造性歌唱活动的内容。（完成工作表单3）

（4）结合案例小组讨论，分析幼儿律动舞蹈教育活动的过程。（完成工作表单4）

（5）小组讨论，不同年龄段幼儿音乐欣赏的目标要求。（完成工作表单5）

（6）结合案例小组合作为大班设计"音乐节"主题教育活动并进行组织与实施。（完成工作表单6和工作表单7）

2.工作表单

工作表单1~工作表单7分别见表8-2~表8-8。

表8-2　工作表单1

工作表单1	幼儿审美能力的培育	姓　名		学　号	
		评分人		评　分	

1.如何培养幼儿的审美能力？

（1）感受＿＿＿＿＿＿＿＿＿。

首先，要引导幼儿全身心地去感受＿＿＿＿＿＿＿＿＿。教师要引导幼儿充分调动五官的感觉，同时也要充分发挥＿＿＿＿＿＿＿＿＿，将自己的生活经验与大自然相联系，从而更好地感受大自然带来的美。

其次，要引导幼儿积极参与在大自然中的＿＿＿＿＿＿＿＿活动。带幼儿种树养花，可以让幼儿在照顾它们的同时，体会到劳动的艰辛，在花开时感受到大自然的神奇，也能体验到自己创造价值的乐趣。

（2）提高＿＿＿＿＿＿＿＿＿。

·在＿＿＿＿＿＿＿＿＿中培养幼儿的审美想象。艺术离不开想象，正是由于想象的渗入，才使整个艺术形象更鲜明、更生动、更具有吸引力。幼儿天真无邪的情趣往往表现在各种各样神奇的想象之中。首先幼儿需要技巧的指导；其次在生活中提供欣赏美的环境。

·＿＿＿＿＿＿＿＿＿可以使幼儿直接感知、体验音乐的美，培养幼儿的审美能力。音乐教育对幼儿的性格、情操的培养都有着潜移默化的作用，审美情感源于艺术形象、音乐形象，这是音乐艺术特有的功能。

·＿＿＿＿＿＿＿＿＿也能提升幼儿的审美能力。

（3）升华＿＿＿＿＿＿＿＿＿。

首先，引导幼儿进行＿＿＿＿＿＿＿＿和吃苦体验。

其次，引导幼儿进行活动和＿＿＿＿＿＿＿＿＿体验，主要是体育活动和游戏活动。

最后，引导幼儿进行＿＿＿＿＿＿＿＿和＿＿＿＿＿＿＿＿＿体验

2.案例中的小美老师是如何培养幼儿的审美能力的？

表 8-3　工作表单 2

工作表单2	幼儿音乐教育活动的内容	姓　名		学　号	
		评分人		评　分	

1.幼儿音乐教育活动的内容。

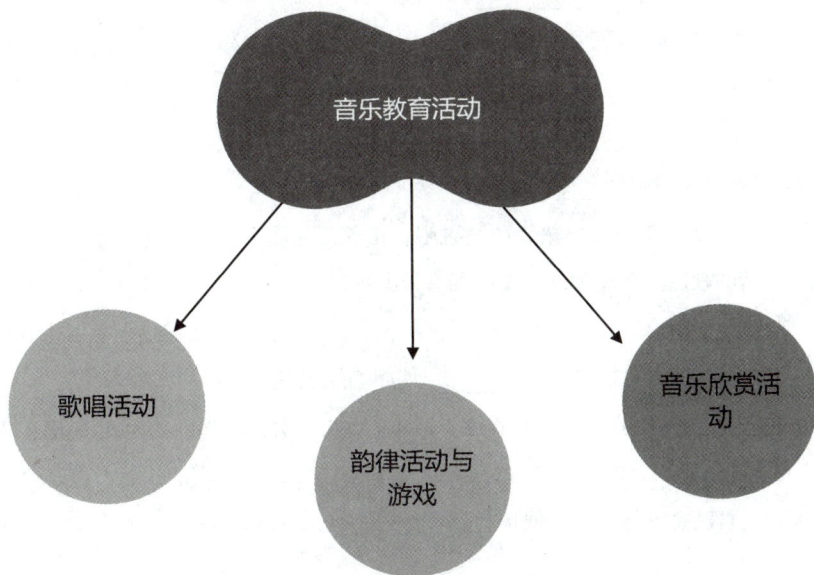

2.结合案例，分析案例中的小美教师存在什么问题？应如何改正呢？

　　3.教师组织幼儿歌唱活动的要求。

　　幼儿园歌唱活动，最重要的不是教幼儿演唱的技能技巧，而是应考虑如何为幼儿提供更多参与歌唱的机会，鼓励幼儿愉快地歌唱。

　　（1）教授幼儿正确的歌唱_____方法。

　　在歌唱时保持喉部自然、放松，防止和纠正大声喊唱，培养幼儿歌唱的能力，使幼儿的歌声优美、动听。

　　（2）适当掌握幼儿歌唱的_____。

　　力度不要太强，尽量使喉部放松，防止喊唱，培养幼儿歌唱的艺术表现力。教授幼儿学唱一些安静柔和、抒情的歌曲是防止和纠正喊唱的有效办法。

　　（3）适当掌握幼儿唱歌的_____，防止嗓音疲劳。

　　根据幼儿的不同年龄和歌曲的难易程度，3~4岁幼儿一次连续唱歌的时间一般不要超过10分钟，5~6岁幼儿不要超过20分钟。尤其是对那些唱歌较好、积极性较高的幼儿，更要注意保护他们的嗓音，因为幼儿自己是不懂得自我保护的。

　　（4）注意歌曲的_____和歌唱的定调。

　　_____是指一个人唱歌时所能发出的最低音到最高音的范围。了解幼儿的音域，为幼儿选择适合他们音域的歌曲是保护幼儿嗓音的重要环节。在小组或个别幼儿唱歌时，教师最好能够按照每个幼儿音域的特点为他们定调，使每个幼儿都能够发声自然、舒畅地表达感情。

　　（5）歌曲的难易程度要适合幼儿的_____特点和_____能力。

　　因为幼儿的肺活量较小、音域比较狭窄、发声器官非常脆弱，学唱高难度的成人歌曲会增加他们发声器官的负担，甚至养成不良的唱歌习惯——在内容上不求甚解、在感情上无动于衷，这样的歌唱对幼儿生理、心理的发展都是不利的。

　　（6）在日常生活中预防_____、防止感冒。

　　注意幼儿的饮食起居要冷暖适度，不要使幼儿的喉咙骤冷骤热。在冬季户外活动时，不要让幼儿在冷空气中唱歌或大声欢笑。在幼儿歌唱、欢笑或哭闹、喊叫之后，嗓子疲劳发热的情况下，不要他们马上吃冷饮

表 8-4 工作表单 3

工作表单3	幼儿创造性歌唱活动	姓 名		学 号	
		评分人		评 分	

1.创造性歌唱活动包括哪些内容?

```
          创编
          动作
           ↑
增编      创造性     变换
新歌 ←    歌唱   →  演唱
词        活动       形式
           ↓
          为歌曲
          创编伴
           奏
```

2.开展创造性歌唱活动的注意事项。

（1）在创编歌词的教育活动过程中，_____。

（2）在组织幼儿创造性歌唱活动中，注意幼儿创造性的表现，区分和引导真正的_____，而不仅仅是单纯追求创编的数量和结果。

表8-5　工作表单4

工作表单4	幼儿律动舞蹈教育活动的过程	姓　名		学　号	
		评分人		评　分	

1.幼儿律动舞蹈教育活动的过程。

（1）_____音乐。

引导幼儿倾听音乐，感受音乐的节奏、节拍、结构、情感和风格特点。

（2）直接_____。

教师用合拍、准确、优美的舞姿，站在能使幼儿都看得见的位置上，面向幼儿或背对幼儿进行动作示范。

（3）_____指导。

在动作示范的基础上，教师适当地运用语言提示幼儿做动作，这种语言提示有助于幼儿较快地掌握动作。因为音乐是舞蹈的灵魂，要培养幼儿尽快习惯于倾听音乐、感受音乐，随着音乐律动的强弱、快慢跳舞。语言只是一种辅助手段，不能靠口令或数拍子跳舞。

（4）_____。

在幼儿进行舞蹈练习的过程中，有时候需要教师手把手地帮助，使幼儿在"被动"的感受中获得体会，从而能够主动地做出正确的动作。

（5）分句练习或_____动作。

有些舞蹈需要教师一句一句地讲解、一个动作一个动作地示范；而有些舞蹈动作要配合着手和脚的活动，需要分解开来，分别练习，最后再进行动作合成。但并不是所有的舞蹈都必须分解开来教授，有些比较简单、短小的舞蹈可以一气呵成地来教授和练习

2.结合案例，帮助案例中的小美老师来组织幼儿开展律动舞蹈教育活动，写出活动过程。

表 8-6　工作表单 5

工作表单5	不同年龄段幼儿音乐欣赏的目标要求	姓　名		学　号	
		评分人		评　分	

1.音乐欣赏的主要目标。

（1）小班幼儿音乐欣赏的主要目标。

小班幼儿音乐教育的主要目标是帮助幼儿学会＿＿＿＿＿＿感受音乐，积累一定的音乐经验，并能根据音乐进行简单的联想与想象，在老师的引导下能够＿＿＿＿＿地倾听音乐；初步感知音乐特点鲜明的歌曲、乐曲，理解其基本的内容与＿＿＿＿＿＿；倾听表现单一形象的乐曲，感知＿＿＿＿＿、力度、速度、＿＿＿＿＿奏、旋律等音乐表现手法的作用；尝试根据音乐的特点与感受展开联想、＿＿＿＿＿，并能够用动作、节奏、儿歌等方式帮助幼儿感知音乐并加以＿＿＿＿＿。

（2）中班幼儿音乐欣赏的主要目标。

到了中班，幼儿已经积累了一定的音乐经验，音乐欣赏的主要目标可以确定为能够听辨音乐和对音乐进行＿＿＿＿＿与表现，养成安静、专心地倾听音乐的良好习惯，并能边听边想；能够感知和理解歌曲的内容、基本＿＿＿＿＿，以及不同风格的歌曲；能够感知两首差别较明显的乐曲，或比较感知不同性质、不同风格的乐曲；听辨＿＿＿＿＿、力度、速度、节奏、旋律等多样化的音乐表现手段，并感知它们是如何运用这些手段进行表达和表现的；尝试根据音乐性质及其表现手段来描绘音乐形象，并用＿＿＿＿＿、语言、主题画等多种方式进行表现。

（3）大班幼儿音乐欣赏的主要目标。

大班幼儿已经具有初步的音乐欣赏能力，他们能够根据多种音乐表现手段进行欣赏，其主要目标是能初步欣赏音乐和创造性地表现欣赏的＿＿＿＿＿，要培养幼儿欣赏音乐的情趣和良好的习惯；能＿＿＿＿＿、欣赏歌曲的内容及其所展现的艺术美；能够＿＿＿＿＿欣赏不同性质、不同风格的乐曲；能够＿＿＿＿＿复杂情节的乐曲；能够根据音乐的性质和表现手段想象音乐形象与情节的发展，并能用舞蹈、戏剧表演、诗歌等多种方式＿＿＿＿＿表现

2.结合案例，设计大班音乐教育活动的三维目标。

表 8-7　工作表单 6

工作表单6	大班"欢乐音乐"主题教育活动设计	姓　名		学　号	
		评分人		评　分	

1.大班"音乐节"主题教育活动的目标。

2.大班"欢乐音乐"主题教育活动网络图设计。

表 8-8　工作表单 7

工作表单7	大班"欢乐音乐"主题下 具体教育活动设计	姓　名		学　号	
		评分人		评　分	

活动名称：＿＿＿＿＿＿＿＿＿＿＿＿＿＿＿

教学目标：

（1）通过聆听雨滴的声音，感受音乐的强弱。

（2）在轻松、愉快的气氛中，提升律动感知力。

（3）激发爱音乐、爱生活的情感。

教学重点：在活动中感受歌曲的乐趣，尝试拍打出歌曲的强弱节奏。

教学难点：能够准确地拍打歌曲中的强弱节奏。

教学准备：知识准备——已经认识身体各个部位的名称；教具准备——PPT教案，《大雨和小雨》音乐，大雨和小雨图两幅，各种小乐器。

教学过程：

一、启发式导入

导语：＿＿＿＿＿＿＿＿＿＿＿＿＿＿＿＿＿＿＿＿＿。

教师：你看这样的春天美不美？大家都看到了什么呢？（用PPT展示图片）

小朋友：美！有树，有太阳，有花，还有雨。

教师：大家真棒，观察得真仔细，那有没有小朋友说说，雨是从哪里来的呀？落在地上是什么声音呀？

小朋友：天上来的。（小朋友们模仿各种雨的声音）

教师：嗯，很好！现在老师给你们听两段下雨的声音，能听出它们有什么区别吗？（小雨声，大雨声）

小朋友：一个是哗哗哗，一个是滴滴答答。

教师：非常好！大家听得都很仔细，那么老师就和你们一起用音乐来表达大雨和小雨的声音，我们一起开始吧！

二、基本部分

（一）＿＿＿＿＿＿＿＿＿＿＿＿＿《大雨和小雨》。（播放音乐）

（二）试唱歌曲。

1.提问：＿＿＿＿＿＿＿＿＿＿＿＿＿？（声音很响、很大）小雨的声音怎么样？（声音很轻、很小）

2.教师：小朋友们回答得真好，那想不想学这首儿歌呢？现在我们先请王老师唱一遍，然后再带领小朋友们一起唱。

教师：小朋友们学会了吗？我们现在跟随着音乐一起唱。

（三）自由选择动作、乐器来表现歌曲中大雨声和小雨声的强弱变化。

教师：现在，小朋友们要用相应的动作把大雨和小雨表现出来。老师先来做一个示范，老师用拍手表示大雨，用拍腿表示小雨。（因为拍手的声音大，拍腿的声音小）现在哪位小朋友告诉老师，＿＿＿＿＿＿＿＿＿＿＿＿＿＿＿？（个别幼儿回答）

教师：现在我们跟随着音乐来表演吧！（播放音乐）

我们的乐器宝宝都等不及要和大家一起唱了。小朋友们看，这里有许多乐器宝宝，我们要用哪种乐器宝宝表现大雨，哪种乐器宝宝表现小雨呢？为什么？（让幼儿摇一摇，再选择乐器。演奏一遍，交换乐器，演奏中注意突出强弱节奏）

要求：＿＿＿＿＿＿＿＿＿＿＿＿＿＿＿＿＿＿＿。

三、结束语：＿＿＿＿＿＿＿＿＿＿＿＿＿＿＿＿＿

3.反思评价

（1）你认为幼儿音乐教育活动设计环节的关键点在哪里？在实施过程中该如何把握呢？

（2）请你对自己在本次任务中的学习情况进行评价。

课堂活动参与度　☆　☆　☆　☆　☆

小组活动贡献度　☆　☆　☆　☆　☆

学习内容接受度　☆　☆　☆　☆　☆

4.学习支持

1）不同年龄段幼儿音乐教育活动的目标

（1）小班幼儿（3~4岁）歌唱

· 学会15~20首幼儿歌曲，在有伴奏的情况下能独立演唱。

· 学习用正确的姿势、自然的声音歌唱，音域在c~g之间，吐字节奏基本正确，音准大致准确，并能注意歌声的协调一致。

· 能够初步理解和表现歌曲的形象、内容和情感。

· 在教师的帮助下能够为歌曲创编表演动作、增编新的歌词。

（2）小班幼儿（3~4岁）韵律活动

· 喜欢韵律活动，积累了一些简单的模仿动作和基本动作的经验。

· 基本上能按照音乐的节奏和节拍做上肢或下肢的简单模仿动作和基本动作，并能基本上做到随音乐的变化及时改变动作。

· 学习几种节奏乐器的基本奏法，在齐奏中基本合拍，并能基本整齐地开始和结束。

·学习二分音符、四分音符、八分音符类型的简单歌曲，并能够进行一定程度的创造性表现。

（3）小班幼儿（3~4岁）音乐欣赏

·喜欢倾听周围环境中各种丰富的声音形态并加以模仿和表现，喜欢欣赏音乐，积累一定数量的欣赏曲目。

·能够初步感受形象鲜明、集中，结构短小的歌曲或有标题的器乐曲，并能在感受的过程中产生一定的积极的外部行为反应。在进行对比的情况下能分辨其中差别较明显的高低、快慢、强弱的变化及其音乐表现力。

·初步了解进行曲、摇篮曲、舞曲的音乐特征，并能通过动作、绘画等方式表达对这些不同风格作品的感受。

（4）中班幼儿（4~5岁）歌唱

·学会15~20首幼儿歌曲，喜欢并能够独立地在众人面前演唱。

·能用正确的姿势、自然的声音歌唱，音域在c~a之间，吐字清楚、节奏正确，在有伴奏时演唱音调要准确。学习各种不同的演唱形式，学习协调一致地在集体中歌唱，学会倾听歌曲的前奏、间奏等。

·学习用不同的速度、力度、音色变化来表现歌曲的形象、内容和情感。

·在教师的帮助下能够为歌曲创编表演动作、增编歌词、变换演唱形式、编配伴奏。

（5）中班幼儿（4~5岁）韵律活动

·逐步积累稍复杂的模仿动作，学会一些基本的舞蹈动作和集体舞。

·能按音乐的节奏节拍做简单的上下肢联合的基本动作、模仿动作和舞蹈动作，能随音乐力度、速度、音区、节拍等的变化变换动作，学会用动作表现音乐的情感。

·进一步学习节奏乐器的奏法，能主动探索乐器音色的不同表现力，并有兴趣在教师的指导下学习节奏乐曲的配器。

·学习根据音乐创造性地用动作的方式表现音乐。

（6）中班幼儿（4~5岁）音乐欣赏

·欣赏音乐，并对欣赏过的作品有自己的态度倾向。

·能够感受形象鲜明、集中，结构短小的歌曲和器乐曲，并能在感受过程中产生一定的想象、联想和积极的外部行为反应。在进行对比的情况下能分辨差别较明显的高低、快慢、强弱的变化及其音乐表现力。

（7）大班幼儿（5~6岁）歌唱

·学会15~20首幼儿歌曲，能够用各种不同的演唱形式在众人面前演唱。

·能用正确的姿势、自然好听的声音歌唱，音域在c~a之间，吐字清晰，节奏、音准正确，在各种演唱形式中歌声整齐、和谐、统一。

·能用不同的速度、力度、音色变化来表现歌曲的形象、内容和情感。

·能够自己为歌曲创编表演动作、增编歌词、变换演唱形式、编配伴奏。

（8）大班幼儿（5~6岁）韵律活动

·进一步丰富舞蹈动作，学会稍复杂的集体舞和表演舞。

·能够比较准确地按照音乐的节奏节拍做出各种稍复杂的基本动作、模仿动作和舞蹈动作组合，能用富有表现力的动作反映音乐的情感和变化。

·进一步学习更多的节奏乐器奏法，学会独立地设计演奏方案。

·学会根据音乐自编各种韵律活动形式。

（9）大班幼儿（5~6岁）音乐欣赏

·有欣赏音乐的爱好，有自己喜欢的音乐作品。

·能够较准确地感受形象鲜明、集中的歌曲或器乐曲，并能在感受的过程中产生较丰富的想象、联想和积极而富有个性的外部反应。能够辨别音乐音区、速度、力度等的变化及其音乐表现力。

·进一步深化对进行曲、摇篮曲、舞曲等音乐特征的认识和把握，能够富有个性地通过语言、绘画、动作等方式表达自己对作品的感受和理解。

2）不同年龄段幼儿美术教育活动的目标

依据《幼儿园教育指导纲要（试行）》《3~6岁儿童学习与发展指南》艺术领域总目标和阶段目标要求，确定幼儿美术教育活动目标的结构和内容。

（1）美术教育总目标

·能初步感知周围环境和美术作品中的形式美和内容美，提高对美的敏感度。

·能积极投入美术活动并学会自由表达自己的感受，培养对美术的兴趣及审美情感的体验和表达能力，促进人格的健全发展。

·初步学习使用多种工具和材料进行操作及运用造型、色彩、构图等艺术语言表现自我和事物的运动变化，培养审美表现力和创造力。

（2）美术教育分类目标

①绘画目标。

初步感知和理解线条、造型、色彩、构图等艺术语言，并大胆地运用这些艺术语言进行创造性的表现，培养绘画创造力和创造意识，体验绘画活动的乐趣，以及培养对绘画的兴趣。初步学习多种绘画工具和材料的基本使用方法，形成良好的绘画习惯。

·绘画的年龄段目标——小班。

愿意参加绘画活动，体验绘画活动的快乐；对绘画活动感兴趣，能大胆涂鸦。

能认识油画棒、水彩笔和纸等常用的绘画工具和材料，掌握其基本使用方法，养成正确的握笔姿势和作画姿态，把绘画工具和材料摆放有序。

尝试用点（雨点、圆点等）、线条（直线、曲线、折线等）和简单图形（圆形、方形等）表现日常生活中熟悉的、简单的物体特征。

尝试用多种颜色作画，对色彩有兴趣，能认识红、黄、蓝、绿和黑、白等常见的颜色，并愿意尝试选用自己喜爱的颜色作画，学习正确的涂色方法，能够涂匀、涂满。

学习在画面的中心位置大胆安排主要形象，养成大胆作画的习惯。

·绘画的年龄段目标——中班。

认识更多的绘画工具和材料，掌握正确的使用方法，根据需要选择恰当的工具和材料进行创作并会收拾和整理绘画工具和材料，学习蜡笔画、水粉画、拓印画、棉签画等多种绘画方法，体验绘画带来的快乐。

能用各种点、线条、简单图形表现物体的基本部分和主要特征。

对认识色彩活动有兴趣，认识12种颜色并学会辨别同种颜色的深浅，学习用较丰富的颜色作画。

学习在画面上简单地布局，初步学习在画面上安排物体的上下、左右关系，并根据自己的想象创造性地表现简单的情节。

大胆使用12种颜色，学习调配更加丰富的色彩，区分并尝试画主体色和背景色。

· 绘画的年龄段目标——大班。

能利用多种绘画工具和材料，运用不同技能表现自己独特的思想和感受，并体验创作的乐趣。

能用色彩和线条表现感受过或想象中的物体的动态结构和简单情节，根据一定的主题，用丰富的色彩和线条构思、组织形象，表现一定的内容和情节。

提高幼儿对色彩的敏感性，学会根据画面需要恰当地运用各种颜色来表现自己的情感。

注意深浅色、冷暖色的搭配，学习色彩的调配，表现画面的深浅、冷暖，学习在画面上突出主体，合理布局。合理安排画面，突出主体，并注意均衡与对称的关系。

②手工目标。

初步学习手工制作的规律，并能大胆地运用这些规律创造性地塑造和制作多种平面的和立体的手工作品，用以美化周围环境和进行游戏活动，感受手工活动带来的快乐，培养对手工活动的兴趣。初步学习多种手工工具和材料的基本使用方法，形成良好的手工活动的习惯。

· 手工的年龄段目标——小班。

对手工活动感兴趣，愿意参加手工活动，体验手工活动带来的快乐；愿意尝试各种手工工具和材料，养成良好的手工活动的习惯。

大胆玩泥，初步了解泥的性质、质地，掌握简单的泥塑技能（搓、团圆、压扁、捏合），能按照自己的意愿塑造简单的立体形象。

会随意和有意识地撕纸，能撕出各种形状，并能自己命名。

对折纸活动有兴趣，学习折（对边折、对角折）的方法，能折出简单的形象。

能用撕纸、剪纸的方法或用现成的图形及自然材料粘贴成简单画面，会正确、安全地使用剪刀。

· 手工的年龄段目标——中班。

喜爱各种手工活动，能正确使用多种手工工具和材料，能注意工具使用中的安全性，并学习收拾和整理。

能根据泥的性质塑造物体的主要特征；尝试用团、捏、压、搓、擀等技能塑造出精致的作品。

学习用纸折出（沿中心线折）、剪贴出简单的形象，尝试看图示折纸，主动探究、学习简单的折纸方法，折出简单的形象。

·手工的年龄段目标——大班。

能较熟练地选择和使用手工工具和材料，创造性地表现自己的认识和感受。

学习用点状材料、线状材料拼贴或制作物体的形象，表现出一定的情节。

学习用多种技法折出物体的各部分，并能组合成整体形象。

学习用目测的方法将面状材料分块剪、折叠剪来表现物体的形象特征。

能按照自己的意愿并运用多种泥工技法来塑造结构较复杂的形象，表现其主要特征和某些细节。

综合利用各种材料、工具和技能来布置环境，制作教具、玩具、礼品、演出服饰、道具等。

③美术欣赏目标。

初步学习一些粗浅的美术知识，了解对称、均衡、和谐等美术形式。

感受美术作品的造型、色彩和构图等的表现性及周围事物的运动变化，并产生与之相一致的感觉和情感。

初步感受美术作品中形象、主题内容的意义，了解美术作品是如何表现现实生活和作者的思想情感的。

感受美术欣赏活动的乐趣，培养对美术欣赏活动的兴趣。

初步学习评价成人和同伴的美术作品，培养审美评价能力。

·美术欣赏的年龄段目标——小班。

能用简短的话语大胆地表达自己的感受。

能对美术作品进行简单的形式分析。能从美术作品形式美的角度分析作品的线条、色彩、形状，能用口头语言表达自己的感受和对欣赏对象进行简单的描述。

·美术欣赏的年龄段目标——中班。

欣赏并初步理解作品形象和作品主题的意义，知道美术作品能反映现实生活和人的思想感情。

初步欣赏并感受作品中形象的造型美、色彩的变化与统一美、构图的对称与均衡美。

欣赏与幼儿的生活经验有关的美术作品，能理解的成人的美术作品、同伴的美术作品及日常生活中的玩具、生活物品、节日装饰、环境布置等，产生与作品相一致的感觉和情感；能关注具有美感的事物。

· 美术欣赏的年龄段目标——大班。

学习欣赏感兴趣的绘画、工艺、雕塑、建筑等艺术作品，培养初步发现周围环境和美术作品的美的能力。

了解作品的背景知识，进一步感受和理解作品的形象和主题意义，知道美术作品如何反映现实生活和人的思想感情。

积极主动参与美术欣赏活动，学习用语言、动作、表情等表达自己对作品的感受和联想。

3）艺术教育的三维目标

（1）知识与技能（一维）

所谓知识目标，这里主要指幼儿要学习的学科知识（教材中的间接知识）、已掌握的知识（生活经验和社会经验等）、信息知识（通过多种信息渠道获得的知识）。

· 知识目标的表达示例：手工活动—秋天的果实。

· 教学目标和依据：沿着轮廓线撕出各种秋天的水果，再粘贴在果园背景图上，让幼儿感受秋天水果丰收的喜悦。培养幼儿的撕纸、粘贴能力。

· 重点和难点：重点是幼儿学习沿着轮廓线撕出各种水果，再粘贴在果园背景图上。培养幼儿的撕纸、粘贴能力也是此次活动的难点。《幼儿园教育指导纲要（试行）》指出，"教师应成为幼儿活动的支持者、合作者、引导者。"因此，本次活动采用讨论法、观察法、操作法等，这些方法的应用克服了教师传统的说教形式，充分尊重了幼儿，从而调动了幼儿的学习积极性。

所谓技能，是指通过练习而形成的完成某项任务所必需的活动方式。技能目标可分为四种：

一是基本技能，如读、写、算的技能。

二是智力技能，如感知、记忆、想象和思维、推理等技能。

三是动作技能，如绘画、做操、打球等。

四是自我认知技能。

· 技能目标的表达示例：歌唱活动—大灰熊。

· 活动目标：理解《大灰熊》故事中用身体动作表现轻重的原因，并能合着音乐用身体动作表现轻重；了解乐曲中的前奏、间奏，能利用身体动作表演音乐段落结构。

（2）过程与方法（二维）

二维目标中的过程，其本质是以幼儿认知为基础的知、情、意、行的培养和发展过程；是以智育为基础的德、智、体、美、劳全面培养和发展的过程；是幼儿的兴趣、能力、人格、气质等个性品质全面培养和发展的过程。

二维目标中的方法，是指幼儿在学习过程中采用并学会的方法。方法目标的表达，如通过学习，采用并学会自主学习的方法（问题探究的方法、问题观察的方法、思维发散的方法、合作交流的方法、解决问题的方法等）。

▲案例链接

国旗多美丽

活动设计：围绕"我是中国人"主题，开展"五星红旗升起来"体验活动，孩子们在看看、讲讲、说说的过程中，对国旗有了新的认识。当看到国旗在世界各地升起来的时候，眼神中不自觉地流露出骄傲、自豪之情。通过"国旗多美丽"音乐活动让孩子用另一种方式——歌唱，来表达对国旗的热爱。

活动目标：在理解歌词的基础上，有感情地演唱歌曲，体验歌唱时庄严、自豪的情感。

活动过程：完整欣赏、分段欣赏、理解歌词、学唱歌曲、观看升旗仪式。

提问：孩子们，你们见过朝霞吗？（早上初升的太阳把身边的云彩照得像小脸蛋儿一样通红通红的，这个时候它们有个美丽的名字叫朝霞）

小结：每天的第一缕阳光会把天边的云彩染红，每天的第一缕阳光出现时也是国旗升起的时候，所以说国旗天天升在朝霞里。"国旗国旗多美丽，天天升在朝霞里，小朋友们爱祖国，向着国旗敬个礼。"

（3）情感态度观（三维）

所谓情感，是指人的社会性需要得到满足时所产生的态度体验。人的情感表现有以下几种：

一是表现为情绪。情绪是一种较低级的简单的情感，如愉快、激动、紧张等。情绪的表达，如通过学习，产生了愉快的感觉。

二是表现为热情。一个人有政治热情，他就对祖国、民族、人民产生深厚的爱，并转化为力量和行动；一个人有学习热情，他就能潜心钻研，做出成绩。

三是表现为兴趣。兴趣具有强烈的吸引性和鲜明的情感反映。

四是表现为动机。动机是情感冲动而出现的念头，它可以成为行动的驱动力。

五是表现为求知欲。求知欲是在智力探究活动中，需要和愿望得到满足而产生的情感体验。

六是表现为道德体验。如：敬佩、赞扬、羡慕等。

七是表现为美的体验。即对自然、艺术、社会行为美的情感体验。

所谓态度，这里不仅指学习态度和对学习的责任，还包括乐观的生活态度、求实的科学态度、宽容的人生态度等。

4）幼儿音乐教育中教师应具备的专业能力及素养

（1）教师应具备的专业能力

幼儿教师应具备的专业能力与专业声乐教师的要求是有所区别的，但是并不能因为面对的教学对象不同就可以降低要求，而是要依据教学对象的不同特征提出具体的专业能力要求。

①歌唱能力。

歌唱能力是音乐教师的基本能力，而幼儿教师除了具备专业的歌唱能力，还应具备运用幼儿可以接受的演唱方式来教授歌曲的能力。

幼儿歌曲不同于成人声乐作品，虽没有太多复杂的演唱技巧、深沉的情感表达，很少涉及专业演唱方法（如美声唱法、民族唱法等），但幼儿歌曲有其自身的特点，大多数作品具有天真、活泼、积极向上的特征，这就需要教师歌唱时要运用清澈、活泼、优美动听的声音去演唱幼儿声乐作品。具备较强的节奏感、韵律感，让幼儿充分感受到乐曲的音律。清晰地咬字发音也是歌唱能力的关键，因为多数幼儿不认识字，需要教师口传心授，所以教师要掌握准确的歌词发音，正确地教授歌曲内容。

②伴奏能力。

在幼儿音乐教育活动中，经常可以看到有的老师唱得不错，教学态度也很好，但是伴奏能力几乎没有，只能利用钢琴简单地弹奏几个伴奏音，有的甚至连主旋律都弹不完整或错误连篇，这极大地降低了幼儿演唱时的兴趣。因此，伴奏能力也是考核教师专业能力的重要标准之一。

面对任何一首幼儿声乐作品，教师应迅速把握乐曲的风格、特点，配合着伴奏来展现整个音乐的氛围，让幼儿更好地感受作品的情感内容，投入到演唱中。虽然现在的科技水平发展迅速，可以用多媒体播放，但是键盘演奏是让幼儿掌握音准的最好方法，幼儿的反应能力可以通过键盘示范得到提高。因此，教师应具备超强的操作能力，在教育活动中更好地展现作品的风格和情感，让幼儿在演唱的同时提高对音乐知识的运用能力。

③教学能力。

教学能力是幼儿教师应具备的最重要的能力之一，不仅仅是教授或演奏歌曲，更重要的是要运用科学恰当、富有创新性的教学方法与教学语言，为幼儿开启音乐宝藏的大门，引导幼儿感受音乐、欣赏音乐，从而培养幼儿的音乐基本素养，促进幼儿身心全面发展。在幼儿音乐教育活动中，集体授课是主要授课模式，虽然教学效率较高，但也存在"一刀切"的问题，忽略了幼儿的个体差异，妨碍了幼儿个性、兴趣、学习态度的发展，这就要求教师在教学中要具备灵活扎实的教学能力。对于幼儿来说，歌唱教学要注重采用寓教于乐的教学方法，充分发挥课堂主导作用，营造轻松、愉快的学习环境，采用生动、有趣、创造性的教学语言激发幼儿积极向上的学习兴趣。

（2）教师应具备的职业修养

教师被称为"太阳底下最光辉的职业""人类灵魂的工程师"，除传道授业解惑的使命外，还要具备优秀的职业素养。尤其是到了21世纪的今天，根据教师角色特征、职业特点及教师的劳动特点，社会对教师的修养提出了更高的要求。

①师德修养。

德为师之本，高尚的师德是教师敬业乐教的动力，是提高教育教学质量的保证。

尤其是面对纯洁、可爱的幼儿时，教师的师德更是格外受人关注。因为幼儿还欠缺自制力，教师需具有极大的耐心和爱心、高度的责任心与工作热情，才能真正获得幼儿的喜爱，获得教学上的成就感。可以说，只有师德高尚，教师才能在幼儿心目中树立起良好的形象。

师爱能使幼儿得到愉快的心理体验和幸福感，是幼儿身心健康成长的关键。师爱也是人格健康发展的重要因素，会影响到幼儿对世间情态、人情冷暖的感受与体验，他们会把这种积极的情感体验迁移到对他人的信任、尊敬和热爱上。相反，如果受到不公正的待遇，甚至遭到教师的谩骂、讽刺和打击，会使他们过早地体验人生的残酷、人情的淡薄，就会滋长冷漠甚至畸形的心态，以致产生不健康的心理。因此，教师必须严于律己，为人师表，用高度的责任心和工作热情，真诚地热爱教育事业，热爱幼儿，在工作中倾注全部精力，真正做到干一行、钻一行、精一行。

②知识修养。

今天，我们所面临的是科学技术不断发展、新知识不断涌现、教育改革日益深入的时代，这些都要求教师要勤于学习、孜孜以求、广泛涉猎、兼收并蓄、严谨治学、精益求精，不断提高自身的文化素质，这是一个教师做好教育教学工作的基础。

教师要有精深的专业知识。为了更好地完成所承担的工作任务，教师必须精通学前教育领域的专业知识。所谓精，就是要对学前教育专业的知识深钻吃透、准确把握，具有扎扎实实的基本功；所谓深，就是要对学前教育专业在知识体系上融会贯通，在教学中重点突出、脉络清楚、深入浅出、通俗易懂。面对幼儿，如何用恰当的教学方法、教学语言和用具让幼儿获得知识和技能是一项重要课题。因此，教师既要精通学前教育专业，还要广泛地掌握其他学科的知识，才能满足幼儿多方面发展的需要。

职场连线

问候舞

目标：

1.通过律动感受AAB式乐曲，感受乐句的长短。

2.在欢快的音乐中感受游戏的快乐。

准备：问候舞音乐。

玩法：

全体幼儿自由站在空阔的活动场地，A段音乐开始时幼儿边拍手边走，找到一个好朋友面对面站好。A段音乐重复时和对面的伙伴拍手。B段音乐共三个乐句，前两个乐句时两人相互问好两遍，第一次握手说"你好"，第二次鞠躬或脱帽问好。第三个乐曲时所有的幼儿面向老师，并向老师挥手问好。接下来幼儿重新找朋友，游戏可以反复多次进行。

建议：

刚开始游戏时，幼儿对音乐和玩法不够熟悉，所以教师可以先让幼儿玩找朋友的游戏。两次A段音乐播放时都让幼儿找朋友，以便每个幼儿都有足够的时间找到朋友。

任务二 "七彩美术展"主题教育活动设计与实施

任务二PPT   "七彩美术展"活动设计案例

1.任务描述

美术活动开始了，小存是第一个动笔的孩子，她在一排的油画棒中很快选择了粉色，用力大面积地涂起来，不一会儿又选择了黄色并直接涂在了粉色的上面，小美老师来到小存身旁对她说："小存，你画得很好看，不过，把两个那么漂亮的颜色这样重叠在一起，会使你的画变得不好看了噢！"当老师再次回到小存的身边时，发现小存呆呆地看着自己的画，显得不知所措，手里还是拿着那支黄色的油画棒，小美老师没想到自己的一句话对孩子有如此大的影响。

小美老师蹲下来轻声询问缘由，小存说："我喜欢粉色的窗帘，黄色是这个窗帘的纱，我看过这样的窗帘，很好看的。"小美老师恍然大悟，这才明白为什么小存又在粉色上面涂了一层黄色，原来黄色代表的是纱帘。小美老师意识到自己的教育行为使孩子不敢表达自己的真实意愿，于是握起小存的手："来，你用黄色的涂，这样你的窗帘配上纱帘更漂亮噢！"这时，小存的脸上露出了灿烂的笑容，又开始涂涂画画了。

活动结束后，孩子们的作品色彩缤纷，只有小存的窗帘格外与众不同，两个颜色叠加在一起，有不少孩子说小存的窗帘不好看，因为颜色都混在一起了。小美老师请小存将自己的作品讲给大家听，孩子们听了小存的介绍后，理解了小存的设计，他们也觉得窗帘装上纱真漂亮！

（1）阅读案例，案例中的小美老师的做法存在哪些问题呢？（完成工作表单1）

（2）结合案例，小组讨论美术教育活动的内容及选择要求。（完成工作表单2）

（3）小组讨论美术教育活动的发展目标。（完成工作表单3）

（4）小组讨论幼儿艺术教育评价的原则与内容。（完成工作表单4）

（5）结合案例，以小组为单位开展幼儿园美术教育活动试讲。（完成工作表单5）

（6）通过教育活动的组织与实施，对美术教育活动进行评价。（完成工作表单6和工作表单7）

2.工作表单

工作表单1~工作表单7分别见表8-9~表8-15。

表8-9　工作表单1

工作表单1	案例分析与反思	姓　名		学　号	
		评分人		评　分	

1.案例中的教育活动属于哪一种美术教育活动呢？老师选择了什么内容？符合哪个年龄段的特点？

2.案例中小美老师的做法存在哪些问题呢？

（1）程序化的教学模式。

（2）幼儿想象力和观察力的表现。

3.对于案例中的教育活动进行反思

（1）教师要成为幼儿活动的真正_____。

（2）教师要成为幼儿活动的_____

表 8-10　工作表单 2

工作表单2	幼儿美术教育活动的内容及选择要求	姓　名		学　号	
		评分人		评　分	

1.幼儿美术教育活动的内容。

2.幼儿绘画教育活动的内容与选择要求。

（1）内容。

绘画工具和材料的＿＿＿＿＿＿＿和＿＿＿＿＿＿＿＿。

绘画的艺术语言：线条、形状、色彩、构图等。

不同类型的绘画题材：来自幼儿＿＿＿＿＿＿＿和＿＿＿＿＿＿＿的物、事、人。

（2）各年龄段幼儿绘画教育活动的选择要求。

①小班：选择幼儿日常生活中＿＿＿＿＿＿＿＿＿的、＿＿＿＿＿＿＿＿＿的事情；鼓励幼儿用简单线条或线条与图形组合进行表现。

②中班：选择幼儿＿＿＿＿＿＿＿＿＿过的、＿＿＿＿＿＿＿＿＿过的事物，还可以有针对性地选择和运用图形组合、图案花纹等让幼儿进行练习。

③大班：选择比较复杂的建筑物、动植物、＿＿＿＿＿＿＿＿场景和＿＿＿＿＿＿＿＿等作为创作内容，还可以安排写生活动等

续表

3.幼儿手工教育活动的内容及选择要求

（1）内容。

手工工具、＿＿＿＿＿＿＿＿及其性质。

＿＿＿＿＿＿的基本制作方法。

手工题材：玩具、节日装饰物、游戏饰品、日常装饰用品、贺卡。

（2）各年龄段幼儿手工教育活动的选择要求。

①泥工。

小班：以培养＿＿＿＿＿＿＿＿为主。幼儿认识简单的工具和材料，初步养成良好的手工活动习惯。

中班：以＿＿＿＿＿＿＿＿形象的造型为主，幼儿能按自己的意愿大胆塑造。

大班：会使用简单＿＿＿＿＿＿＿＿＿和辅助材料塑造事物的突出特点和某些细节，表现主要的情节。

②纸工。

小班：以培养兴趣为主。幼儿初步学习＿＿＿＿＿＿＿＿＿知识和技能，主要是折纸、撕纸和粘贴等。

中班：纸的基本折法，剪贴、复杂材料的粘贴等。

大班：＿＿＿＿＿＿＿＿＿使用工具，组合折纸、折剪等。

③自制玩具。

中班：利用＿＿＿＿＿＿＿＿＿材料进行简单造型的粘贴。

大班：利用纸、布、木、石子、沙子、废旧材料等制作简单的玩具，侧重于幼儿独立完成制作过程，并综合运用各种操作技能和工具、材料表现出形象立体的玩具。

4.幼儿美术欣赏教育活动的内容与选择要求。

（1）内容。

各种＿＿＿＿＿＿＿＿的美术作品（绘本中的图画、动画中的形象、幼儿自己的作品等）。

＿＿＿＿＿＿＿＿＿美术作品（花瓶、摆件、灯笼、风筝等）。

＿＿＿＿＿＿＿＿（福建土楼、蒙古包等）。

雕塑作品（秦汉时期雕塑、泥人张雕塑等）。

（2）各年龄段幼儿美术欣赏活动的选择要求。

小、中班：以渗透式的＿＿＿＿＿＿＿＿活动为主，专题欣赏活动要简单。

大班：以专题欣赏活动为主，用多种＿＿＿＿＿＿＿＿、＿＿＿＿＿＿＿＿来表达感受

表 8–11　工作表单 3

工作表单3	不同年龄段幼儿美术教育活动中的发展目标	姓　名		学　号	
		评分人		评　分	

1.美术教育活动的目标设定与幼儿发展

```
                                    ┌──────────────────┐
                                    │ 目标1:           │
                          1. 感受与欣赏 └──────────────────┘
                                    ┌──────────────────┐
                                    │ 目标2:           │
                                    └──────────────────┘
        美术活动
                                    ┌──────────────────┐
                                    │ 目标1:           │
                          2. 表现与创造 └──────────────────┘
                                    ┌──────────────────┐
                                    │ 目标2:           │
                                    └──────────────────┘
```

2.根据不同年龄段幼儿美术教育活动的目标及要求（具体参考《3~6岁儿童学习与发展指南》要求），分别为小、中、大班幼儿设计"漂亮的窗帘"美术教育活动的具体目标。

（1）小班美术活动目标：＿＿＿＿＿＿＿＿＿＿＿＿＿＿＿＿＿＿＿＿＿＿＿＿

＿＿＿＿＿＿＿＿＿＿＿＿＿＿＿＿＿＿＿＿＿＿＿＿＿＿＿＿＿＿＿＿＿＿＿＿＿＿

＿＿＿＿＿＿＿＿＿＿＿＿＿＿＿＿＿＿＿＿＿＿＿＿＿＿＿＿＿＿＿＿＿＿＿＿。

（2）中班美术活动目标：＿＿＿＿＿＿＿＿＿＿＿＿＿＿＿＿＿＿＿＿＿＿＿＿

＿＿＿＿＿＿＿＿＿＿＿＿＿＿＿＿＿＿＿＿＿＿＿＿＿＿＿＿＿＿＿＿＿＿＿＿＿＿

＿＿＿＿＿＿＿＿＿＿＿＿＿＿＿＿＿＿＿＿＿＿＿＿＿＿＿＿＿＿＿＿＿＿＿＿。

（3）大班美术活动目标：＿＿＿＿＿＿＿＿＿＿＿＿＿＿＿＿＿＿＿＿＿＿＿＿

＿＿＿＿＿＿＿＿＿＿＿＿＿＿＿＿＿＿＿＿＿＿＿＿＿＿＿＿＿＿＿＿＿＿＿＿＿＿

＿＿＿＿＿＿＿＿＿＿＿＿＿＿＿＿＿＿＿＿＿＿＿＿＿＿＿＿＿＿＿＿＿＿＿＿。

表 8-12　工作表单 4

工作表单4	幼儿艺术教育评价的原则与内容	姓　名		学　号	
		评分人		评　分	

1.艺术教育评价的原则。

评价主体多元化	强调＿＿＿评价，关注个体进步和多方面的发展潜能，从量化评价逐步转向注重＿＿＿的分析和把握，实现评价指标多元化和评价方法多样化
利于完善课程	教育评价的目标是调整与改进艺术课程，不断提高教育质量。教育评价要注重发挥其诊断、＿＿＿课程的作用，不宜把评价仅仅作为对教师工作或幼儿发展水平的鉴定手段
重过程、轻结果	注重教学艺术、教学过程取向的评价，强调把教师和学生在课程开发、实施及教学运行＿＿＿的全部情况都纳入评价范围，强调评价者与具体评价情境的交互作用，主张具有教育价值的结果，无论是否与预设目标相符，都应该得到评价的支持和肯定

2.艺术教育评价的内容。

（1）艺术教育＿＿＿＿＿＿。

活动目标的评价主要衡量四个方面：＿＿＿＿＿＿的适宜性、＿＿＿＿＿＿的可落实性、目标的和谐性、目标的＿＿＿＿＿＿。

（2）艺术教育＿＿＿＿＿＿。

活动内容主要从内容的＿＿＿＿＿＿、内容与目标的＿＿＿＿＿＿、相关的环境与材料的适宜性、内容的实际完成情况、内容的＿＿＿＿＿＿、内容的生活性六个方面进行评价。

（3）艺术教育活动方法。

一是评价方法的选择和运用是否与活动的＿＿＿＿＿＿和内容相呼应。

二是评价方法的选择和运用是否顾及＿＿＿＿＿＿的年龄特点和水平。

三是＿＿＿＿＿＿是否强调并体现了幼儿的自主性和主体性。

四是评价方法是否注意到了与艺术＿＿＿＿＿＿和有关设备的联系。

393

（4）艺术教育活动过程。

一是对_____行为的评价。

二是对师幼_____情况的评价。

三是对活动组织_____的评价。

四是对活动_____安排的评价。

（5）艺术教育活动环境。

首先，评价_____与_____的选择与设计是否能促进艺术教育活动目标的达成，是否与艺术活动内容相适应。

其次，评价环境和材料的选择与设计是否适合幼儿的实际_____和_____。

再次，评价活动的材料或用具是否适合于艺术活动的展开，如提供的材料和用具具有一定的艺术性和表现性，能够在_____上和质量上有所保证等。

最后，评价活动过程中环境和材料是否得到了最大限度的_____和，是否充分地发挥了环境和材料的作用。

（6）艺术_____活动效果。

首先，评价幼儿在活动过程中参与学习的_____，注意力是否集中，表现是否主动积极等。

其次，评价幼儿在活动过程中的_____、情感反应，精神是否饱满、是否愉快和轻松等。

最后，评价幼儿是否达成活动_____目标

3.请你就案例中的教育活动进行简单的评价。

表 8–13　工作表单 5

工作表单 5	幼儿园美术教育活动试讲	姓　名		学　号	
		评分人		评　分	

1.幼儿园美术教育活动设计流程。

（1）活动＿＿＿＿＿＿＿＿＿＿。

（2）活动目标。

（3）幼儿情况分析或设计意图。

（4）活动＿＿＿＿＿＿＿、难点。

（5）活动＿＿＿＿＿＿＿＿。

（6）活动形式。

（7）活动＿＿＿＿＿＿＿与途径。

·＿＿＿＿＿＿＿＿引导法（运用口头语言指导幼儿学习的一种方法，包括讲述法、讲解法、谈话法、讨论法、语言评价法等）。

·＿＿＿＿＿＿＿＿实践法（教师借助一定的实物、教具、多媒体课件等直观手段，将教育内容形象地展示给幼儿的一种方法，包括演示法、范例法、观察法、榜样法、游戏法、操作法、探究法、练习法等）。

·情感＿＿＿＿＿＿＿（教师为幼儿创设一定的教育情境，让幼儿通过与情境的互动达到情感提升的方法，包括角色扮演法、移情训练法、陶冶法等）。

（8）活动过程。

形式一：观察欣赏—＿＿＿＿＿＿＿＿—操作—欣赏—评价。

形式二：＿＿＿＿＿＿＿＿—观察欣赏—讲解—操作—欣赏—评价。

形式三：操作—讲解—＿＿＿＿＿＿＿＿—评价—欣赏。

形式四：讲解—操作—评价—＿＿＿＿＿＿＿＿。

形式五：操作—＿＿＿＿＿＿＿＿—欣赏。

形式六：＿＿＿＿＿＿＿＿—操作—评价—欣赏。

形式七：讨论—探索—＿＿＿＿＿＿＿＿—操作—展示—欣赏。

形式八：讨论—观察欣赏—操作—＿＿＿＿＿＿＿＿—欣赏。

（9）活动＿＿＿＿＿＿＿＿。

（10）活动评价与反思。根据评价标准对活动情况和幼儿发展情况进行分析，做出及时的、科学的活动评价与反思，进而不断改进。

2.注意事项。

（1）试讲要紧扣幼儿园美术教育活动＿＿＿＿＿＿＿＿，重视整体思路，综合运用语言、导入、讲解、提问、调控、演示、结束等技能进行。

（2）试讲要体现教师的个人教学风格与个性特征。

3.评价要点。

（1）活动目标符合《幼儿园教育指导纲要（试行）》的要求，明确、可操作性强。

（2）教师面向全体幼儿，知识结构合理，突出＿＿＿＿＿＿＿＿，难易适度。

（3）教师语言生动、准确，态度亲切、有感染力，组织、应变、调控能力强。

（4）活动氛围和谐、互动、开放，活动形式＿＿＿＿＿＿＿。

（5）幼儿思维活跃，积极主动参与学习探究。

（6）教师＿＿＿＿＿＿＿＿，现代教育技术运用适时、适度。

表 8-14　工作表单 6

工作表单6	美术教育活动试讲的内容及评价	姓　名		学　号	
		评分人		评　分	

1.教育活动试讲的内容

活动名称：＿＿＿＿＿＿＿＿＿＿＿＿＿＿＿＿＿＿＿＿＿＿＿＿＿＿＿＿＿。

设计意图：＿＿＿＿＿＿＿＿＿＿＿＿＿＿＿＿＿＿＿＿＿＿＿＿＿＿＿＿＿。

活动领域：＿＿＿＿＿＿＿＿＿＿＿＿＿＿＿＿＿＿＿＿＿＿＿＿＿＿＿＿＿。

活动目标：＿＿＿＿＿＿＿＿＿＿＿＿＿＿＿＿＿＿＿＿＿＿＿＿＿＿＿＿＿

2.幼儿园美术教育活动设计与实施评价（自评）。

活动名称		适宜班级		活动领域	
评价时间	评价指标	关注点			自评
活动中	教师策略	1.活动导入简洁、有效，有助于活动开展。 2.提问清晰、明确、有价值，问题具有开放性。 3.运用多种教学策略，引导幼儿积极主动地活动。 4.在观察聆听的基础上，为幼儿提供师幼互动、幼幼互动的空间。 5.随机筛选与判断幼儿自然生成的各种表现，并做出机智的回应。 6.教师善于兼顾群体的需要和个体差异，善于分层指导和因势利导，能根据幼儿的实际情况进行随机教育。 7.活动过程合理，环节层层递进，转换自然，无拖延等现象。 8.教学组织形式灵活多样（如集体、小组、个别活动等）			
活动后	教学效果	1.达成预定活动目标。 2.能面向全体幼儿，让每位幼儿在原有水平上得到提高。 3.活动的开展能围绕重点、突破难点，进而提高效率			
教学反思					

表 8-15　工作表单 7

工作表单7	幼儿园美术教育活动听课评价	姓　名		学　号	
		评分人		评　分	

美术教育活动听课评价

活动名称		适宜班级		活动领域	
评价对象	评价指标	关注点			评价
教师	活动过程的指引	1.能以亲和的态度和灵活的活动形式营造安全、平等、温馨、丰富的学习环境。 2.提供充分的活动时间和适宜的活动空间、设施、材料，有效引发幼儿与环境、材料的积极互动。 3.教学语言生动活泼，简洁流畅，富有启发性和感染力，有利于激发幼儿主动学习的兴趣和热情。 4.教学思路清晰，环节分明，张弛有度，能恰当运用多元化的教学方法和手段，采用适宜的指导策略，形成积极有效的师幼、幼幼互动。 5.关注幼儿在活动中的表现和反应，能灵活调整活动进程与指导策略；尊重幼儿的个体差异，实施因人而异的个别辅导			
幼儿	活动态度	轻松、愉快、积极、有序、乐于参加活动、情绪稳定、有安全感			
	活动表现	1.对学习内容、活动环境、活动材料、活动方式感兴趣，会利用环境资源学习。 2.能主动、积极、专注而投入地参与探索、操作、讨论、表述等。 3.愿意与同伴分享经验、意见和感受，有需要时会与同伴合作			
	活动成效	1.活动中有自信的表现和成功的感受。 2.获得与活动内容相关的新经验和新体验，在经验、能力和智慧等方面有所发展。 3.有属于个体的新收获			
综合		1.对《幼儿园教育指导纲要（试行）》和《3~6岁儿童学习与发展指南》的把握。 2.儿童观的体现。 3.创新教学能力			
教学反思					

3.反思评价

（1）请说一说，你会如何培养幼儿在美术活动中的表现力和创造力呢？

_____

_____

_____

（2）请你对自己在本次任务中的学习情况进行评价。

课堂活动参与度　☆　☆　☆　☆　☆

小组活动贡献度　☆　☆　☆　☆　☆

学习内容接受度　☆　☆　☆　☆　☆

4.学习支持

1)《3~6岁儿童学习与发展指南》对艺术教育的要求

《3~6岁儿童学习与发展指南》（以下简称《指南》）全面、系统地明确了3~6岁各个年龄段的幼儿在学习与发展领域的合理发展期望和目标，也对实现这些目标的方法和途径提出了具体、可操作的建议。正确领会和理解《指南》的理念和要求，熟知3~6岁幼儿的身心发展特点和行为表现，是对每个学前教育工作者应具备的最基本的专业知识和实践能力要求。《指南》的出台对全面提高广大幼儿园教师的专业素质和教育实践能力具有重要的指导意义，为广大家长科学育儿提供了权威性的参考和指导，对切实转变广大家长的教育观念、提高科学育儿的能力、创设有利于幼儿健康成长的良好社会环境具有重要的现实意义。

《指南》从健康、语言、社会、科学、艺术五个领域描述了幼儿的学习与发展。分别对3~4岁、4~5岁、5~6岁三个年龄段的幼儿应该知道什么、能做什么、大致可以达到什么发展水平提出了合理的期望。本任务主要探讨《指南》对艺术教育的要求。《指南》将艺术领域的教育目标分为"感受与欣赏"，即"喜欢自然界与生活中美的事物""喜欢欣赏多种多样的艺术形式和作品";"表现与创造",即"喜欢进行艺术活动并大胆表现""具有初步的艺术表现与创造能力"。艺术领域的教育目标,可细分为艺术兴趣、艺术感受、艺术表现与创造。

（1）艺术兴趣

艺术兴趣是指幼儿积极地进行艺术学习与参与艺术活动的态度。在《指南》的艺术领域目标中,有三个子目标是以"喜欢"一词开头的,即"喜欢自然界与生活中美的事物""喜欢欣赏多种多样的艺术形式和作品""喜欢进行艺术活动并大胆表现",这从整体上强调了幼儿艺术兴趣的养成。兴趣是开展艺术活动的内在动力,是提高艺术感受能力和艺术表现与创造能力的前提和保证,而艺术感受能力、艺术表现与创造能力的提高又会进一步加强幼儿对艺术的兴趣,为幼儿一生的发展奠定基础。

（2）艺术感受

艺术感受是指幼儿被周围环境中美的事物或艺术作品所吸引,从感知出发,以想象为主要方式,以情感的激发为主要特征的一种艺术能力。《指南》的艺术领域目标提出"喜欢自然界与生活中美的事物",强调成人应积极引导幼儿在艺术活动中丰富其内心体验,在对外界事物的欣赏中抓住以情感为主的特征,并传达出与自己情感相应的一种艺术情感,从而发展其艺术感受能力。

（3）艺术表现与创造

艺术表现与创造是指幼儿在头脑中形成审美心理意象,利用艺术的形式语言、工具和材料将它们重新组合,创作出对其个人来说新颖独特的艺术作品的能力。《指南》的艺术领域目标中提出"具有初步的艺术表现与创造能力",其中关注更多的则是通过感知、感受和想象,把自己内心所想、所思表达出来的独特的心理活动过程,主要强调的是审美心理活动的过程。表现与创造对于幼儿来说没有太大的区别,表现强调的是由内而外的一种表达,创造更强调独创,它们的侧重点不同。生活中,幼儿的想象力和创造力是没有限制的,关键是如何看待幼儿的创造力。幼儿成长的过程,就是创造的过程,唱好一首歌、说好一句话或画好一幅画对幼儿来说就是艺术表现与创造。

2）幼儿绘画能力的发展

（1）涂鸦阶段（2岁左右）

涂鸦阶段一般是指2岁左右的绘画阶段。这个时期幼儿的绘画特点就是画杂乱线（线条不分，横线、竖线、斜线、弧线、锯齿线、螺旋线与点掺杂在一起）、单一线（反复同一动作，画出自上而下、从左向右，长短不齐、重叠的倾斜线）、圆形线（顺时针方向反复画圆圈）、命名线（幼儿朦胧意识到线条与实物的联系，自言自语地对线条加以说明，并给线条起名）。这一时期幼儿对绘画产生朦胧的兴趣和爱好，出现创造力的雏形。

（2）象征阶段（3岁左右）

象征阶段又称"表意期"，是指3岁左右的幼儿，用简单、抽象的线条表现自己意愿的绘画阶段。这个时期的幼儿对视觉形象的感受力有所提高，眼动较有规律，能用简单的线条画出象征物体的外部轮廓，不注意形体的完整，而侧重意趣的表现，往往按照自己的愿望，任意夸大所画对象的某一部分，形象比较粗糙，与实物相差较远，还常以娱乐为动机在游戏中作画，并用语言补充画面未能表现出的意图。

（3）图式阶段（4~5岁）

图式阶段又称"略图期"，是4~5岁的幼儿以程式化的图形表现物象的绘画阶段。这个时期的幼儿视觉感受力又有提高，眼动的轨迹越来越符合物象的外部轮廓，手部的小肌肉进一步发育，作画时能表现物象的主要部分和基本特征，不借助语言说明也能看出所画的内容。但还缺乏写实性，形象不完整，喜欢用固定样式和画法表现不同的对象，画得比较概念化。

（4）写实阶段（5~6岁）

写实阶段是幼儿较为真实地描绘物象的绘画阶段。5~6岁幼儿的观察力和表现力不断提高，能画出客观物象各部分的基本结构和主要特征；对空间知觉和图形知觉逐渐提高，但不懂透视的表现原理，作画时还表现出写意的倾向，所画形象与真实的物象有待提高。因此，这个阶段也叫主观写意表现阶段。

3）幼儿手工能力的发展

（1）无目的的活动阶段（2~4岁）

这个时期的幼儿由于手部小肌肉发育不够成熟，认知能力也很有限，所以手工活动并没有明确的目的，只是一种纯粹的玩耍活动。他们不理解手工工具和材料的性质，还不能正确地使用这手工工具和材料，如在泥塑活动中，幼儿不能有目的地制作出形象。起初，他们只是拍打泥团，时而掰开，时而又揉成一个团，享受泥团的触觉感，以及泥团形态的变化感，而到这一阶段的后期，幼儿能用泥团制作出圆球；在剪纸活动中，幼儿还不会正确使用剪刀，纸和剪刀不能相互配合。在粘贴活动中，幼儿还不清楚粘贴材料的作用，因而也不会进行操作。

此阶段的幼儿还没有表现的意图，只是满足于手工操作的过程，享受着自主活动带来的快感，体验着手工工具和材料的特性。

（2）基本形状阶段（4~5岁）

这个时期幼儿无目的的动作逐渐转化为有意图的尝试。4~5岁的幼儿常常在开始制作时就宣称他将要做个什么，然后才开始着手制作。在泥塑活动中，幼儿开始进入用手团圆、搓长的阶段。起初出现的是棒状形式，到本阶段的后期，棒状出现了粗细、长短的变化；在剪纸活动中，幼儿开始时剪得较为顺手，但只限于剪直线，并且这种情况会持续很长一段时间。

（3）样式化阶段（5~6岁）

这一时期，由于幼儿手部精细肌肉的发育和手眼协调能力的增强，又学习了一些基本的手工工具和材料的使用方法，所以创作表现的欲望很强烈。他们喜欢用各种工具和材料制作玩物，以表达自己的意愿。在泥塑活动中，幼儿能搓出各种弯曲的、盘旋的棒状物，还能制作出立方体和圆柱体，并会用棒状物组合的方式制作出一些复杂的物体；在剪纸活动中，幼儿能双手配合着剪曲线，并能剪出自己所希望的形状，如剪简单样式的窗花等。

4）幼儿美术欣赏能力的发展

（1）直接感知阶段（0~2岁）

当代发展心理学对婴儿认知研究的新成果表明，婴儿视觉和听觉的发展已经活跃了起来。最初几个月，婴儿视觉发展非常快，6个月婴儿的视觉功能在许多方面已接近成人。视觉集中现象在婴儿出生2个月后表现得比较明显，对鲜艳明亮的物体，尤其是对人脸容易产生视觉集中，从而表现出较强烈的偏好。

新生儿出生后不久，就出现了颜色视觉。我国学者冯晓梅通过实验研究发现，80%的新生儿出生8分钟到13天能分辨出红色和灰色，说明出生两周内的新生儿就具有颜色辨别能力。一般认为，婴儿从4个月起，开始对颜色有分化性反应，能辨别彩色和非彩色。波长较长的暖色（如红、橙、黄色）比波长较短的冷色（如蓝、绿、紫色）更容易引起婴儿的喜爱，尤其是红色物体特别容易引起婴儿兴奋。

美国教育心理学家加德纳认为，2岁以内的婴幼儿，一般感知能力和审美感知能力还没有分化，但是他们的感知能力的发展为其审美偏爱和审美感知奠定了基础。

（2）主观的审美感知阶段（2~6岁）

随着幼儿认知能力的发展，在其美术欣赏感知和理解方面，表现出下列特点。

①强烈地注意色彩。

幼儿在感知作品时很在乎画面的色彩，所以那些色彩鲜艳的作品往往为他们所喜爱，如马蒂斯的《餐桌》、梵高的《星月夜》等。我国有学者做过"幼儿对美术作品审美偏爱"的实验研究，其结果也表明：美术作品色彩的丰富和鲜艳程度与被试幼儿偏爱的人数成正比。

②对绘画题材产生自由联想的反应。

幼儿在感知和理解美术作品的过程中，常常出现对绘画题材的自由联想，且常与自己的生活经验相联系。幼儿在感知和理解绘画作品时还不能完全摆脱认知经验的干扰，总是试图把与生活中相似的物品找出来，并对其产生联想，从而获得心理上的满足。

③关注画面的局部特征。

在感知一幅美术作品时，幼儿往往只注意作品中所表现的局部特征。在玛丽·卡尔金斯的实验中，把细节当作偏爱理由的在幼儿中占了75%。在瓦伦汀的研究中，9岁的小姑娘喜欢上了一幅骑士画是因为"他戴着一顶漂亮的帽子，有一头漂亮的卷发，还有耳环和可爱的黑夹克"。从上述例子可以看出，幼儿已经感觉到单个对象的美与不美，但未涉及作品的整体感，这确实是幼儿对于绘画的典型态度。这种特征可能是由幼儿视觉的分析型特征决定的，即幼儿的视觉往往只注意事物的局部，而不注意事物的整体。

总之，幼儿美术能力是随着其生理、知觉能力、情感态度、智力和生活经验的发展而发展的。幼儿美术能力在其发展过程中又体现出以下特点。

第一，幼儿美术能力的发展既有连续性又有阶段性。幼儿的绘画、手工制作、美术欣赏能力的发展表现为几个不同水平的阶段。每个阶段都有不同的行为模式和特点，这些行为模式都是建立在前一阶段发展的基础之上的。同时，每个发展阶段到了后期便出现下一阶段行为特征的萌芽。由此可见，幼儿美术能力的发展是一个由量变到质变的过程。

第二，幼儿美术能力发展的历程基本上是一致的。不管是绘画能力的发展、手工制作能力的发展，还是美术欣赏能力的发展，从发展的第一阶段开始，幼儿的行为特征便表现出相似性，其发展的过程也大致一样。在这个发展过程中，每个阶段不能跨越，亦不能倒置。不同的幼儿只有在各阶段停留时间长短存在个体差异，而在美术发展的阶段特征上没有实质性差异。虽然幼儿美术发展阶段的发生年龄因个体、文化和环境的差异而有所不同，但无论差异多大，都不能改变其发展的定向性和先后次序。

第三，幼儿美术能力的发展体现出较为明显地从以自我为中心向客观化发展的趋势。例如，在幼儿绘画能力发展的过程中，就明显地表现出幼儿从以自我为中心到拥有更开阔视野的发展变化，幼儿手工制作及美术欣赏能力的发展也是如此。

🎨 案例拓展

幼儿美术活动评析的价值

因为教师给予了幼儿积极鼓励的评价，所以会使他们逐步克服困难，战胜自卑，从而拥有了自信。

幼儿园的美术活动，既然要发挥出教育功效，就不能缺少评价这个环节。而评价的目的是激发幼儿绘画的兴趣和积极性，使幼儿感受到自己的进步，发现自己的能力和才干，让幼儿体验到成功的快乐，从而促进幼儿的发展。因而，教师要用肯定的方式评价幼儿的美术活动，要多鼓励、多表扬，而不是否定和批评。教师要发现幼儿的不同特点，给予每个幼儿以激励性的评价，充分挖掘美术作品中成功的元素，给予积极的肯定，让幼儿有继续进行美术活动的愿望，使每个幼儿有成功的体验。评价中也可以指出幼儿的不足，但即使是发现了幼儿表现出的错误也不能直截了当地指出，以免打击幼儿的积极性。因此，对幼儿美术活动的评价要有针对性，力求在保护幼儿积极情感体验的前提下促进美术技能的提高。

5）对幼儿美术作品的评价

美术作品是幼儿美术活动的结果，它清晰地反映出幼儿的美术能力的水平和特点。作品是静态的，可以长时间反复地分析一幅作品或将不同作品放在一起对照比较，因此，作品分析是一种简便易行的评价方法。

在对幼儿美术作品的评价上，美国美术教育家罗恩菲尔德根据幼儿在美术作品中所反映出的感情、智慧、生理、知觉、社会性、美感、创造七个层面上的发展情况作为评价的标准，制定了评价量表，并结合不同美术发展阶段中幼儿美术发展的特点，把七个层面的成长情况具体化。罗恩菲尔德在分析和解释幼儿美术发展的各个阶段的个人成长特征时，从智慧成长、感情成长、社会成长、知觉成长、生理成长、美感成长和创造性成长七个层面来评价幼儿的美术作品，其出发点是幼儿的发展。

我国台湾地区资深的美术教育工作者潘元石在其著作《幼儿画教学艺术》一书中，从以下五个方面来评价幼儿的美术作品。

·美术作品的表现要符合幼儿的身心发展。幼儿的绘画能力要配合他的身心发展，只有这样，两者才能得以平衡发展。

·美术作品要能表达出内心形象，并能宣泄个人的情感。美术作品的生命在于表达属于自己内心形象的感受，以及宣泄情感，也就是强烈地表现出自己的内心情感。例如，将自己内心的恐惧、害怕的感受通过绘画明确而强烈地表现出来。

·美术作品要能发挥幼儿的个性，要有自我的表现。美术作品对幼儿而言，是一种按照自己的个性表现自我、主张自我的方式。因此，只要是属于幼儿自己的感受，对幼儿本身来说都是有意义的，而且值得被重视。

·美术作品要能表现出活用美术材料的特性。各种美术材料都有其不同的用法和不同的风格、特性，幼儿要把握美术材料的特性，充分地活用它，从而创作出生动的美术作品。

·幼儿的美术作品，只有和空间的大小相称，才会令人感觉舒适。例如，幼儿在大画纸的角落描画出小的形象，如果把整个形象描绘得连上下、左右的空白都没有的话，是不会令人感觉舒适的。

任务三　"民族大家庭"主题教育活动实施与评价

任务三PPT　　　　手指游戏"体育馆里真热闹"

1.任务描述

今天大一班来了一位新朋友，张老师介绍这位小朋友的名字是塔吉古丽。塔吉古丽是一位来自新疆的哈萨克族小朋友。大家都被塔吉古丽的外貌吸引住了。

张老师在班级开展为期一周的"民族大家庭"主题活动，让小朋友了解文化差异、民族差异等，张老师将文化教育资源转化成适合幼儿感知体验、探索的内容，并融入教学领域中；张老师组织开展"中国京剧"脸谱艺术活动，并把小朋友们的作品展示在作品展示墙上；在户外活动时间，李老师组织大家玩"跳竹竿""泼水节"等具有民族特色的民间游戏。渐渐地，班里的小朋友体验到了多元文化的魅力。

（1）阅读案例，分析案例中张老师设计"民族大家庭"主题活动的目标是什么？小组讨论除了案例中的"民族大家庭"主题活动，还可以设计哪些活动呢？（完成工作表单1）

（2）结合案例，小组讨论幼儿多元文化教育的途径有哪些？案例中的张老师运用了哪种途径？（完成工作表单2）

（3）小组讨论幼儿多元文化的基本结构，并结合案例设计幼儿多元文化教育的主题内容。（完成工作表单3）

（4）小组讨论，幼儿多元文化教育的目标有哪些？并根据目标要求为不同年龄段幼儿设计"民族大家庭"主题教育活动内容。（完成工作表单4）

（5）小组讨论并设计大班"民族大家庭"主题教育活动的网络图及主题下的具体活动设计。（完成工作表单5和工作表单6）

（6）对"民族大家庭"主题教学活动的组织与实施进行模拟演练评价。（完成工作表单7）

2.工作表单

工作表单1~工作表单7分别见表8-16~表8-22。

表8-16　工作表单1

工作表单1	案例分析	姓　名		学　号	
		评分人		评　分	

1.分析案例中张老师设计"民族大家庭"主题活动的目标是什么?

（1）文化的产生和发展是在教育传递的过程中实现的，文化的积累促使人的认识水平不断提高。_____

_____。

（2）幼儿多元文化教育的目标是：_____

_____

2.案例中张老师设计了哪些活动内容?

_____

_____

3.小组讨论，完善案例中张老师的活动内容。

（1）集体教育：_____

_____。

（2）区域活动：_____

_____。

（3）环境创设：_____

_____。

（4）家园共育：_____

_____。

（5）社会实践：_____

_____

表 8-17 工作表单 2

工作表单2	幼儿多元文化教育的途径	姓　名		学　号	
		评分人		评　分	

1.结合案例，小组讨论幼儿多元文化教育的途径有哪些？

（1）将多元文化教育内容主题适时融入_____教学。

把多元文化的教育内容适时融入语言、艺术、健康、社会和科学等领域，试图让幼儿以主题的形式进行学习，并学会分享共同的文化、支持不同的文化。

（2）通过_____游戏开展多元文化教育。

_____游戏具有浓烈的生活气息，将日常生活中的劳动情节、尊老爱幼的良好品质、地方风俗习惯等融入民间游戏之中。因此，民间游戏、地方童谣是幼儿园开展立足本土文化的多元文化教育应当考虑和选择的内容。

（3）_____中渗透多元文化教育。

不同的材料和设备对幼儿多元文化的熏陶有着不同的影响，因此，多元文化教育就十分重视_____和_____的选择，努力加强材料之间的联系，以求得全面反映社会中的不同文化。在幼儿园开展主题活动时，可以创设与_____相关的物质环境。

（4）利用_____节日开展多元文化教育。

第一，利用民族_____节日，帮助幼儿理解自己的民族传统文化。中国传统节日有着很强的民族文化色彩，可以围绕春节、元宵节、端午节、重阳节、中秋节等开展主题活动。中国是一个多民族的国家，很多民族都有自己独特的传统节日，在活动中可以引导幼儿多层面、多角度地了解各民族文化。

第二，学会尊重_____文化和其他文化。在此类文化教育活动中，幼儿了解其他国家的文化背景和习俗，通过这些活动，不仅培养了幼儿关爱他人的情感，同时促进了幼儿社会性的发展。

第三，利用国际性节日，丰富多元文化教育的内涵，培养_____公民意识。

（5）在_____中渗透多元文化教育。

在幼儿的一日生活中，时时处处都蕴藏着多元文化教育的契机，日常生活可以有效地帮助幼儿理解、欣赏不同的文化。

（6）结合地方资源开展_____文化课程。

我国地大物博，各地都有属于自己的特色食品、风景名胜、风俗习惯、地方节日。

2.案例中张老师运用了哪种途径？

表 8-18　工作表单 3

工作表单3	幼儿多元文化的基本结构	姓　名		学　号	
		评分人		评　分	

1.小组讨论幼儿多元文化的基本结构。

多元文化教育需要教师在幼儿原有的认识基础上，向幼儿介绍中国文化和世界文化，让幼儿知道自己的祖国是中国，认识国旗、国徽、国歌，且要尊敬国旗、国徽，了解中国的主要民族、风景名胜、人文景观、民间艺术，及主要的世界人文景观等。限于幼儿的认知水平不高和生活经验不足，对于多元文化的学习有赖于教师提供典型的、有代表性的、直观的范例，让幼儿逐步获得感受和体验。

（1）引出活动_____。

通常采用演示法引出活动主题，使幼儿对所要接触的文化知识产生兴趣。如"民族大家庭"主题活动，教师通过地图、儿歌等方式引导幼儿了解中国是个多民族的国家，以及少数民族所处的地理位置。

（2）_____幼儿学习相关的文化知识。

这里的文化知识学习应该在调动幼儿以往的知识和经验的基础上进行，也应该包含新的、幼儿不熟悉的文化知识。如在组织民族文化教育活动时，教师可以利用课件和多媒体，通过提问、讨论等方式，引导幼儿认真观察，了解不同民族的生活习惯及服饰、音乐等知识。

（3）组织幼儿_____表达出对文化的理解，注重_____的培养。

在引导幼儿学习了文化知识后，需要组织幼儿表达出对所学文化的理解，教师也可以以此了解幼儿掌握文化知识的情况。如教师可以在幼儿了解部分少数民族知识的基础上，请幼儿说一说自己的感受，并在音乐的引领下，自己创编少数民族舞蹈的不同动作，从中体验少数民族大家庭的快乐

2.结合案例设计多元文化主题活动。

主题名称：_____。

主题总目标：_____

_____

表8-19　工作表单4

工作表单4	幼儿多元文化教育的目标	姓　名		学　号	
		评分人		评　分	

1.幼儿多元文化教育的目标。

（1）初步感受具有代表性的_____文化。

（2）了解祖国_____的民俗节日、人文景观、少数民族和文化精髓等，对祖国的传统文化感兴趣。

（3）初步感受世界著名的_____景观及优秀的艺术作品，对世界感兴趣。

（4）了解世界是由许多_____和_____组成的，萌发热爱和平的情感。

（5）愿意接触或了解不同国家、不同种族的外国人，感受他们的_____习惯

2.《3~6岁儿童学习与发展指南》强调幼儿要具有初步的归属感。

（1）小班幼儿要认识_____、知道_____。

（2）_____幼儿要知道自己是中国人；奏国歌、升国旗时能自动站好。

（3）大班幼儿知道自己的_____，知道中国是一个多民族的大家庭，各民族之间要互相尊重、团结友爱；知道国家的一些重大成就，爱祖国，为自己是中国人感到_____

3.为不同年龄段幼儿设计"民族大家庭"教育活动目标。

（1）小班活动目标：_____

_____。

（2）中班活动目标：_____

_____。

（3）大班活动目标：_____

_____。

表 8-20　工作表单 5

工作表单5	大班"民族大家庭"主题教育活动 网络图的设计	姓　名		学　号	
		评分人		评　分	

1.大班"多元文化"主题教育活动网络图的设计。

2.选择主题教育活动网络图中任意两个子主题，设计该子主题的三维目标。

（1）子主题一：

（2）子主题二：

表 8-21　工作表单 6

工作表单6	大班"民族大家庭"主题下具体活动设计	姓　名		学　号	
		评分人		评　分	

活动名称：民族大家庭。

适合班级：大班。

设计意图：

在近期的舞蹈活动中，我们学习了蒙古族舞蹈"我是草原小牧民"，幼儿的兴趣极高，高兴地模仿着蒙古族的舞蹈动作，跳得有板有眼，日常谈话也时常以此为话题。但是，由于幼儿的知识有限和生活经验缺乏，他们遇到了一些问题，如蒙古族的服装是什么样的、藏族的服装是什么样的、他们有些什么风俗习惯等。为此我们生成了"民族大家庭"活动主题，力求通过多样的活动形式，引导幼儿了解少数民族的生活环境、习惯及服饰等，从而培养幼儿对少数民族的关爱之情。

活动目标：

1.知道_____。

2.能通过服装尝试辨认蒙古族、藏族、维吾尔族、朝鲜族这四个民族，了解他们的主要生活习惯及居住地。

3._____。

活动准备：

1.经验准备：具有相关的地理、音乐知识及舞蹈方面的技巧。

2.材料准备：相关多媒课件、自制投影片、中国地图、四个民族娃娃（彩色图片）、居住地标记（蒙古包、大雪山等彩色图片大小各1套）、彩色挂图、多媒体。

活动过程：

1.教师通过地图、儿歌等方式引导_____。

（1）出示中国地图，复习儿歌"中国地图"，巩固以前所学的地理知识。

（2）_____。

（3）出示朝鲜族、蒙古族、藏族、维吾尔族四个民族娃娃的图片，一起找出他们居住在中国版图的什么地方，并将民族娃娃与他们居住地的标记贴在地图上

2.利用多媒体课件，通过提问、讨论的方式，引导幼儿认真观察，了解四个民族的生活习惯及服饰、音乐等知识。

（1）放映投影片，并出示挂图，认识四个民族的服饰特征并了解其生活习惯。

提问：四个民族的服饰相同吗？

_____？

少数民族人民在生活中习惯相同吗？他们都吃什么？用什么？

①放映蒙古族的影片，让幼儿_____。

②出示蒙古族的图片，引导幼儿仔细观察，并能用完整的语言描述其服饰、生活、乐器等的特征。然后由教师进行小结，进而使幼儿加深印象。

教师小结：蒙古族人身穿长袍，斜开衣襟，头上扎着头巾或戴着皮帽子，腰间束丝带，脚穿皮靴。他们生活在大草原上，以放牧为生，住在可以随拆随搭的蒙古包里，他们爱吃牛肉、羊肉、喝奶茶。蒙古族人喜欢唱歌、跳舞、弹马头琴。

③用同样的方法，介绍藏族、维吾尔族和朝鲜族。

（2）利用投影片，组织填色游戏_____，

让幼儿再次辨认不同的民族服饰及居住地，巩固所学知识。

（3）_____

_____。

3.教师在幼儿了解几个少数民族知识的基础上，请幼儿说一说自己的感受，并在音乐的引导下，自己创编少数民族舞蹈的不同动作，从中体验少数民族大家庭的快乐。

4.放映民族大团结的影片，幼儿随音乐自由舞蹈。

活动延伸：

1.在美工活动中，_____。

2._____

表 8-22 工作表单 7

工作表单7	教育活动模拟演练及评价	姓 名		学 号	
		评分人		评 分	

模拟演练：大班"民族大家庭"主题教育活动的组织与实施

1.模拟演练的内容：大班"民族大家庭"主题教育活动下的集体教育活动

要求：

（1）符合幼儿年龄的特点，符合相关领域内容。

（2）时间控制在10分钟左右。

（3）活动具体内容可参考工作表单6，也可自己设计相关领域内容。

（4）教学活动要求制作相关PPT课件、做好相关的物质准备。对主题教育活动的整体设计进行说明，并选择一项具体集体教育活动进行组织与实施。

2.我演练的内容：

（1）选择的教育活动：＿＿＿＿＿＿＿＿＿＿＿＿＿＿＿＿＿＿＿＿＿＿＿＿＿＿＿＿＿

＿＿＿＿＿＿＿＿＿＿＿＿＿＿＿＿＿＿＿＿＿＿＿＿＿＿＿＿＿＿＿＿＿＿＿＿＿＿＿。

（2）选择该教育活动的原因：＿＿＿＿＿＿＿＿＿＿＿＿＿＿＿＿＿＿＿＿＿＿＿＿＿＿

＿＿＿＿＿＿＿＿＿＿＿＿＿＿＿＿＿＿＿＿＿＿＿＿＿＿＿＿＿＿＿＿＿＿＿＿＿＿＿。

3.对教育活动进行评价。

（1）活动准备情况：＿＿＿＿＿＿＿＿＿＿＿＿＿＿＿＿＿＿＿＿＿＿＿＿＿＿＿＿＿＿

＿＿＿＿＿＿＿＿＿＿＿＿＿＿＿＿＿＿＿＿＿＿＿＿＿＿＿＿＿＿＿＿＿＿＿＿＿＿＿。

（2）活动过程情况：＿＿＿＿＿＿＿＿＿＿＿＿＿＿＿＿＿＿＿＿＿＿＿＿＿＿＿＿＿＿

＿＿＿＿＿＿＿＿＿＿＿＿＿＿＿＿＿＿＿＿＿＿＿＿＿＿＿＿＿＿＿＿＿＿＿＿＿＿＿。

（3）活动效果情况：＿＿＿＿＿＿＿＿＿＿＿＿＿＿＿＿＿＿＿＿＿＿＿＿＿＿＿＿＿＿

＿＿＿＿＿＿＿＿＿＿＿＿＿＿＿＿＿＿＿＿＿＿＿＿＿＿＿＿＿＿＿＿＿＿＿＿＿＿＿

3.反思评价

（1）在家园共育方面，如何就"民族大家庭"主题活动建立家园连接呢？

_____

_____

_____

（2）请你对自己在本次任务中的学习情况进行评价。

课堂活动参与度　☆　☆　☆　☆　☆

小组活动贡献度　☆　☆　☆　☆　☆

学习内容接受度　☆　☆　☆　☆　☆

4.学习支持

1）文化的内涵

文化是一个运用广泛且很难把握的特殊词汇，要给它下一个严格和精确的定义是一件非常困难的事情。不少哲学家、社会学家、人类学家、历史学家和语言学家一直努力，试图从各自学科的角度来界定文化的概念。然而，至今人们对"文化"一词的含义仍然莫衷一是。我国学者韩民青所著的《文化论》中指出文化定义有近200种，学者郑金洲在其著作《教育文化学》中指出他收集的文化定义已达310余种。

中国古代，文与化并用较早出现于战国末年儒生编辑的《易·贲卦·象传》："分刚上而文柔，故小利有攸往。刚柔交错，天文也；文明以止，人文也。观乎天文，以察时变。观乎人文，以化成天下。"这段话是说，治国者须观察天文，已明了时序之变化，又须观察人文，使天下之人均能遵从文明礼仪，行为止其所当止。在这里，"人文"与"化成天下"紧密联系，"以文教化"的思想十分明显。

《辞海》对文化有广义和狭义两种解释：广义上，文化是指人类社会历史实践过程中创造的物质财富和精神财富的总和；狭义上，文化是指社会的意识形态，以及与之相适应的制度和组织机构。在西方，"文化"来源于拉丁文 cultura，其词源为colere，本义是指对植物的培植、养育及居住、保护、朝拜等。

根据不同的分类标准，可将文化分为如下类别。

①按文化在社会中的地位来分，有主文化和亚文化。

②按文化的层次结构来分，有世界文化、民族文化和阶段文化。

③按文化的内容来分，有物质文化、制度文化和精神文化。

④按文化的空间范围来分，有本土文化、外来文化，大陆文化和海洋文化。

总之，不管从何角度来理解文化，文化都既由人类所创造，同时又影响着人类本身。

2）文化的一般特点

文化是人与人、人与社会、人与环境在互动的过程中创造的一切物质与非物质形式的成果。文化的一般性特点如下。

·文化是后天的。文化是人类创造并为人类所特有的，文化既不是先天的，也不是所有生物都具有的，而是人类在长期发展过程中不断创造和发展起来的。

·文化是一种复合体。文化是人类社会生活中所有事物的总和，包括人类所有的语言、行为、思维、情感、意识等。

·文化具有差异性。人类社会所有的文化不都是相同的，受到种族、地域、历史等因素的影响，使用不同语言的人们的文化是有差异的，不同民族、不同地区的人们的文化是有差异的，接受不同教育的人们的文化也是有差异的，从微观上看，甚至每个人所习得的文化都是不同的。

·文化具有动态性、适应性。文化不是静止的，而是随着人类社会的进步在不断发展变化的；同时，不同的文化之间也会相互适应、相互融合，甚至创新，从而产生出新的文化形态。

·文化是非私有物，是可以分享的，它并不会随着人们的分享而减少。文化并非私人物件，像衣服、房子、汽车等都可分别冠以所有格形式，如我（们）的、你（们）的、他（们）的，代表着权利与独占。文化是世界性的，是非私有物。在人类发展过程中，一方面是一种文化与另一种或几种文化的分享；另一方面是人们在生产生活中的文化分享。文化的分享并不代表着文化削弱或是减少，反而会在增进文化传承的过程中使文化不断得到发展和创新。

3）幼儿多元文化认知的目标

（1）小班幼儿。

第一，知道我国的重要节日，如春节、中秋节等，并熟悉相关节日的基本习俗。

第二，认识并尊重国旗、国徽、国歌、首都等。

第三，简单了解我国部分少数民族的基本知识。

第四，知道部分国家的一些基本常识。

（2）中班幼儿。

第一，认识并了解我国传统的重要节日与风俗习惯，并能够清晰地讲述相关的文化故事；

第二，认识并尊重国旗、国徽、国歌、首都等，能通过合理的方式展现自己对国家的感情。

第三，认识中外历史上某些杰出人物，知道他们的故事及重要贡献，通过合理的方式表达对他们的尊敬之情。

第四，认识几个不同地域的代表性建筑及当地的风俗民情。

第五，对较为感兴趣的世界文化能够进行深入的探索研究，并养成探究的习惯。

（3）大班幼儿。

第一，认识我国与世界各国的某些重要节日，了解部分国家的风俗习惯。

第二，熟悉代表一个国家主权的标志物，并对自己较为感兴趣的国家的文化进行探索。

第三，能够较为主动地认识国内外杰出人物，能够较为确切地讲述他们的重要贡献，并能做到以他们为榜样。

第四，区分各级地方政府和中央政府。

第五，关注自己感兴趣的新闻和话题，能够辨认、描述有助于群体内和国家内、群体间和国家间进行合作的因素，以及易引起争端的因素。

4）多元文化教育的价值

对幼儿进行多元文化教育，其价值主要体现在以下几个方面。

· 有利于发展幼儿的外语能力。语言是文化的载体，日本、韩国、新加坡等国都认为要在21世纪的竞争中处于不败之地，不仅要帮助幼儿掌握母语，而且还要鼓励幼儿学习其他国家语言。对幼儿进行多元文化的熏陶，能增加幼儿学习外语的机会，提高幼儿运用外语的能力。

· 有助于加深幼儿对民族文化的认识和情感。多元文化教育能使幼儿对本国的生活方式、文学艺术、文化传统具有深刻的印象，为自己的语言、文化、社会背景感到骄傲和自豪。

· 有益于培养幼儿了解他人的能力。国际21世纪教育委员会认为，多元文化教育能使幼儿有更多的机会触及人类各群体、各民族、各大洲的文化，通过对世界的进一步认识来了解自己和了解他人。

· 有利于提高幼儿尊重他人的意识。欧洲国家的教育实践表明，幼儿在接触不同文化的过程中，其敏感性、接受力会逐步增强，并意识到每个人都是平等的，学会尊重、包容与自己文化不同的人。

· 有助于幼儿身心的健康成长。联合国教科文组织指出，在多元文化教育的过程中，教师要适当考虑每个民族的传统及文化价值对幼儿的保护及和谐发展的重要性，并通过让幼儿广泛地接触文化与接受文化教育来促使个人的全面发展。

· 有益于把幼儿培养成世界公民。多元文化教育能扩大幼儿地方性和全球性的视野。

5）多元文化教育的途径

（1）环境渗透。

多元文化教育需要一个尊重与重视差异的学校氛围。《全球幼儿教育大纲——21世纪国际幼儿教育研讨会文件》指出，"应为不同种族、性别、民族或有特殊需要的幼儿提供多样的学习环境，这个环境应反映出当地幼儿及家庭的文化背景和传统。为此，许多国家的学前教育机构在营造环境时，都注意从教育对象出发，将多元文化的教育因子融入其中。

不同的材料和设备对幼儿多元文化的熏陶有着不同的影响。为此，有的国家十分

417

重视材料和设备的选择，加强材料之间的联系，从而全面反映社会中的不同文化。要提高多元文化教育的实效性，可考虑从以下几个方面着手。

·幼儿什么时候能运用多元文化材料？是玩游戏的时候，还是进行音乐活动或是烹调活动的时候？

·幼儿对哪些多元文化材料感兴趣？

·多元文化材料对幼儿产生了什么样的影响？是否增强了幼儿的自尊心和对文化的辨识力？是否发展了幼儿认识他人、尊重他人的能力？

·多元文化材料是否改变了幼儿的行为？幼儿是否能倾听他人的讲话？是否能提出关于其他文化的问题？是否愿意同他人分享？

（2）活动多样。

众多国家在对幼儿进行多元文化教育的时候，通常采用一日活动与专门节日庆贺活动、食物制作活动、艺术欣赏活动相结合的策略。

（3）资源利用。

教育资源既有物质方面的，也有人力方面的，能够用于多元文化教育的人力资源包括保教人员、家长和社区人员。合理而有效地利用人力资源，需要彼此共同合作、共同负责。

①走出去，参观游玩。社区中储藏着丰富的多元文化教育资源，只要合理挖掘，就能增加幼儿的信息量，拓宽幼儿学习的空间，提高教育的质量。为此，世界各国都较重视组织幼儿到各种社会场所进行参观、游览。

②请进来，分享体验。家长、社区人员都是教师对幼儿进行多元文化教育的重要合作伙伴，幼儿园应适时把他们请进幼儿园，和幼儿一起活动，让幼儿分享他们的经历和体验。

6）幼儿园多元文化教育应该注意的问题

（1）树立多元文化的意识

我国幼儿教师应当认识到汉文化之外的各少数民族文化也是中华文化的重要组成部分，承认少数民族文化的重要性，尊重其存在的价值，鼓励保持和发展其文化，并在继承少数民族优秀文化的基础上积极加以引导，使其文化走向现代化。同时，还要认识到多元文化教育还需要对幼儿进行世界文化的启蒙教育。

（2）积极地推进民族文化教育

我国是一个多民族国家，所有幼儿都应接受民族文化教育。但考虑到幼儿园的具体情况，不同地区、不同条件的幼儿园可以有针对性地、分步骤地进行。

·保持民族特色。在少数民族聚居地的幼儿当中，要实行少数民族特色的教育，保持和发展具有民族特色的文化。同时也要进行汉语的普及教育，使少数民族幼儿更好地参与到广泛的社会生活中来。

·加强不同民族文化的交流。在汉族和少数民族交界或多民族杂居地充分实行多元文化教育，让幼儿认识到各民族的特色与不同点，相互尊重各自的文化，互相学习，加强交流，促进民族团结并形成统一的民族向心力。此外，可对汉族幼儿进行少数民族文化的通识教育，使其了解并尊重其他民族文化。

·要注意中外文化的兼容，共生互动。将民族文化置身于缤纷多彩的世界文化背景中，将我国社会中居主导地位的文化置身于生生不息的大众文化之上，幼儿民族文化教育才会显得生动活泼，文化教育资源才不至于枯竭。

（3）遵循幼儿学习的特点，以感知体验式学习为主

为此，幼儿园应为幼儿广泛接触生动多样的节庆活动，充分体验各种不同的风俗习惯、饮食、服饰、建筑等提供充足的机会，让幼儿在玩中学、做中学，在积累丰富感性经验的基础上对本土文化产生认同感和归属感。《3~6岁儿童学习与发展指南》指出，要运用幼儿喜闻乐见和能够理解的方式激发幼儿爱家乡、爱祖国的情感。例如，和幼儿说一说或在地图上找一找自己家乡所在的省、市、县（区）；和幼儿一起外出游玩，一起观看电视节目或画报等，和他们一起收集有关家乡、祖国各地的风景名胜、独特物产的图片等，激发幼儿对家乡和祖国的自豪感和热爱之情。

任务四　"幼小衔接"主题教育活动中家园共育的开展

任务四 PPT　　　家长进课堂图片展示

1.任务描述

大二班的李老师正在为"我毕业"主题活动设计家园共育的内容。李老师计划在离园时间请家长停留一下，她向每位家长简短地说明下一期家长会的主题、大致内容、选择这个内容的原因和意义等，同时向家长发放了邀请函，邀请各位家长按时出席。多多妈妈着急要回家，因为今天是多多姥姥的生日，多多妈妈很不情愿地听李老师讲完后说："这种小事还要耽误那么长的时间！"说完就带着多多急匆匆地离开了。

（1）分析案例中老师存在的问题，面对不配合的家长，幼儿教师可以采取哪些支持策略？（完成工作表单1）

（2）小组讨论，开展主题活动时家长工作方式都有哪些？（完成工作表单2）

（3）小组讨论，家园共育主题教育活动的常见类型，结合案例分析李老师设计召开家长会的目的是什么？（完成工作表单3）

（4）小组讨论主题活动下家长会的设计流程。（完成工作表单4）

（5）小组讨论"幼小衔接"主题家长工作。（完成工作表单5）

（6）以小组为单位进行主题活动家长会模拟演练。（完成工作表单6）

2.工作表单

工作表单1~工作表单6分别见表8-23~表8-28。

表 8-23 工作表单 1

工作表单1	案例分析	姓 名		学 号	
		评分人		评 分	

1.分析案例中李老师存在的问题有哪些？

2.面对不配合的家长，幼儿教师可以采取哪些支持策略？

（1）分析原因，因人施法。

①面对教师的建议，有些家长会无动于衷，所以教师先要了解其行为的原因，再寻找沟通的方法。面对不认同、不重视教师观点的家长，教师首先要有科学的育儿观，以专业的理论和实例让家长接受你的正确观念。

②面对不理解或水平相对较低的家长：＿＿＿＿＿＿＿＿＿＿＿＿＿＿＿＿＿＿＿＿＿＿＿

＿＿＿＿＿＿＿＿＿＿＿＿＿＿＿＿＿＿＿＿＿＿＿＿＿＿＿＿＿＿＿＿＿＿＿＿＿＿＿。

③面对不同的家长：＿＿＿＿＿＿＿＿＿＿＿＿＿＿＿＿＿＿＿＿＿＿＿＿＿＿＿＿＿＿＿

＿＿＿＿＿＿＿＿＿＿＿＿＿＿＿＿＿＿＿＿＿＿＿＿＿＿＿＿＿＿＿＿＿＿＿＿＿＿＿。

（2）主动、坚持，不离不弃。

在与家长交往时，教师要本着主动、谦虚、谨慎、诚恳的态度，以赢得他们的＿＿＿＿＿＿＿＿。

（3）形式多样，赢得共识。

沟通的形式很多，除口头交流方式外，教师还可以通过＿＿＿＿＿＿＿＿＿＿＿＿＿＿等方式进行交流，也可以利用家长会、家委会、家长论坛等集体交流的形式，让家长在与其他家长的沟通中认识到自己教育行为的误区，从而修正自己的行为

表 8-24　工作表单 2

工作表单2	开展主题活动时的家长工作	姓　名		学　号	
		评分人		评　分	

1.开展主题活动时，教师可以采用哪些方式开展家长工作？

（1）早晚沟通。

①沟通内容＿＿＿＿＿＿＿＿，时间宜短不宜长。

②灵活之中有＿＿＿＿＿＿。

③教师之间有＿＿＿＿＿＿与＿＿＿＿＿＿＿。

④展示教师良好的职业＿＿＿＿＿＿＿。

⑤面向全体，关注＿＿＿＿＿＿＿家长。

（2）专题家长会。

①做好会前＿＿＿＿＿＿＿。

②会议＿＿＿＿＿＿＿中要关注。

③＿＿＿＿＿＿＿工作。

④特别提示。

（3）班级家长会。

①做好充分的＿＿＿＿＿准备，调动家长参与的＿＿＿＿＿＿＿。

②营造双向＿＿＿＿＿＿的交流氛围，调动家长参与的热情。

③将家长会开成＿＿＿＿＿＿＿。

④家长会的内容安排应有清晰的＿＿＿＿＿＿＿，并能为家长解决教育中的问题。

⑤掌握＿＿＿＿＿＿＿技巧，与家长进行平等交流。

⑥家长会形式＿＿＿＿＿＿＿。

⑦关注会后的沟通及＿＿＿＿＿＿＿＿。

2.案例中李老师采用哪种方式开展家长工作？

表 8-25　工作表单 3

工作表单3	家园共育教育活动设计	姓　名		学　号	
		评分人		评　分	

1.家园共育教育活动的常见类型都有哪些?

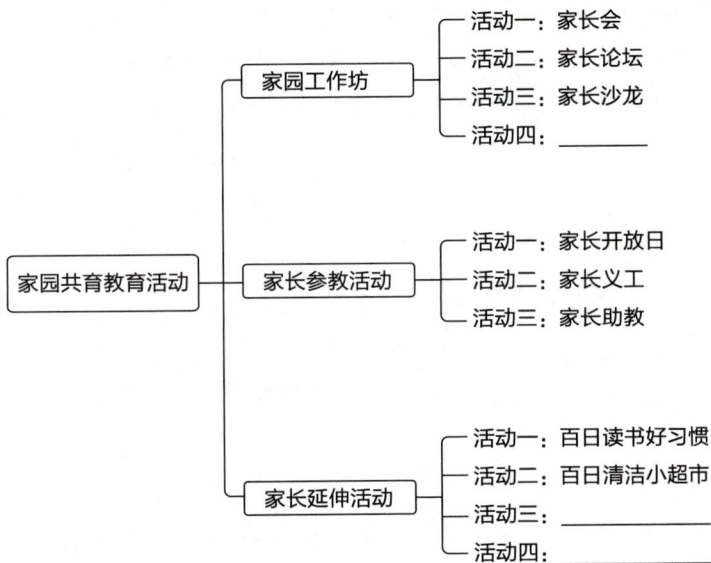

```
                              ┌── 活动一：家长会
                              ├── 活动二：家长论坛
              ┌── 家园工作坊 ──┤
              │               ├── 活动三：家长沙龙
              │               └── 活动四：_____
              │
              │               ┌── 活动一：家长开放日
家园共育教育活动 ┼── 家长参教活动 ┼── 活动二：家长义工
              │               └── 活动三：家长助教
              │
              │               ┌── 活动一：百日读书好习惯
              │               ├── 活动二：百日清洁小超市
              └── 家长延伸活动 ┤
                              ├── 活动三：_____
                              └── 活动四：_____
```

2.结合案例，分析李老师计划召开家长会的目的是什么?

表 8-26　工作表单 4

工作表单4	主题活动下的家长会设计流程	姓　名		学　号	
		评分人		评　分	

1.设计意图

　　家长会是教师与家长面对面进行交流的一种重要形式。通常是在学期初或学期末举行，也可以根据班级工作的阶段性随时召开。家长会能帮助家长全方位了解幼儿在园情况，为家长提供育儿经验分享，帮助家长提升科学的育儿水平。幼儿园可利用家长会展示教师的专业水平、精神风貌，收集、整理家长建议，并对家长平时的支持、配合、理解表达感谢，了解家长对幼儿教育的需求，针对班级的共性与个性的问题与家长进行双向沟通和交流，激发家长参与家园合作活动的热情和兴趣。

2.活动目标

（1）通过家长会与家长全面沟通，使家长了解_____。

（2）向家长传递_____，提升家长的育儿水平。

（3）与家长_____交流，家园合作达成共识，从而形成教育合力。

3.活动准备

　　课件制作、设计邀请函、幼儿现阶段年龄特点分析、班级问题汇总、确定场地、设备连接、签到表准备、家长座位安排、会场卫生清理等。

4.活动流程

　　时间：××××年××月××日　　　地点：××××

　　主题：×××××××××　　　出席人：×××

（1）家长陆续入园，有序签到入座。

（2）等待一定时间后播放幼儿园文化或班级幼儿活动视频。

（3）教师组织家长进行_____游戏。

（4）主持人介绍出席人员、致谢，并宣布家长会开始。

（5）主持人引出家长会主题，并根据主题播放PPT课件，和家长互动、分享。

（6）针对家长的困惑进行交流，接收建议信息并记录整理从而进行反馈。

（7）主持人做会议_____，感谢家长的参会与分享，最后宣布家长会结束

5.实施建议

（1）家长会_____的选择。

家长会的主题是准备家长会的首要准备事宜。

第一，按时间确定_____。如果是第一次开展家长会，可以展示幼儿园文化和师资队伍建设、主题活动安排、教育理念及培养幼儿的途径及目标，并介绍幼儿的一日生活安排，与家长建立链接，打消顾虑，增强信任度；如果是学期中期，可以交流幼儿现阶段发展情况，班级工作及家园合作的达成情况；如果是学期期末，可以总结幼儿园和班级的家园合作成效、幼儿一学期的发展情况等。

第二，_____确定主题。可以针对不同问题召开专题家长会。可以通过向家长下发调查问卷、个别交流等途径收集建议，还可以根据班级实际情况和问题，结合亲子的教育需求而确定。

（2）家长会_____安排。

会场布置会直接影响家长会的气氛和效果。

①环境温馨、舒适、井井有条。

②桌椅摆放照顾到每个人可与主持人互动、交流，如圆形、扇形、半圆形等。

（3）教师的沟通_____。

①保持自然大方的主持姿态，端庄有礼，亲切真诚。

②口齿清晰、思维敏捷、积极互动，体现教师的文明素养。

③教师可化淡妆，服饰简洁大方得体即可，可着正装，也可着舒适的便装

表 8-27 工作表单 5

工作表单5	"幼小衔接"主题家长工作	姓　名		学　号	
		评分人		评　分	

1.发放家长调查问卷

<table>
<tr><td colspan="2" align="center">幼小衔接亲子问卷调查</td></tr>
<tr><td align="center">家长说</td><td align="center">孩子说</td></tr>
<tr><td>您认为孩子进入小学后哪方面能力有待进一步培养？</td><td>要上小学了，你最担心的是什么？</td></tr>
<tr><td>您的孩子自己能做的事情还会依赖家长吗？</td><td>你认为小学是什么样的？
和幼儿园有什么不一样的地方？</td></tr>
<tr><td>您认为幼小衔接工作应侧重于哪些方面？</td><td>你喜欢什么样的老师？在小学遇到问题时你会怎样解决？</td></tr>
<tr><td>_____？</td><td>_____？</td></tr>
</table>

2.召开家长专题座谈会——明确为什么要进行幼小衔接

（1）_____。

在幼儿眼里，幼儿园老师扮演着多种角色，包括和他们一起游戏、生活、学习。而进入小学就不一样了，小学老师要完成教学任务，主要精力放在教学上，要求严格、学习期望高，对学生生活关心的机会较少，老师与学生的交往主要在课堂上，师生个别接触的时间很少，新入学的幼儿可能会感到这种新的师生关系有些不能接受，甚至感到陌生和压抑。

（2）_____。

在幼儿园，教学活动具有直观性、综合性、趣味性和多样性的特点。小学正规的课堂教学方式是以老师的讲解为主，强调文化知识的系统教育和读、写、算等基本技能训练，课间休息和游戏时间很短。所以，很多幼儿会出现注意力不集中的现象。

（3）＿＿＿＿＿＿＿＿＿＿＿＿＿＿＿＿。

幼儿与在幼儿园朝夕相处的同伴分离后，来到一个新的环境，这就需要重新建立新的人际关系，结交新朋友，寻找自己在团体中的位置并为班级所认同。

（4）＿＿＿＿＿＿＿＿＿＿＿＿＿＿＿＿。

幼儿在幼儿园期间，家长和老师主要考虑的是幼儿的身心状况，期望的是幼儿活泼、快乐、健康。而一旦进入小学，家长和教师的期望值就会发生很大的变化，会对幼儿给予新的期望。

（5）学习环境的变化。

幼儿园的自由、活泼、轻松的学习环境转换成为小学分科学习、有作业、受教师支配的学习环境，这种环境如果幼儿不能很快适应，那么就很容易使其产生学习障碍。因此，解决好学习环境的适应，是做好幼小衔接的关键。

（6）＿＿＿＿＿＿＿＿＿＿＿＿＿＿＿＿。

培养幼儿的生活自理能力是非常重要的，如果家长包办过多或干涉过多，就会剥夺幼儿动手的机会，因此，应在生活中创设一些让幼儿动手做事情的机会。

（7）充分发挥家园专栏的作用。

当家长对幼小衔接的意义及目的有了初步的认识后，应充分发挥家园专栏的作用，进一步提供方法上的支持。

（8）家园一起＿＿＿＿＿＿＿＿＿＿＿＿＿＿＿＿。

（9）邀请小学教师与家长进行座谈

表 8-28　工作表单 6

工作表单6	主题活动家长会模拟演练	姓　名		学　号	
		评分人		评　分	

1.任意选择一个主题活动，并就该主题召开场家长会。

2.活动准备：家长会内容提纲、家长会PPT。

3.家长会内容：确定家长会主题、家长会开展的重要性和意义、主题设计意图、主题思路设计、主题活动开展需要家长配合事宜、家长互动交流分享等。

4.模拟演练时间10分钟。

5.家长会讨论主题名称。

6.选择该主题的原因。

7.家长会内容提纲设计。

3.反思评价

（1）请你思考，如果就"幼小衔接"主题和家长沟通，应该具体从哪些方面进行呢？

_____

_____

_____

（2）请你对自己在本次任务中的学习情况进行评价。

课堂活动参与度　☆　☆　☆　☆　☆

小组活动贡献度　☆　☆　☆　☆　☆

学习内容接受度　☆　☆　☆　☆　☆

4.学习支持

1）家园共育主题活动——专家论坛

（1）活动流程

· 家长按约定时间签到，在教师引导下有序入场。

· 播放轻音乐或幼儿园宣传片。

· 主持人致欢迎辞，宣布会议开始。

· 介绍论坛专家，让家长了解专家的专业及研究方向等。

· 专家就本次主题开始演讲，工作人员落座，保持会场安静。

· 家长与专家进行互动，工作人员做好话筒传递，保障交流清晰、顺畅。

· 园长或指定负责人进行总结发言，向论坛专家及参会家长致谢。

· 主持人宣布活动结束。

· 负责人做好会议后的总结、反思和资料存档。

（2）实施建议

· 幼儿园应制订长期的专家论坛计划，从家长需求及家园共育的实际出发，制定每学期或每学年专家论坛的内容和时间，以达到帮助家长系统提升家庭教育水平的目的。

·在召开家长论坛前，幼儿园应制定详细方案，将论坛中所涉及的事项落实到人，并确定完成时间，如谁负责联系专家、谁负责联系会议场地、谁做论坛的主持人等，以保证活动有序推进。

·提前通知家长，选择家长方便的时间。家长都有自己的工作，所以通常选择周末时间，以方便家长安排好自己的工作和生活，专心参会。

·应根据家长及教师的参会人数选择合适的会议场地，避免因会场过大或过小，影响论坛的效果。

·做好专家论坛的宣传工作。幼儿园应利用家园联系册、海报、简报、公众号等形式，向家长宣传专家论坛的特邀专家、论坛的内容和形式，以便家长做好参会准备，更有效地参与活动并结合自己的困惑与专家进行交流和研讨。

·专家论坛是幼儿园面对家长的另一扇窗口，教师应着装整齐，做好签到簿、会场引导及会议程序解说工作，幼儿园还应考虑家长需求，做好车辆停放指示等细节工作，以展示幼儿园管理的精细化及教师良好的精神风貌。

·论坛结束之后，教师及时收集家长的感受和体会，了解专家论坛的内容是否满足家长的需求、活动结束后家长的教育观念和行为是否有改善。

2）家园共育主题活动——家长开放日

（1）每学期固定时间开放

家长开放日是每学期家长比较期待的幼儿园重要活动。每学期可以固定时间开放，也可以与家长协商开放时间，便于家长事先了解，及时安排并参与活动。可在每学期初家长会上公布开放日日期，以便告知家长。

（2）确定开放日的内容及目的

在家长开放日前要确定适宜的内容及开放日的目的。根据本班幼儿的年龄特点及幼儿现状，结合本班具体的教育目标、家长合作实际情况、季节或重大节日等确定家长开放日的内容和目标。有利于家长有目的地观察幼儿，了解幼儿的发展情况。

（3）制定开放日流程及相关事宜

活动流程的制定是家长开放日提前确定的重要事宜。活动流程的细节化可以清晰地反映活动安排的条理性。流程的制定要符合幼儿身心发展的特点，既要激发幼儿参与活动的热情，又要兼顾个体差异及体现师幼的互动，还要确保流程衔接过渡不留痕迹，顺应幼儿的发展和个体需要，保证教师有条不紊地进行每个环节，融入教育智慧，切勿慌张，乱了手脚。

（4）场地布置和人员安排

提前做好场地布置和所需要道具和物品的摆放，确保活动的顺利开展。教师之间做好分工，保证流程衔接顺畅，做到细致入微，相互合作，各司其职，确保开放日活动的顺利进行。

3）家园共育主题活动——家庭延伸活动之百日读书好习惯

【设计意图】

专家论坛——跟孩子一起读书，掀起了家长和孩子读书的热潮，家长们热衷于带孩子去逛书店、图书馆，购买绘本。可是没多久，家长就有很多问题反馈给老师："我家宝宝总是喜新厌旧，一本书看过一遍就不看了，多可惜呀！""我家宝宝总是坐不住，一本书没看完就急着做别的事情，我应该怎样改变这种状况呢？"为了维持家长亲子阅读的热情，在实践中探究亲子阅读的有效策略，养成幼儿良好的阅读习惯，我们设计了这次家庭延伸活动——百日读书好习惯。活动由"我最喜欢的一本书"开始，倡议家长每天陪孩子读一本图画书，有计划地邀请家长来到班级为孩子们读绘本讲故事，通过"晒晒我的书单""分享我的好故事"等一系列活动，用一百天的坚持让幼儿爱上图书、爱上阅读，从而养成良好的阅读习惯。

【活动目标】

· 帮助幼儿了解图书的秘密，培养阅读兴趣及习惯。

· 鼓励幼儿分享自己的图书，创设家庭阅读环境，养成阅读习惯。

· 探索有效亲子阅读方式，提高亲子阅读水平。

【活动准备】

进行亲子阅读问卷调查，了解家庭中亲子阅读现状；召开小型家长会或家长委员会会议，说明活动意图，讨论制定活动方案；提出活动倡议，鼓励家长根据自己的实际情况以不同的方式参与活动；对参与活动的家长进行分组，做好分工，便于家长提前准备好自己的任务内容。

【活动流程】

· 以"我最喜欢的一本书"为主题，组织一次集体学习活动，引导幼儿认识图书的结构（封面、环衬、封底等），了解图书的秘密（图书的名字、作者、出版社、图书的价格等），鼓励幼儿介绍自己喜欢的图书。

· 每天在班级微信群，以组为单位，通过图片分享的形式，分享小组内家庭读书的照片或视频片段，调动幼儿阅读的积极性。

· 每周邀请一位家长，走进班级，为幼儿读绘本讲故事，让家长成为幼儿阅读的引导者、引领者。

· 每周请幼儿晒一晒自己一周的书单，举行一次图书分享会。

· 创建班级图书角，开展图书漂流和借阅活动，让幼儿的图书流动起来。

【实施建议】

· 在召开家长会的时候要说清楚活动的目的，与家长达成共识，并与家长共同商讨活动方案，要关照到家长的困难和需求。

· 要协助家长合理分组，根据家长的特点进行合理分工，保证活动顺利进行。例如，在一个小组中，应该有人负责每天收集大家的照片或视频进行整理制作上传，也要有人承担到班级讲故事的任务。

· 邀请家长进班讲故事要提前计划好，给家长留出充足的准备时间，并在讲故事前和家长共同探讨内容和方法，帮助家长完善自己的活动方案。

· 教师要积极参与到幼儿和家长每天的网络交流中，对幼儿的阅读行为及时给予肯定与鼓励。

· 计划并组织好每周的晒书单和图书分享会，提前将幼儿分组并提前告知家长与幼儿，让分享活动达到提高幼儿阅读理解能力、语言表达能力和阅读兴趣的目的。

· 制作图书借阅卡片，与幼儿共同制定图书借阅规则，培养幼儿的任务意识和规则意识。

四、课证融通

本模块对应的幼儿教师资格证考试"保教知识与能力"模块的考试目标、内容与要求、真题见表8–29。

表8–29　幼儿教师资格证考试"保教知识与能力"有关的考试目标、内容与要求、真题

内容体系
一、考试目标 幼儿园教育评价的基础知识和能力。了解教育评价的基础知识，能够运用评价知识对教育活动进行反思，以改进保育教育工作。 二、考试内容与要求 1. 能根据教育目标和幼儿的兴趣需要及年龄特点选择合适的教育内容，确定活动目标，设计教育活动方案。 2. 掌握幼儿健康、语言、社会、科学、艺术等领域教育的基本知识和相应教育方法。 3.理解整合各领域教育内容的意义和方法，能够综合地设计并开展教育活动。 4.能根据活动中幼儿的需要，选择相应的互动方式，调动幼儿参与活动的积极性。 5.在活动中能根据幼儿的个体差异进行指导。
三、真题 1.下列有关幼儿美术教育的做法，不正确的是（　　）。（单选题）【2019年上半年幼儿教师资格证考试真题】 A.支持幼儿表达自己对美术作品的独特情感 B.一笔一画地示范，让幼儿模仿 C.鼓励幼儿用自己的方式表现美 D.为幼儿的美术创作提供丰富的材料
2.教师在组织中班幼儿歌唱活动时，合理的做法是（　　）。（单选题）【2018年上半年幼儿教师资格证考试真题】 A.要求幼儿用胸腔式联合呼吸法唱歌 B.鼓励幼儿用最响亮的声音唱歌 C.鼓励幼儿唱八度以上音域的歌曲 D.要求幼儿用自然的声音唱歌

3.在引导幼儿感知和理解事物"量"的特征时，恰当的做法是（　　）。（单选题）【2018年上半年幼儿教师资格证考试真题】

A.引导幼儿感知常见事物的大小、高矮、粗细

B.引导幼儿识别常见的形状

C.和幼儿一起手口一致点数物体，并说出总数

D.为幼儿提供"按数取物"的机会

4.一般情况下，哪个年龄段的幼儿能结合情境理解一些表示因果、假设等相对复杂的句子？（　　）（单选题）【2017年下半年幼儿教师资格证考试真题】

A.托班

B.小班

C.中班

D.大班

5.下列不属于中国古代传统乐器的是（　　）。（单选题）【2015年下半年幼儿教师资格证考试真题】

A.横笛

B.风笛

C.箫

D.埙

6.主题活动中，中班幼儿对画汽车产生了兴趣。为了提升幼儿的绘画能力，郭老师提供了"面包车"的绘画步骤图，鼓励每个幼儿根据步骤图画出汽车。（材料分析题）【2018年上半年幼儿教师资格证考试真题】

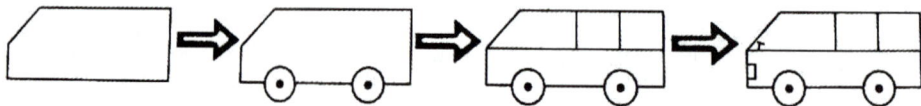

问题1：郭老师是否应该投放"绘画步骤图"？为什么？

问题2：如果你是郭老师，你会怎么做？

五、阅读思享

推荐理由：

《童年的秘密》出版发行迄今已八十余年，在今天的中国，探究"童年的秘密"仍然具有现实意义，因为成人对待儿童的错误态度依然存在。童年是人类生存的根基，儿童是成人之父，只有发现和解放儿童，我们才能拥有更好的未来。儿童是自己的创造者。每个儿童都拥有成人不可思议的智力、细致敏锐的感知力和极强的纪律性；这些能力只存在于特定的年龄段，随着孩子的日渐成长转瞬即逝。成人需要学习的是，了解童年的秘密，用适合童年特质的开发方式唤醒它们：这些源自生命本能的巨大能量。在这里，蒙台梭利以医生、人类学家、教育家的身份告诉我们，如何善待童年，培养自主、强大、智慧的生命的秘密。

推荐阅读：

玛丽亚·蒙台梭利，马荣根译.童年的秘密[M].北京：人民教育出版社，2005年版.